Julius Kothe, Adolf Warschauer

Verzeichnis der Kunstdenkmäler der Provinz Posen

Erster Band: Politische, kulturgeschichteliche und kunstgeschichtliche Entwicklung des Landes

Julius Kothe, Adolf Warschauer

Verzeichnis der Kunstdenkmäler der Provinz Posen
Erster Band: Politische, kulturgeschichteliche und kunstgeschichtliche Entwicklung des Landes

ISBN/EAN: 9783742890450

Hergestellt in Europa, USA, Kanada, Australien, Japan

Cover: Foto ©ninafisch / pixelio.de

Manufactured and distributed by brebook publishing software (www.brebook.com)

Julius Kothe, Adolf Warschauer

Verzeichnis der Kunstdenkmäler der Provinz Posen

UEBERSICHT
DER
KUNSTGESCHICHTE
DER
PROVINZ POSEN

IM AUFTRAGE DES PROVINZIAL-VERBANDES

BEARBEITET

VON

JULIUS KOHTE
REGIERUNGS-BAUMEISTER

MIT EINEM ABRISS
DER
POLITISCHEN UND KULTURGESCHICHTLICHEN ENTWICKLUNG DES LANDES

VON

DR. ADOLF WARSCHAUER
KÖNIGLICHEM ARCHIVAR

BERLIN
VERLAG VON JULIUS SPRINGER
1898

Vorwort.

Es ist ein Verdienst Schinkels, bei der Wiederherstellung des preufsischen Staates nach den Freiheitskriegen auf die Notwendigkeit eines Verzeichnisses der Kunstdenkmäler verwiesen zu haben. Die damalige Erschöpfung des Staates liefs indessen die Bemühungen zur Lösung dieser Aufgabe lange Zeit hindurch ohne Erfolg bleiben. Erst im Jahre 1868 erhielt der Architekt Dr. Wilhelm Lotz, bekannt durch seine aus eigenem Antriebe verfafste Kunst-Topographie Deutschlands, vom Königlichen Kultus-Ministerium den Auftrag, ein Inventar der Baudenkmäler des Regierungsbezirks Kassel auszuarbeiten. Das Werk, welches zwei Jahre später im Buchhandel erschien, bezeichnete den ersten Schritt zur Durchführung der Inventarisation der Denkmäler des preufsischen Staates und zugleich des deutschen Reiches. Mit dem Gesetze betreffend die Dotation der Provinzial- und Kreis-Verbände vom 8. Juli 1875 ging die Angelegenheit vom Staate auf die Provinzen über und gelangte damit auch an den Provinzial-Verband von Posen. Der Posener Provinzial-Landtag, welchem im Jahre 1880 seitens der Staatsbehörden der Nachweis von 47 geschichtlichen Bauwerken der Provinz vorgelegt wurde, erklärte sich bereit, jenen Nachweis durch die Landesbaubeamten derartig vervollständigen zu lassen, dafs die kunstwissenschaftliche Bedeutung der aufgeführten Bauwerke erkannt werden möchte. In Verfolg dieses Beschlusses legte im Jahre 1882 die damalige Provinzialständische Kommission für Chaussee- und Wegebau die Beschreibung von 60 Baudenkmälern der Provinz, fast sämtlich Kirchen, vor, welche sich in erster Linie zur Aufnahme in das Inventar eignen würden. Die Herstellung desselben wurde daher auf

Grund jener Arbeit noch in demselben Jahre vom XXII. Provinzial-Landtage beschlossen. Nachdem ein erster Anlauf mifsglückt war, wurde 1888 durch Beschlufs des XXIV. Provinzial-Landtags die Inventarisation der damaligen Provinzialständischen Verwaltungs-Kommission unter dem Vorsitze des Landeshauptmanns, jetzigen Staatsministers Excellenz Graf Posadowsky-Wehner übertragen. Um zunächst eine Uebersicht der wichtigeren Denkmäler zu gewinnen, wurden Fragebögen an die Landrats-Aemter und an die Stadtverwaltungen von Posen und Bromberg versandt; ebenso übernahm es das Königliche Konsistorium in Posen, gleiche Fragebögen an die evangelischen Pfarreien zu verteilen, während für die katholischen Pfarreien das Sammelwerk des verstorbenen Domherrn Korytkowski in Gnesen eine erwünschte Ergänzung bot. Unter Zustimmung des XXV. Provinzial-Landtags wurde die Ausarbeitung des Werkes dem Unterzeichneten übertragen, welcher zum Zwecke der im Sommer 1891 begonnenen und im Sommer 1896 beendeten Bereisung der Provinz aus dem Staatsdienste beurlaubt wurde und die weitere Bearbeitung des Werkes nach Rücktritt in den Staatsdienst nebenamtlich zu Ende führte.

In Uebereinstimmung mit den neueren deutschen Denkmäler-Verzeichnissen folgt die vorliegende Veröffentlichung der Einteilung der Provinz nach den beiden Regierungsbezirken Posen und Bromberg und weiter nach den landrätlichen Kreisen derselben. Die Kreise sind, von den beiden Hauptstädten ausgehend, geographisch, die Ortschaften eines jeden Kreises alphabetisch geordnet. Die Schreibweise der Ortsnamen ist gewöhnlich die deutsche, welcher nach Bedarf die polnische sowie auch ältere bemerkenswerte Schreibweisen beigesetzt sind. Bei den wichtigeren Ortschaften sind Nachrichten über die Geschichte und die Topographie, soweit sie für das Verständnis der Denkmäler erwünscht sind, vorangestellt; dann folgen, nach der geschichtlichen Entwicklung geordnet, die einzelnen kirchlichen und weltlichen Bauwerke mit den zu ihnen gehörigen Werken der Bildhauerei, der Malerei und des Kunstgewerbes. Bei der inneren Ausstattung der Kirchen ist im allgemeinen die nachstehende Reihenfolge beobachtet: Altäre, Kanzel, Tauf- und Weihwasserbecken, Orgel und Gestühle; dann die gottesdienstlichen Geräte, Monstranzen, Kelche, Weinkannen, Speisekelche, Reliquiarien, Kreuze, Leuchter, Schüsseln, Bücher, Gewänder und

Glocken; zum Schlusse die Grabdenkmäler. Einzelne Bildwerke und Gemälde sind, wenn sie von zerstörten Altären, Kanzeln, Triumphbalken o. dgl. stammen, entsprechend eingeordnet. Vorgeschichtliche Gegenstände sind ausgeschieden oder nur im Zusammenhange mit der Ortsgeschichte erwähnt. Von den Werken des Privatbesitzes sind meist nur die mit dem Boden verwachsenen Bauwerke beschrieben. Nach dieser Einschränkung sind dagegen die kunstgeschichtlichen Schöpfungen aller Zeitalter gleichmäfsig zur Betrachtung herangezogen; dabei ist den älteren naturgemäfs eine höhere Aufmerksamkeit gewidmet. Als unterste Zeitgrenze ist im allgemeinen der Schlufs des 18. Jahrhunderts angenommen; jedoch sind auch Werke aus der ersten Hälfte des 19. Jahrhunderts berücksichtigt, wenn dieselben eine allgemeine künstlerische Bedeutung oder als Erzeugnisse der Provinz einen örtlichen Wert besitzen. Die Angaben Rechts und Links sind stets vom Beschauer, bei Wappen und Marken aber in heraldischem Sinne verstanden. Von den Inschriften sind diejenigen des Mittelalters vollzählig, spätere nur ausnahmsweise mitgeteilt; dagegen sind solche Inschriften, welchen eine kunstgeschichtliche Bedeutung zukommt, von der neuesten Zeit abgesehen, stets aufgenommen worden. Für die Wiedergabe der Inschriften waren die Grundsätze der neueren Urkunden-Veröffentlichungen mafsgebend*). Besondere Berücksichtigung haben vorkommende Verfertigungsmarken, namentlich der Goldschmiede- und der Zinnarbeiten gefunden; bieten dieselben doch die beste Kenntnis für die Quellen, aus welchen der Provinz ehemals ein künstlerisches Leben zuflofs, und verleihen sie doch oftmals selbst geringwertigen Stücken ein heimatliches Interesse. Knappheit des Ausdrucks und Uebersichtlichkeit der Anlage nach dem Vorbilde der Lotzschen Handbücher empfahlen sich für den wissenschaftlichen Gebrauch, für welchen das Werk in erster Linie bestimmt ist. Das Format schliefst sich dem von Bergau herausgegebenen Inventar der Provinz Brandenburg an.

*) G. Waltz, Wie soll man Urkunden edieren? Historische Zeitschrift, herausgegeben von H. v. Sybel. München. IV, 1860. S. 438.
Die Inschriften sind in der Schreibweise der Originale, doch unter Verzicht auf kalligraphische Aeufserlichkeiten wiedergegeben. Wo die Form der Buchstaben wissenswert erschien, ist sie besonders ausgesprochen. Abkürzungen sind aufgelöst. Den römischen Jahreszahlen sind die arabischen zum leichteren Verständnisse beigesetzt. Ergänzungen nicht lesbarer Teile der Inschriften sind in [ ], erklärende Zusätze in ( ) eingeschlossen.

Bei denjenigen Bauwerken, deren Unterhaltung im Interesse der Denkmalpflege geboten ist, ist unmittelbar unter dem Titel des Bauwerks der Eigentümer oder, bei Kirchen, der Patron namhaft gemacht. Sofern über die Verteilung der Baulasten von Pfarrkirchen keine anderen Angaben gemacht sind, erfolgt dieselbe nach dem preufsischen allgemeinen Landrechte*), laut welchem, sobald die Kirchenkasse unvermögend ist, in den Dörfern der Patron, gewöhnlich die Gutsherrschaft, zwei Drittel, die Gemeinde ein Drittel der Baarkosten sowie die Hand- und Spanndienste, in den Städten der Patron ein Drittel und die Gemeinde zwei Drittel der Baarkosten zu tragen hat.

Dank der Opferwilligkeit des Provinzial-Verbandes konnte das Werk mit Abbildungen ausgestattet werden. Dieselben erheben freilich nicht den Anspruch, sämtliche hervorragende Denkmäler der verschiedenen Künste wiederzugeben; sie sollen vornehmlich zum besseren Verständnisse des Textes dienen und sind daher meist auf die Auswahl typischer Beispiele beschränkt geblieben, und es versteht sich, dafs diese gewöhnlich den leicht zugänglichen Hauptorten entnommen wurden, während an anderen Orten die Ungunst äufserer Verhältnisse sehr häufig ihren Einflufs übte. Die Herstellung der Abbildungen erfolgte vermittelst der in der Neuzeit erfundenen photographischen Verfahren und zwar für die Wiedergabe im Texte sowohl vermittelst der Strich- wie der Tonätzung. Wenn die letztere nicht immer einen vollen Ersatz für den Holzschnitt zu bieten vermag, so mufste sie doch, um eine reichere Zahl von Bildern zu gewinnen, mit Rücksicht auf die geringeren Kosten gewählt werden. Dafür sind einige Denkmäler ersten Ranges in Kupferlichtdruck auf besonderen Tafeln beigegeben. Die photographischen Aufnahmen, welche besonders zur Veröffentlichung der Gegenstände des Kunsthandwerks benutzt wurden, sind fast sämtlich für die Zwecke dieses Werkes neu besorgt und zum Teil von Berufsphotographen unter Mitwirkung des Verfassers, zum Teil auch von diesem selbst bei der Bereisung der Provinz gefertigt worden.

Von den Baudenkmälern der Provinz standen erschöpfende und zuverlässige Aufnahmen nur in vereinzelten Fällen, wie von der ehemaligen Klosterkirche in Priment, der katholischen Pfarrkirche in

---
*) Teil II, Titel 11. § 710 ff.

Bromberg und dem Rathause in Posen zur Verfügung. Die Aufnahmen mancher anderen Bauwerke konnten als Unterlagen für die kunstwissenschaftliche Veröffentlichung benutzt werden. Alle übrigen Bauwerke, darunter sogar der Dom und die Pfarrkirche S. Maria Magdalena in Posen, waren vom Verfasser neu aufzunehmen. Die Grundrisse und die Schnitte der Kirchen sowie der kleineren weltlichen Gebäude sind einheitlich im Mafsstabe 1 : 400 oder 1 cm = 4 m gezeichnet*). Die Grundrisse der mittelalterlichen Kirchen sind alle Male so gegeben, dafs der bei jenen Kirchen stets im Osten aufgestellte Hochaltar zur rechten Hand zu suchen ist. Einzelheiten sind im einheitlichen Mafsstabe von 1 : 25 dargestellt. Bei gröfseren Bauteilen und Ansichten wechselt der Mafsstab; jedoch ist er immer so gewählt, dafs er sich aus jenen beiden entwickelt, also meist 1 : 50, 1 : 100 oder 1 : 200. Für Lagepläne von Baugruppen oder Städten sind nach Möglichkeit die Mafsstäbe 1 : 1000 und 1 : 10 000 eingehalten. Die Vorteile, welche die Durchführung einheitlicher Mafsstäbe darbietet, bedürfen keiner Erörterung.

Die Angaben über die Geschichte der einzelnen Ortschaften sind, soweit sie nicht dem Wuttkeschen Städtebuche oder Sonderstudien entnommen werden konnten, nach den Urkunden-Veröffentlichungen zusammengestellt, namentlich dem Codex diplomaticus Majoris Poloniae, herausgegeben von der Gesellschaft der Freunde der Wissenschaften in Posen, sowie den Grodbüchern, herausgegeben von J. v. Lekszycki. Besonderer Wert wurde auf den genauen Nachweis der die Denkmäler selbst betreffenden, geschichtlichen Angaben gelegt. Für die katholischen Kirchen kamen in Betracht, und zwar für das Gebiet der alten Diöcese Posen das Werk von Łukaszewicz, für das Gebiet der beiden heutigen Sprengel Gnesen und Posen die von Korytkowski herausgegebene Beschreibung der Kirchen. Da beide Werke jedoch in baugeschichtlicher Hinsicht nur eine bedingte Zuverlässigkeit besitzen, so durften die einzelnen Nachrichten nur mit Vorsicht aufgenommen und mufste in zweifelhaften Fällen die Entscheidung von der technischen

---

*) Dieser Mafsstab, welcher eine bequeme Uebertragung in die Werkzeichnung und umgekehrt aus dieser gestattet, wurde in Uebereinstimmung mit anderen Veröffentlichungen gewählt, den Inventaren der Provinz Westfalen und des Königreichs Baiern, sowie den Denkmälern der Baukunst, herausgegeben von den Studierenden der Technischen Hochschule in Berlin.

Untersuchung abhängig gemacht werden. So erwünscht deshalb die Benutzung ungedruckter Archivalien war, so konnte sie doch nur in beschränktem Umfange stattfinden, sollte die Vollendung des Unternehmens nicht auf ungewisse Zeit hinausgeschoben werden. Immerhin konnten aus den Akten der evangelischen und der katholischen Pfarrämter sowie aus den Archivalien des Königlichen Staatsarchivs in Posen dank der Unterstützung der Ortsgeistlichen und der Archivbeamten manche wertvollen Aufschlüsse gewonnen werden. Im übrigen ist die vorhandene Literatur bei den einzelnen Ortschaften und Denkmälern selbst aufgeführt; die mehrfach, unter Abkürzung des Titels erwähnten Bücher und Zeitschriften findet man mit vollständiger Angabe des Titels in der diesem Bande vorausgestellten Uebersicht besonders verzeichnet.

Die von Ulanowski herausgegebenen mittelalterlichen Akten der Domkapitel von Posen und Gnesen[*]) konnten für die Beschreibung der Dome nicht mehr benutzt werden, da sie erst während der Drucklegung dieses Werkes zur Ausgabe gelangten und leider auch eines Inhalts-Verzeichnisses entbehren. Łukaszewicz und Polkowski hatten jene Akten zu ihren Darstellungen der Dome in Posen und Gnesen bereits benutzt, und die Durchsicht des Ulanowskischen Buches giebt zu Nachträgen oder Aenderungen dieser Veröffentlichung keinen Anlafs.

Für die neuere Pflege der Kunstdenkmäler wurden die Akten des Königlichen Kultus-Ministeriums, insbesondere die Reiseberichte des verstorbenen Konservators der Kunstdenkmäler v. Quast benutzt, sowie ferner sein in den Besitz der Technischen Hochschule zu Berlin übergegangener künstlerischer Nachlafs. Ferdinand von Quast, dessen Namen in der Kunstwissenschaft rühmlichst fortlebt, hatte auf seinen Dienstreisen ein bedeutendes Material aus allen preufsischen Provinzen, sowohl selbst gefertigte als auch von anderen Seiten ihm gelieferte Aufnahmen, gesammelt. Aus der Provinz Posen finden sich in seinem Nachlasse mehrere Zeichnungen jetzt zerstörter oder veränderter Bauwerke, für deren Beschreibung und Abbildung sie fast die einzigen Quellen darbieten.

*) Monumenta medii aevi historica res gestas Poloniae illustrantia. Bd. XIII. B. Ulanowski, Acta capitulorum nec non judiciorum ecclesiasticorum selecta. Vol. I. Acta capitulorum Gneznensis, Poznaniensis et Vladislaviensis (1408—1530). Krakau 1894. 4°.

Vorwort.

Eine wichtige Bereicherung, welche dem Verzeichnisse der Provinz Posen gegenüber den seither erschienenen gleichartigen Werken zu teil geworden ist, besteht in der Beigabe einer Karte der Kunstdenkmäler. Der Mafsstab derselben 1 : 500 000 entspricht den Beschlüssen der Generalversammlung des Gesamtvereins der deutschen Geschichts- und Altertumsvereine zu Sigmaringen vom Jahre 1891 betreffend die Herstellung geschichtlicher Provinzialkarten. Durch Anwendung farbiger Striche unter den Ortsnamen ist die Ausbreitung der wichtigsten kunstgeschichtlichen Zeitalter in der Provinz anschaulich dargestellt. Die Grundsätze, nach denen die Karte ausgearbeitet wurde, wurden zuvor mit dem Verfasser des schlesischen Inventars, Herrn Landbauinspektor Lutsch in Breslau, vereinbart, so dafs die demnächst erscheinenden Karten der Kunstdenkmäler der drei Regierungsbezirke der Provinz Schlesien mit der Karte der Provinz Posen in den Hauptzügen übereinstimmen werden.

Bei dem Entgegenkommen, welches der Ausarbeitung des Werkes von allen Seiten zu teil wurde, darf der Unterzeichnete hoffen, dafs ihm nichts Wichtiges auf seinen Reisen entgangen sei; nach der unteren Wertgrenze hin kann eine einheitliche und erschöpfende Behandlung nicht erwartet werden. Die ursprüngliche Absicht, alle Pfarrkirchen der Provinz zu besuchen, mufste im Laufe der Arbeit im Hinblick auf die oftmals recht dürftige Ausbeute eine Einschränkung dahin erfahren, dafs von dem Besuche entlegener Orte, wo nach glaubwürdigen Mitteilungen keine Erfolge zu erwarten waren, Abstand genommen wurde. Steinkirchen bis zum Ausgange des 18. Jahrhunderts sind stets aufgesucht worden, da einerseits dieselben oftmals mit Benutzung älterer Reste hergestellt worden sind, eine Thatsache, welche sich der Beurteilung nicht technisch gebildeter Personen entzieht, und andererseits die Anwendung des Steinbaues in einem am Holzbau haftenden Lande stets einen gewissen Wohlstand voraussetzt, welcher auch den Kleinkünsten zu gute kam. Die Glocken fanden sich, namentlich in den katholischen Holzkirchen nur allzu häufig unzugänglich aufgehängt. Was in dem Verzeichnisse mitgeteilt worden ist, ist auf Grund örtlicher Besichtigung verfafst, und nur in wenigen Ausnahmefällen ist von Mitteilungen oder Nachprüfungen der Ortspfarrer Gebrauch gemacht worden.

Vorwort.

Es war dem Verfasser gestattet, die Drucklegung des Manuskripts hinauszuschieben, bis wenigstens der gröfsere Teil der Provinz bereist war: auf diese Weise konnte für alle Teile der Provinz eine gleichmäfsige Behandlung erreicht werden. Die Drucklegung wurde Neujahr 1895 begonnen und die erste Lieferung als Vorlage für den XXIX. Provinzial-Landtag hergestellt. Das Werk zerfällt in vier Bände, von welchen Band I die einleitenden allgemeinen Darstellungen, Band II die Kunstdenkmäler des Stadtkreises Posen, Band III die der Landkreise des Regierungsbezirks Posen und Band IV die des Regierungsbezirks Bromberg enthält. Die vorzeitige Art der Veröffentlichung bedingte einen Wechsel in der ziffernmäfsigen Reihenfolge der Bände während des Druckes. Band III wurde dem Gange der Bereisung entsprechend vorweg genommen: ihm folgten nach einander die Bände II und IV; der erst nach vollendeter Bereisung bearbeitete Band I macht den Abschlufs. Dem I. Bande ist ein ausführliches Sachverzeichnis, dem IV. Bande ein alphabetisches Verzeichnis der in Band II-IV behandelten Ortschaften beigegeben.

Anlage und Ausgestaltung des Werkes waren durch Graf Posadowsky-Wehner festgesetzt und durch ihn auch die Beschaffung der Mittel gesichert worden, als er noch die Geschäfte der Landesverwaltung der Provinz Posen leitete; ihm gebührt daher der Dank für die Sicherstellung des Unternehmens. Die vielseitige Thätigkeit, welche mit der Lösung der Aufgabe verbunden war, erheischte, dafs der Verfasser in denjenigen Wissenschaften, welche nicht zu seiner Fachbildung gehören, sich an andere Gelehrte um Beistand wandte. Solchen fand er in reichem Mafse bei den Beamten des Königlichen Staatsarchivs in Posen, den Herren Archivräten Dr. Prümers und v. Lekszycki und Herrn Archivar Dr. Warschauer, ohne deren stetige Mitwirkung dieses Werk nach der geschichtlichen, epigraphischen und heraldischen Seite hin nicht die Abrundung erlangt hätte, die es jetzt darbietet. Herr Dr. Warschauer insbesondere hat den Abrifs der politischen und kulturgeschichtlichen Entwicklung des Landes verfafst, welcher in erweiterter Gestalt demnächst als Sonderveröffentlichung der Posener Historischen Gesellschaft erscheinen wird, und auch die sämtlichen Druckbögen des Werkes nach den geschichtlichen Angaben hin einer Durchsicht und Ergänzung bereitwilligst unterzogen. Die Druckbögen des Stadt- und des Landkreises Bromberg hat Herr Oberlehrer Dr. E. Schmidt in Bromberg nachgeprüft und mit ungedruckten urkundlichen Beiträgen zu den Denkmälern dieser Stadt bereichert. In theologischen Fragen gewährte Herr Superintendent Kleinwächter in Posen wiederholt Auskunft. Diesen Herren sowie allen nicht besonders genannten Förderern des Unternehmens, den Geistlichen beider Konfessionen, den Baubeamten und den Vorstehern der benutzten Bibliotheken, an dieser Stelle nochmals aufrichtigen Dank auszusprechen, ist dem Unterzeichneten eine angenehme Pflicht.

„Wenn die erste Sorge darauf gerichtet sein mufs, durch Erforschen, Klassifizieren und Inventarisieren der Denkmäler unserer Vorzeit wieder entschieden Besitz von denselben zu ergreifen, so mufs dies jedoch keineswegs blofs zu dem Ende geschehen, um geistreiche Bücher darüber zu schreiben oder schöne Zeichnungen davon in den Kunsthandel zu bringen: vielmehr mufs der hauptsächliche und letzte Zweck dahin gehen, die schaffende Kraft, welche jene Kunstwerke hervorgetrieben, wieder zu wecken und die Künstler und Handwerker durch Vorhaltung guter Muster auf den rechten Weg zurückzuführen."

So mahnte August Reichensperger, der zu seinen Lebzeiten auch die Inventarisation der Provinz Posen teilnehmend verfolgte, als er vor einem halben Jahrhundert den Blick auf die vaterländischen Denkmäler zurücklenkte*), und seine Worte verdienen, im Posener Lande einen Wiederhall zu finden. Nirgendwo in allen Gauen des deutschen Reiches ist der Zusammenhang mit der Vergangenheit mehr vergessen, das künstlerische Können tiefer gesunken und infolge dessen die Pflege der kunstgeschichtlichen Denkmäler ärger vernachlässigt als in der Provinz Posen. Mangel an Verständnis bei den Auftraggebern, an Uebung bei den Ausführenden haben bei der Unterhaltung und Instandsetzung der Denkmäler unersetzlichen Schaden angerichtet, so dafs dem Verfasser oftmals die undankbare Pflicht oblag, begangene Fehler zu rügen. Es soll die Aufgabe dieses Werkes sein, der fortschreitenden Zerstörung und Veränderung der geschichtlichen Denkmäler Einhalt zu gebieten, ihre Wertschätzung wieder zu erwecken, zu ihrer Pflege anzuleiten und sie als Vorbilder eines gesunden Kunsthandwerks hinzustellen. Ohne die

---

*) Die christlich-germanische Baukunst und ihr Verhältnis zur Gegenwart. 2. Auflage. Trier 1852. S. 72.

Bedeutung mancher Vorarbeiten zu verkennen, so wurde doch die Ermittelung des Bestandes der Denkmäler und die Untersuchung im Einzelnen mit diesem Werke zum ersten Male versucht; es stellt somit keinen Abschlufs, sondern nur die Grundlage für das Studium der Denkmäler dar. Die Mängel, welche sich in dem Werke bei tieferer Erkenntnis finden werden, bittet der Unterzeichnete nachsichtig zu beurteilen, auf sich selbst die Worte Goethes anwendend:

  Ich weifs zu wohl, noch bleibt es unvollendet.
  Wenn es auch gleich geendigt scheinen möchte.

Berlin, im September 1898.
              Julius Kohte.

Verzeichnis derjenigen Werke und Zeitschriften,

auf welche unter Abkürzung des Titels mehrfach bezug genommen ist, in alphabetischer Anordnung.

Das Format der Werke ist 8°, sofern nicht anders angegeben.

C. d. B.   Centralblatt der Bauverwaltung. Berlin.
Cod. dipl. Codex diplomaticus Majoris Poloniae. Posen 1877—81.
S. h. s.   Sprawozdania komisyi do badania historyi sztuki w Polsce. Krakau.
Z. f. B.   Zeitschrift für Bauwesen. Berlin.
Z. G. L.   Zeitschrift für Geschichte und Landeskunde der Provinz Posen. Posen.
Z. H. Ges. Zeitschrift der Historischen Gesellschaft für die Provinz Posen. Posen.

Acta historico-ecclesiastica oder gesammelte Nachrichten von den neuesten Kirchen-Geschichten. Leipzig und Weimar 1734 ff. 19 Bde.
F. Adler, Mittelalterliche Backstein-Bauwerke des Preufsischen Staates. Berlin 1862 98. Fol. 2 Bde.
M. Balinski u. F. Lipinski, Starożytna Polska pod względem historycznym, jeograficznym i statystycznym. 2. Auflage, besorgt von F. K. Martynowski. Warschau 1885 ff. — Das Gebiet der Provinz Posen ist im I. Bande behandelt.
R. Bergau, Inventar der Bau- und Kunstdenkmäler in der Provinz Brandenburg. Berlin 1885. 4°.
Historisch-statistisch-topographische Beschreibung von Südpreufsen und Neu-Ostpreufsen oder der Königlich-Preufsischen Besitznehmungen von Polen in den Jahren 1793 und 1795. Bd. I mit 6 Kupfertafeln und 3 Landkarten. Leipzig 1798.
Centralblatt der Bauverwaltung, herausgegeben im Ministerium der öffentlichen Arbeiten. Berlin 1881 ff. Fol.
Codex diplomaticus Majoris Poloniae. Documenta, et jam typis descripta, et adhuc inedita completens annum 1400 attingentia. Posen 1877—81. 4 Bde. 4°.
W. F. Creeny, A book of facsimiles of monumental brasses on the continent. London 1884. Fol.

Joannis Dlugossi seu Longini, canonici Cracoviensis, historiae Poloniae libri XII. Cura et impensis A. Przezdziecki. Krakau 1873—78. 5 Bde. 4°.
R. Dohme, Kunst und Künstler des Mittelalters und der Neuzeit bis gegen Ende des 18. Jahrhunderts. Leipzig 1877—80. 6 Bde.
H. Ehrenberg, Geschichte der Kunst im Gebiete der Provinz Posen. Berlin 1893. Sonderdruck der Zeitschrift für Bauwesen.
H. Ehrenberg, Urkunden und Aktenstücke zur Geschichte der in der heutigen Provinz Posen vereinigten, ehemals polnischen Landesteile. Im Auftrage des Provinzial-Ausschusses der Provinz Posen in italienischen Archiven und Bibliotheken, vornehmlich dem vatikanischen Archiv gesammelt. Leipzig 1892.
Geschichte der deutschen Kunst. Berlin 1885—90. 5 Bde. I. R. Dohme, Baukunst. II. W. Bode, Plastik. III. H. Janitschek, Malerei. IV. F. Lippmann, Kupferstich und Holzschnitt. V. J. Lessing, Kunstgewerbe.
J. Heise, Die Bau- und Kunstdenkmäler der Provinz Westpreufsen. Danzig 1884 ff. 4°.
Herbarz polski. Verfafst von K. Niesiecki, neu herausgegeben von J. N. Bobrowicz. Leipzig 1839—46. 10 Bde.
A. C. v. Holsche, Geographie und Statistik von West-, Süd- und Neu-Ostpreufsen. Berlin 1800—4. 2 Bde.
Das Jahr 1793. Urkunden und Aktenstücke zur Geschichte der Organisation Südpreufsens, herausgegeben unter der Redaktion von Dr. R. Prümers. Posen 1895. Sonderveröffentlichungen der Historischen Gesellschaft für die Provinz Posen. III.
Jahrbuch und Mitteilungen der k. k. Central-Kommission zur Erforschung und Erhaltung der Baudenkmale. Wien 1856 ff. 4°.
J. Korytkowski, Brevis descriptio historico-geographica ecclesiarum archidioecesis Gnesnensis et Posnaniensis. Gnesen 1888.
Joannis de Lasco, a. e. Gnesnensis archiepiscopi, primatis legatique nati, liber beneficiorum archidioecesis Gnesnensis. Edidit J. Łukowski, notis etc. adornavit J. Korytkowski. Gnesen 1880—81. 2 Bde. 4°.
J. v. Lekszycki, Die ältesten grofspolnischen Grodbücher. Band I Posen, Band II Pelsern, Gnesen, Kosten. Leipzig 1887—89. Publikationen aus den K. Preufsischen Staatsarchiven XXXI u. XXVIII.
Lites ac res gestae inter Polonos Ordinemque Cruciferorum. 1. Aufl. Posen 1855—56. Fol. 3 Bde. 2. Aufl. Posen 1890 ff. 4°.
J. Łukaszewicz, Krótki opis historyczny kościołów parochialnych, kościołków, kaplic, klasztorów, szkółek parochialnych, szpitali i innich zakładów dobroczynnych w dawnej dyecezyi Poznańskiej. Posen 1858—63. 3 Bde.
H. Lutsch, Verzeichnis der Kunstdenkmäler der Provinz Schlesien. Breslau 1886 ff. Mitteilungen vgl. Jahrbuch und Zapiski.
Monumenta Germaniae historica. Hannover und Berlin 1826 ff. 4° und Fol.
Monumenta Poloniae historica. Lemberg 1864 ff. 4°.
Pamiętnik Akademii umiejętności w Krakowie. Philologische und historisch-philosophische Klasse. Krakau 1874 ff. 4°.
A. Przezdziecki und E. Rastawiecki, Wzory sztuki średniowiecznej i z epoki odrodzienia po koniec wieku XVII w dawnej Polsce. Monuments du moyen-âge et de la renaissance dans l'ancienne Pologne depuis les temps les plus reculés jusqu'à la fin du XVII. siècle. Warschau und Paris 1853—69. 4°. 3 Bde.
E. Raczynski, Wspomnienia Wielkopolski to jest Wojewodztw Poznańskiego, Kaliskiego i Gnieźnieńskiego. Posen 1842. 4° und Fol.
Rocznik Towarzystwa Przyjaciół Nauk Poznanskiego. Posen 1860 ff.

Literatur.

M. Rosenberg, Der Goldschmiede Merkzeichen. Frankfurt a. M. 1890.

L. Ryszczewski u. A. Muczkowski, Codex diplomaticus Poloniae. Warschau. 3 Bde. 1847—1858. 4°.

K. F. Schinkel, Sammlung architektonischer Entwürfe. Berlin. 1820 ff. Fol.

Sprawozdania komisyi do badania historyi sztuki w Polsce. Krakau 1879 ff. 4°. — Mitteilungen der Kommission zur Erforschung der Kunstgeschichte in Polen. Der wesentliche Inhalt der Mitteilungen findet sich, in deutscher oder französischer Sprache wiedergegeben, im Anzeiger der Akademie der Wissenschaften in Krakau, 1889 ff.

Ch. S. Thomas, Altes und Neues vom Zustande der evangelisch-lutherischen Kirchen im Königreiche Polen. Thorn. 1. Aufl. 1750. 2. Aufl. 1754.

B. Ulanowski, Dokumenty Kujawskie i Mazowieckie przeważnie z XIII wieku. Krakau 1887. Sonderdruck aus dem Archiwum komisyi historycznej Bd. IV.

F. Winter, Die Cistercienser des nordöstlichen Deutschlands. Gotha 1868—71. 3 Bde.

H. Wuttke, Städtebuch des Landes Posen. Codex diplomaticus. Allgemeine Geschichte der Städte im Lande Posen. Geschichtliche Nachrichten von 149 einzelnen Städten. Leipzig 1877. 4°.

Zapiski archeologiczne Poznańskie, wydawane przez komisyą archeologiczną Towarzystwa Przyjaciol nauk Poznańskiego pod redakcyą W. Jaźdzewskiego i B. Erzepkiego. Posener archäologische Mitteilungen, herausgegeben von der Archäologischen Kommission der Gesellschaft der Freunde der Wissenschaften zu Posen, rediglert durch v. Jaźdzewski und B. Erzepki, übersetzt von L. v. Jaźdzewski, Bd. I. Posen 1890. 4°.

Zeitschrift für Bauwesen, herausgegeben im Ministerium der öffentlichen Arbeiten. Berlin 1851 ff. 4° und Fol.

Zeitschrift für Geschichte und Landeskunde der Provinz Posen. Posen 1882 bis 1884. 3 Bde.

Zeitschrift der Historischen Gesellschaft für die Provinz Posen. Posen 1885 ff.

Th. Zychlinski, Złota księga szlachty polskiej. Posen 1879 ff.

Inhalts-Verzeichnis
des I. Bandes.

	Seite
Abriſs der politischen und kulturgeschichtlichen Entwicklung des Landes	1
Uebersicht der Kunstgeschichte der Provinz Posen	33
Literarische Vorarbeiten	35
I Die Anfänge der Kunst im romanischen Zeitalter	39
1. Vorgeschichtliches	39
2. Die Baukunst des romanischen Stiles	41
3. Die Kleinkünste des romanischen Stiles	50
II. Die Blüte im Zeitalter der Gotik	55
1. Die kirchliche Baukunst	55
2. Die weltliche Baukunst	70
3. Der Ausbau der Kirchen	72
4. Grabdenkmäler	75
5. Die kirchlichen Geräte	77
III. Renaissance, Barock und Neuzeit	85
1. Einleitendes	85
2. Die Renaissance-Bauwerke des 16. Jahrhunderts	87
3. Die katholischen Kirchen	89
4. Die evangelischen Kirchen	97
5. Die weltlichen Bauwerke des 17. und 18. Jahrhunderts	99
6. Der innere Ausbau	101
7. Grabdenkmäler	104
8. Die kirchlichen Geräte	108
Verzeichnis der Künstler und ihrer Werke	117
A. Architekten	119
B. Bauhandwerker	121
C. Bildhauer	122
D. Maler	124
E. Goldschmiede	126
F. Zinngießer	143
G. Erzgießer	147
H. Verschiedene Handwerker und Werkstätten	159
Tabelle der wichtigsten Daten der politischen und der Kunstgeschichte	161
Alphabetisches Inhalts-Verzeichnis zum I. Bande	165

ABRISS DER POLITISCHEN UND KULTURGESCHICHTLICHEN ENTWICKLUNG DES LANDES

BIS ZUR EINVERLEIBUNG IN DEN PREUSSISCHEN STAAT.

Quellen und Hilfsmittel.

Obwohl die in ihren heutigen Grenzen seit 1815 organisierte Provinz Posen mit dem alten Grofspolen, welches im engeren Sinne des Begriffs aus den Woiwodschaften Posen und Kalisch bestand, geographisch nicht durchweg zusammenfällt, so kann dennoch die Geschichte Grofspolens als der ältere Teil unserer Landesgeschichte angesehen werden. Als Quellen für dieselbe sind zunächst diejenigen für die Geschichte Polens überhaupt zu berücksichtigen[1]). Auf Grofspolen insbesondere bezüglich kommen von Urkunden-Veröffentlichungen in Betracht:

1) Codex diplomaticus Majoris Poloniae ed. E. Raczynski, Posen 1840. Enthält meist auf die inneren Verhältnisse des Landes bezügliche Urkunden aus den Jahren 1136—1597, im ganzen 170 Nummern.

2) Der im Auftrage des Posener Towarzystwo przyjaciól nauk herausgegebene Codex diplomaticus Majoris Poloniae, 4 Bände, Posen 1877—81. Derselbe enthält sämtliche auf Grofspolen bezügliche Urkunden bis zum Jahre 1399 einschliefslich. Verfasser ist der in dem Buche nicht genannte Oberst-Lieutenant J. v. Zakrzewski. Bei Benutzung beider Codices ist für die Beurteilung der Echtheit der Urkunden und der Auflösung der Daten Vorsicht zu empfehlen[2]).

3) H. Wuttke, Städtebuch des Landes Posen, Leipzig 1864. Enthält aufser dem darstellenden Teil 253 Urkunden, vielfach nur im Auszug abgedruckt, über die Geschichte des Städtewesens aus den Jahren 1065—1775. Hierzu erschien Leipzig 1866 ein Nachtrag von 17 Urkunden unter dem Titel: Accessiones ad codicem diplomaticum etc.

4) H. Ehrenberg, Urkunden und Aktenstücke zur Geschichte der in der heutigen Provinz Posen vereinigten ehemals polnischen Landesteile, Leipzig 1892. Enthält 285 Urkunden aus den Jahren 1345—1801, meist die kirchlichen Verhältnisse des Landes betreffend, gesammelt im Vatikanischen Archiv in Rom und anderen italienischen Archiven.

Da ein Stück des Nordostens der Provinz früher nicht zu Grofspolen gehörte, sondern zu Kujawien, so sind auch die dieses Land betreffenden

---

[1]) H. Zeifsberg, die polnische Geschichtschreibung des Mittelalters. Leipzig 1873. F. Finkel, Bibliografia historyi Polskiej. Lemberg und Krakau 1891 ff.

[2]) Vgl. die Kritik über Band I des zweiten Codex von Piekosinski im Przegląd krytyczny 1877 No. 12.

Urkundenbücher heranzuziehen, nämlich: 1) B. Ulanowski, Dokumenty Kujawskie i Mazowieckie z 13. wieku. Krakau 1887. 2) A. Pawinski, Dzieje ziemi Kujawskiej oraz Akta historyczne do nich służące, wovon zunächst Warschau 1888 in 5 Bänden die kujawischen Landtagsbeschlüsse aus den Jahren 1572—1795 erschienen sind. 3) Monumenta historica dioeceseos Wladislaviensis, Wloclawek 1881 ff., enthält urkundliches Material, besonders über die kirchlichen Verhältnisse. Aufserdem ist zu beachten, dafs der grofse Codex diplomaticus Poloniae von Rzyszczewski und Muczkowski in seinem zweiten Bande fast ausschliefslich kujawisches Urkundenmaterial bietet.

Von den älteren chronikalischen Quellen zur Geschichte Polens sind einige für Grofspolen von besonderer Wichtigkeit, weil ihre Verfasser diesem Lande angehörten. Martinus Gallus, Polens ältester Chronist, aus dem Anfange des 12. Jahrhunderts, ist wahrscheinlich ein aus der Fremde eingewandertes Mitglied der kujawischen Geistlichkeit gewesen. Die aus dem 13. Jahrhundert stammenden Grofspolnischen Annalen sind gewifs aus dem Kreise der Posener Domgeistlichkeit hervorgegangen und haben wahrscheinlich den Bischof Bogufal († 1253) und den Domkustos Baszko zu Verfassern; auch die auf diese Annalen vornehmlich sich gründende Kompilation, welche gewöhnlich unter dem Namen der Chronik Bogufals geht, dürfte im 14. Jahrhundert in Grofspolen zusammengestellt sein. Der Chronist Johann Czarnkowski aus dem 14. Jahrhundert war ein Mitglied des grofspolnischen Adelsverbandes Nałęcz, Domherr in Posen und Leslau und zuletzt Archidiakon von Gnesen. Alle diese Chroniken sind mit den anderen auf Polen bezüglichen annalistischen und chronikalischen Quellen neuerdings in den Monumenta Poloniae historica, bisher 6 Bände, Lemberg 1864—93, neu herausgegeben. Daneben bildet die Historia Polonica des Johannes Dlugosch, neueste Ausgabe von A. Przezdziecki in 5 Bänden, Krakau 1873—78, wie für die mittelalterliche polnische Geschichte überhaupt so auch für die grofspolnische Landesgeschichte um so mehr eine Hauptquelle, als von Dlugosch vielfach ältere, uns jetzt verlorene Quellen benutzt worden sind. Von den chronikalischen Quellen der späteren Zeit sei die besonders für das 16. und 17. Jahrhundert ergiebige Chronik der Stadtschreiber von Posen, herausgegeben von A. Warschauer, Posen 1888, erwähnt.

Die beiden Darstellungen der Landesgeschichte von Chr. Meyer, nämlich Geschichte des Landes Posen, erschienen Posen 1881, und Geschichte der Provinz Posen, Gotha 1891, sind ohne Verwendung des eigentlichen Quellenmaterials gearbeitet und benutzen von der Literatur nur die deutsche mit vollständiger Vernachlässigung der polnischen; sie sind für die wissenschaftliche Forschung daher von geringer Bedeutung. Dagegen hat derselbe Verfasser durch die Herausgabe der Zeitschrift für Geschichte und Landeskunde der Provinz Posen in den Jahren 1882—1884 (3 Bände) der landesgeschichtlichen Einzelforschung zuerst unter den Deutschen ein literarisches Organ geschaffen, dem dann die Zeitschrift der Historischen Gesellschaft für die Provinz Posen seit 1885 und das Jahrbuch der Historischen Gesellschaft für den Netzedistrikt seit 1886 folgten. Von polnischer

Seite brachten die durch die Gesellschaft der Freunde der Wissenschaften seit 1860 herausgegebenen Jahrbücher (Roczniki Towarzystwa przyjaciól nauk) neben Aufsätzen anderen Inhalts auch eine Reihe provinzialgeschichtlicher Arbeiten. Von umfassenderen darstellenden Arbeiten der Polen zur Landesgeschichte Grofspolens seien hervorgehoben die Wspomnienia Wielkopolski (Grofspolnische Erinnerungen) von E. Raczynski, 2 Bände, Posen 1842 mit Bilderatlas. Dieses Werk enthält in seinem allgemeinen Teile einen Abrifs der Landesgeschichte, eine Abhandlung über Handel und Gewerbe und eine andere über die Landwirtschaft in Grofspolen, dann einzelne Abschnitte über die Geschichte und die Altertümer einzelner Oertlichkeiten; jetzt ist es vielfach veraltet. Zur historischen Geographie ist von Wichtigkeit der erste, Grofspolen behandelnde Band des Werkes von A. Pawinski, Polska 16. wieku pod wzgłędem geograficzno-statysticznym, Warschau 1883; aufserdem sei auf die kleinen kompilatorischen Veröffentlichungen von E. Callier hingewiesen, welcher die meisten Kreise der Provinz in historisch-geographischer Darstellung behandelt hat. Die für die Geschicke des Landes besonders bedeutsame Kirchengeschichte hat eine zusammenfassende Darstellung noch nicht erhalten; doch sind als grundlegende Vorarbeiten zu einer solchen zu beachten für die alte Diöcese Posen das Werk von J. Lukaszewicz, Krótki opis historyczny kościołów parochialnych, kościołków, kaplic, klasztorów, szkółek parochialnych, szpitali i innych zakładów dobroczynnych w dawnej dyeeczyi Poznańskiej, Posen 1858—63, 3 Bände, und die umfassenden, die Erzdiöcese Gnesen betreffenden Werke des Weihbischofs J. Korytkowski, Arcybiskupi Gnieźniensey, prymasowie i metropolici Polscy od roku 1000 aż do roku 1821, Posen 1888 bis 1892, 5 Bände, und Prałaci i kanonicy katedry metropolitalnej Gnieźnienskiej od roku 1000 aż do dni naszych, Gnesen 1883, 4 Bände.

Als Darstellung der polnischen Geschichte im allgemeinen ist von deutscher Seite besonders das gediegene Werk von R. Roepell und J. Caro zu erwähnen, Geschichte Polens, Band I von Roepell bearbeitet, Hamburg 1840 erschienen, Band II ff. von Caro fortgesetzt, Gotha 1863 ff.; zur Zeit sind im ganzen fünf Bände erschienen, die bis zum Regierungsantritt Sigismunds I. reichen. Von polnischer Seite sind zu nennen J. Szujski, Dzieje Polski, Lemberg 1862—66, 5 Bände, und M. Bobrzynski, Dzieje Polski w zarysie, Warschau 1880—81, 2 Bände.

Von den Quellen zur Geschichte der Nachbarländer sind besonders die schlesischen auch für die Posener Landesgeschichte heranzuziehen, in erster Reihe die Regesten zur schlesischen Geschichte, bis 1300 herausgegeben von Grünhagen (Codex dipl. Silesiae Bd. VII) und 1301—26 herausgegeben von Grünhagen und Wutke (Bd. XVI und XVIII)[1]).

[1]) Vgl. auch C. Grünhagen, Geschichte Schlesiens I. Gotha 1884—86.

I.
Die Einführung des Christentums. Gründung der ältesten Bistümer und Klöster. — Aelteste Verfassung und gesellschaftliche Zustände.

Aus den gelegentlichen Mitteilungen einiger Schriftsteller des klassischen Altertums kann man entnehmen, dafs das Land zwischen Oder und Weichsel von germanischen Völkerstämmen bewohnt war, bevor es durch einwandernde Slaven besetzt wurde. Kein zeitgenössischer Bericht giebt jedoch Kunde davon, wann und unter welchen Umständen diese Völkerverschiebung stattgefunden hat, die sich in der Sage von der Einwanderung und Trennung der beiden Brüder Lech und Czech wiederspiegelt. Als im 10. Jahrhundert die lange andauernden Kämpfe der Deutschen mit den kleinen slavischen Stämmen östlich der Elbe begannen, wohnte hinter denselben der mächtige Stamm der Polen, welcher von seiner Hauptstadt Gnesen aus monarchisch geleitet wurde.

Herzog Mieczyslaus I. (—992) aus dem Geschlechte der Piasten ist die erste historische Persönlichkeit unter den Herrschern dieses Volkes. Er stand in einem Verhältnis freiwilliger Abhängigkeit zu Kaiser Otto dem Grofsen. Durch seine Heirat mit einer christlichen böhmischen Prinzessin wurde er veranlafst, zum Christentum überzutreten (966) und für dessen weitere Ausbreitung in seinem Volke zu sorgen. In Posen wurde ein Bistum gegründet und dem Metropolitanverbande von Magdeburg angeschlossen. Unter dem kriegsgewaltigen Sohne des Mieczyslaus, Boleslaus Chrobry (—1025), weilte der heilige Adalbert auf seinem Missionszuge nach Preufsen im Lande und befestigte, vom Herzog unterstützt, den neuen Glauben. Damals mögen die ersten Benediktiner-Klöster, besonders das zu Tremessen entstanden sein, wohin der Herzog den Leichnam des von den Preufsen erschlagenen Heiligen bringen liefs, bevor er ihn in Gnesen beisetzte. Zu dieser Reliquie wallfahrte Kaiser Otto III. im Jahre 1000 und vergalt den ehrenvollen Empfang, den der Herzog ihm bereitete, durch wertvolle Vergünstigungen. In Gnesen wurde ein Erzbistum errichtet und demselben eine Anzahl neu errichteter Bistümer zu Krakau, Breslau und Kolberg, bald darauf auch das Bistum Posen unterstellt[1]). Das freundschaftliche Verhältnis Boleslaus Chrobrys zum

---
[1]) Auch die genauere Abgrenzung der einzelnen Diöcesen mufs damals vollzogen worden sein. Die Grenze zwischen Posen und Gnesen kennen wir nur für das spätere Mittelalter; sie

deutschen Reiche änderte sich allerdings seit dem Tode Ottos III. Kaiser Heinrich II. drang im Herbste 1005 über Meseritz bis in die Nähe von Posen vor. Dennoch blieb das gewaltige Reich des Boleslaus Chrobry, welches in Grofspolen seinen Mittelpunkt hatte, unerschüttert, und kurz vor seinem Tode (1025) erklärte der Herzog durch die Annahme des Königstitels auch äufserlich seine Unabhängigkeit.

Unter den Nachfolgern des Boleslaus Chrobry wurde nicht nur die Kraft des Reiches durch innere Streitigkeiten erschöpft, sondern auch das neu eingeführte Christentum durch eine starke Reaktion des Heidentums fast ausgerottet. Die Böhmen entführten bei einem feindlichen Einfalle (1039) den Leichnam des heiligen Adalbert nach Prag; jedoch behauptete die Ueberlieferung, dafs die Gnesener Geistlichkeit damals durch Unterschiebung eines anderen Leichnams den des Heiligen für Polen gerettet habe. Erst gegen Ende des 11. Jahrhunderts wurde die zerstörende Wirkung jener unruhigen Zeiten völlig überwunden; neue Benediktiner-Klöster entstanden in Mogilno (um 1065) und Lubin. Wladislaus Hermann (—1102) weihte die Gnesener Domkirche aufs neue, und auf Boleslaus Krzywousty (1102—38), der in heifsen Kämpfen mit den Pommern die Burgen längs der Netze, Zantoch, Filehne, Czarnikau, Usch und Nakel, sowie Wyschegrod an der Weichsel in seine Gewalt brachte, wird die Gründung der Bistümer Pommern, Lebus und Kujawien oder doch ihre Wiedereinrichtung zurückgeführt[1]). Er stellte auch das frühere Benediktiner-Kloster in Tremessen als Kloster der Augustiner-Chorherren wieder her, und sein vornehmster Günstling, Graf Peter Wlast, gründete in Strelno das erste Nonnenkloster und übergab es den Prämonstratenserinnen.

Die spärlichen Nachrichten, welche sich über die gesellschaftlichen Verhältnisse dieser ältesten Zeit erhalten haben, lassen erkennen, dafs sich von den unteren Ständen der Sklaven, Hörigen und freien Leute ein Geschlechtsadel abhob. Für alle Stände war der Ackerbau die hauptsächlichste Beschäftigung. Handel und Handwerk standen auf sehr niedriger Stufe. Es gab zwar Städte im Lande, wie Posen, Gneseu, Giecz, Kruschwitz und Inowrazlaw; jedoch entbehrten sie jeder Spur einer kommunalen Selbständig-

---

ist aber gewifs auch in früheren Zeiten ziemlich dieselbe gewesen. Sie überschritt die Welna unterhalb von Wongrowitz, ging etwa zwei Meilen östlich von Posen vorbei, wandte sich östlich bis zur Wrzesna, die von alters her Grenzflufs war (Dlugosch I, S. 20), überschritt die Warthe in der Gegend von Peisern und traf zwischen Adelnau und Schildberg auf die südliche Landesgrenze. Als eine Enklave innerhalb der Posener Diöcese gehörte, wie noch heute, der Dekanat Krotoschin zur Erzdiöcese Gnesen. Schildberg gehörte zur Diöcese Breslau. Vgl. Cod. dipl. IV, S. 872, mit einer Karte von Grofspolen zur Zeit der Piasten. W. Abraham, Organizacya kościoła w Polsce do polowy wieku XII, Lemberg 1893, S. 55. W. Kętrzynski, Granice Polski w X. wieku, Rozprawy akademii umiejętności, Krakau, Serie II, Bd. V, S. 1—32 mit einer Karte der ältesten Diöceseneinteilung Polens. J. de Lasco, Liber beneficiorum, ed. J. Korytkowski, mit einer Karte der Diöcese Gnesen im 16. Jahrhundert.

[1]) Als Grenze zwischen den Bistümern Gnesen und Kujawien galt wohl von alters her die grofspolnisch-kujawische Landesgrenze, welche von Nakel aufwärts von der Netze bis zum Pakosch-See und dann bis zu ihrem Ausflufs aus dem Kaminiecer-See gebildet wurde. Weiterhin wandte sich die Grenze nach Osten, die Städte Sompolno und Brdów bei Kujawien belassend.

keit. Die Staatsverfassung zeigte vielfach Aehnlichkeit mit der des merowingisch-fränkischen Reiches. Die Gewalt des Fürsten wurde weder durch das Volk noch durch den Adel beschränkt. Die wichtigste Stellung bekleidete der Woiwode als oberster Heerführer. Die Verwaltung und Rechtsprechung lag in den Händen der vom Fürsten ernannten Grafen, der späteren Kastellane, welche auf den zahlreichen aus Holz erbauten Burgen safsen. Die untersten Verwaltungseinheiten (lat. vicinia, poln. opole) entsprachen den fränkischen Hundertschaften. Die Gerichtsbarkeit wurde ausschliefslich von dem Fürsten und seinen Beamten gehandhabt; dem Adel und der Geistlichkeit stand eine Gerichtsgewalt über ihre Hintersassen nicht zu. Ein geschriebenes Gesetzbuch gab es nicht; doch hatte sich gewohnheitsrechtlich ein System von Satzungen herausgebildet, welches neben dem National-Eigentümlichen auch vieles enthielt, was dem deutschen Rechte entlehnt war.

II.

Grofspolen während seiner politischen Selbständigkeit. — Die Exemtionen der Kirche und des Adels. — Die Gründung der Cistercienser-Klöster. — Deutsche Kolonisation. — Aelteste Städtegründungen. — Klöster der Bettelorden. — Juden.

Als nach der Erbfolgeordnung, welche Boleslaus Krzywousty unter seinen Söhnen aufrichtete, das Reich unter diese geteilt wurde, empfing auch Grofspolen in seinem zweiten Sohne Mieczyslaus III., welcher später der Alte genannt wurde, einen besonderen Herrscher und behielt bis zum Aussterben des Geschlechts dieses Herzogs im Mannesstamme etwa anderthalb Jahrhunderte hindurch seine politische Selbständigkeit. Die Bedrohung derselben durch den ältesten der Brüder, Wladislaus, dem vom Vater das Seniorat und hiermit eine gewisse Autonomie über die Brüder zugesichert worden war, wurde durch einen Kampf zurückgewiesen, dessen Entscheidung vor Posen fiel (1142); auch ein siegreicher Zug, den Friedrich Barbarossa 1157 zur Wiedereinsetzung des vertriebenen Seniors nach Grofspolen unternahm, hatte keinen dauernden Erfolg. Allerdings konnten später weder Mieczyslaus († 1202) noch auch sein Sohn Wladislaus Laskonogi († 1231) ihren Rechtsanspruch auf das Seniorat über die Herrscher der anderen polnischen Landesteile dauernd aufrecht erhalten. Ueberdies mufste schon Wladislaus Laskonogi das Land mit seinem Neffen Wladislaus Odonicz († 1239) teilen, und auch die Söhne des letzteren, Przemislaus I. († 1257) und Boleslaus († 1279), beherrschten die Länder Kalisch und Posen gesondert, eine Teilung, welche auf die Folgezeit bis zur Auflösung Polens durch die Scheidung Grofspolens in die beiden Provinzen (Woiwodschaften) Posen und Kalisch Einflufs geübt hat¹). Auch schwächten innere Kämpfe zwischen Wladislaus Laskonogi und Wladislaus Odonicz die Kraft des Landes, so dafs der mächtige Breslauer Herzog Heinrich II. von Süden und Westen seine Grenze weit in das grofspolnische Gebiet hineinschob und im Norden die alte Oberhoheit über Pommerellen und so die Verbindung mit der Meeresküste verloren ging. Erst als infolge des Mongoleneinfalles (1241) Schlesien seine einflufsreiche Stellung verlor, gelang es Przemislaus I., die alten Grenzen gegen Schlesien allmählich wieder herzustellen; nur das Land Fraustadt blieb damals noch in schlesischem Besitz. Die Bedeutung Grofspolens stieg, als nach dem Tode des Boleslaus Herzog Przemislaus II., der einzige Sohn, den Przemislaus I. hinterliefs, das Land wieder unter einer Herrschaft vereinigte, während die anderen Länder des Reiches vielfach unter Teilfürsten zersplittert waren. Als Przemislaus II. noch durch den kinderlosen Herzog Swantopolk von Pommerellen, seinen Grofsoheim, zum Erben eingesetzt wurde, wagte er es, den Anspruch Grofspolens auf die Oberhoheit des Reiches zu erneuern, und liefs sich am 26. Juni 1296 durch den Erzbischof von Gnesen zum König krönen. Bevor jedoch die anderen polnischen Fürsten hierzu Stellung nehmen konnten, fiel er am 8. Februar 1297 in Rogasen durch Meuchelmord, ohne einen männlichen Erben zu hinterlassen. Die politische Selbständigkeit Grofspolens sowie die führende Stellung, welche es bis dahin in Polen eingenommen hatte, erreichte damit ihr Ende.

Die natürliche Folge der Teilung des Reiches unter mehrere Fürsten während dieser Periode war ein schnelles Herabsinken der früher unumschränkten fürstlichen Macht. Während in Kleinpolen der hohe Adel zuerst mit seinen Ansprüchen hervortrat, suchte in Grofspolen der Erzbischof Heinrich Ketlitz für die Kirche diejenigen Grundsätze zur Durchführung zu bringen, welchen Papst Gregor VII. in den westlichen Ländern bereits ein halbes Jahrhundert früher Anerkennung verschafft hatte. Neben der Verbesserung der Kirchenzucht und der strengen Beobachtung des Cölibats handelte es sich darum, die Fürsten von der Besetzung der Bistümer und der Austeilung der Pfründen auszuschliefsen, sie zu hindern, Geistliche vor ihr Gericht zu ziehen oder mit dem Vermögen derselben frei zu schalten, und endlich die Hintersassen auf den geistlichen Gütern möglichst von den staatlichen Steuern und Lasten zu Gunsten der kirchlichen Grundherren zu befreien. Wladislaus Laskonogi war der hartnäckigste Verteidiger der fürstlichen Allmacht gegen den Erzbischof, der von Papst Alexander III. kräftig unterstützt wurde; schon er mufste jedoch die erste freie Bischofswahl in Posen gestatten (1211). Sein Neffe Wladislaus Odonicz aber gab die Rechte des Staates mit vollen Händen preis, um sich die Unterstützung der Kirche in seinem Kampfe mit dem Oheim zu verschaffen. Zwar gelang es nicht, allgemeine Privilegien für die polnische Kirche durchzusetzen; vielmehr begnügte man sich

---

¹) Die Woiwodschaftsgrenze durchschnitt das Land von Norden nach Süden. Gnesen gehörte noch zur Woiwodschaft Kalisch und wurde erst 1768 zur Hauptstadt einer besonderen Woiwodschaft erhoben.

schliefslich mit Vergünstigungen für die einzelnen Bistümer, Kirchen und Klöster. Das Ergebnis war aber doch, dafs durch den immer voller fliefsenden Privilegienstrom die geistlichen Besitzungen der Amtsbefugnis der Verwaltungs- und richterlichen Beamten des Staates enthoben, die geistlichen Unterthanen ziemlich vollständig von den staatlichen Abgaben und Fronden befreit und die Hoheitsrechte über dieselben mit den Einkünften der grundbesitzenden Kirche zuerteilt wurden. Die stärkere Belastung der anderen Stände durch die immer ausgedehntere Befreiung der Kirche erregte den Widerstand des Adels, der nur dadurch überwunden werden konnte, dafs die Fürsten anfingen, auch ihm für seine Güter ähnliche Exemtionen zu verleihen. Przemislaus I., überdies auf die Unterstützung des Adels in seinem Kampfe mit Schlesien angewiesen, war der erste grofspolnische Fürst, welcher Edelleuten solche Vergünstigungen gewährte. In seiner weiteren Entwickelung führte dieses Exemtionswesen zur Ausbildung der vollen Patrimonialherrschaft der geistlichen sowohl als der weltlichen Grundherren über ihre Hintersassen.

Die hohe Stellung, welche die Kirche im 12. und 13. Jahrhundert sich errang, war freilich nicht unverdient. Die Geistlichen waren nicht nur die Träger des religiösen Gedankens und mehr noch als in den westlichen Ländern Lehrer der Jugend und Pfleger geistiger Bildung, sondern von ihnen ging auch mannigfache Anregung zur Hebung der Landeskultur aus. Die erste Rolle spielte hierbei der Cistercienser-Orden, der in grofsen Scharen seine Sendlinge aus Deutschland nach Polen schickte und seine Wohnstätten in sumpfigen Niederungen, die er austrocknete, und dichten Wäldern, die vor seiner rastlosen Thätigkeit sich lichteten, aufschlug. Mieczyslaus der Alte führte zuerst Cistercienser aus dem unweit Köln gelegenen Kloster Altenberg nach Grofspolen; er selbst gründete ihnen in der Warthe-Niederung das Kloster Lond, einer seiner angesehensten Grofsen Zbilut im Welna-Thale das Kloster Lekno (1153). Vier Jahrhunderte lang fanden in diesen Klöstern nur Kölner Bürgersöhne Aufnahme. Am freigebigsten wie für die Kirche überhaupt so auch für die Cistercienser erwies sich Wladislaus Odonicz. Aus dem Kloster Pforta führte er Mönche nach dem Obra-Bruch in die Primenter Gegend (1210) und Nonnen aus Trebnitz in die Prosna-Niederung nach Olobok bei Kalisch (1213). Er legte auch den Keim für die spätere Klosterniederlassung zu Blesen, indem er dem Kloster Dobrilug eine grofse Landschenkung in der Obra-Niederung bei dem heutigen Althöfchen machte. Dem Beispiel des Herzogs folgten seine Grofsen, indem Graf Bronisz das Kloster Paradies gründete und Mönchen aus Lehnin übergab (1230) und Sandziwogius, der Kantor der Gnesener Kirche, dem Kloster Lekno die Anlegung eines Tochterklosters zu Obra ermöglichte (1231). Die Söhne des Wladislaus Odonicz, deren Hauptinteresse sich, wie wir sehen werden, allerdings schon anderen Orden zuwandte, förderten doch auch die Cistercienser. Przemislaus I. führte Nonnen aus Trebnitz in das von ihm begründete Kloster zu Owinsk bei Posen (1252), und Boleslaus erneuerte im Obra-Bruch die unterdes eingegangene älteste Gründung seines Vaters, indem er Mönche aus Paradies nach Fehlen führte (1278) und dort ein Kloster gründete, welches später nach Priment verlegt wurde. Um etwa dieselbe Zeit entwickelten sich an der Nordgrenze des Landes durch private Schenkungen die ersten Anfänge, aus welchen später das Kloster Krone (Koronowo) hervorging. In eigentümlicher Weise vermischten sich bei der Förderung dieser Stiftungen religiöse und wirtschaftliche Motive. Die bäuerlichen Hülfskräfte, welche die Mönche zur Bewirtschaftung der ihnen überwiesenen ausgedehnten Ländereien aus Deutschland mitbrachten oder nach sich zogen, waren die ersten Kolonisten im Lande. Der Gewinn, den diese aus höheren Kulturverhältnissen stammenden Landwirte durch ihre Wirksamkeit und ihr Beispiel brachten, war so einleuchtend, dafs Fürsten und Grofse in ihrer Heranziehung wetteiferten und der volle deutsche Auswandererstrom, der um jene Zeit ganz Osteuropa überflutete, in immer gröfserer Mächtigkeit auch nach Grofspolen geleitet wurde. Die Vermittelung zwischen den polnischen Grundherren und den deutschen Einwanderern aber lag zur Zeit des Wladislaus Odonicz noch fast ausschliefslich in der Hand der Mönche, besonders der Cistercienser. Jede Klostergründung zu jener Zeit ist von diesem Gesichtspunkte aus als Kolonisations-Unternehmen gröfseren Stils zu betrachten. Auch die Vermittelung auswärtiger Klöster nahm man in Anspruch: so schenkte Wladislaus Odonicz dem schlesischen Kloster Leubus und dem Tochterkloster desselben, Heinrichau, ein weites Gebiet bei Nakel zur Anlegung von Kolonien; kurze Zeit darauf übergab er dem Kloster Leubus zu demselben Zweck noch weitere 3000 Hufen bei Filehne (1225—33). Dem Beispiel der Cistercienser folgten die alten Benediktiner-Klöster und ebenso die Ritterorden, sowohl die Johanniter, denen schon Mieczyslaus der Alte bei Posen, als auch die Templer, welchen Wladislaus Odonicz in Gnesen (1232) Hospital und Kloster gegründet hatte. Den letzteren übergab Wladislaus Odonicz ein Gebiet von 1000 Hufen bei Koschmin zur Besiedelung. Die Stellung dieser ältesten bäuerlichen Kolonisten in Grofspolen war wirtschaftlich sehr schwierig; desto gröfser mufsten die Zusagen sein, um sie zur Einwanderung zu bewegen. Der Landesherr erliefs ihnen gewöhnlich den Grenzzoll, gewährte Befreiung vom polnischen Recht und die Erlaubnis der Niederlassung nach dem deutschen Rechte ihrer Heimat. So entstand ein von den polnischen Staatsfronden befreiter, nach den Grundsätzen deutscher Selbstverwaltung durch Vögte und gewählte Schöffen sich selbst leitender Bauernstand im Lande. Auch die Bedingungen, welche die geistlichen Grundherren gewährten, waren in dieser ersten Zeit sehr günstige. Es kam gewifs überall mehr darauf an, möglichst viel von dem in Ueberflufs vorhandenen Boden zur Kultur auszugeben, als grofsen Gewinn von dem einzelnen Ansiedler zu erzielen. Gegen die Mitte des 13. Jahrhunderts gelang es aufser den Klöstern auch anderen Grundherrschaften, Kolonisten zu gewinnen. Der Bischof von Posen liefs sich 1246, der Erzbischof von Gnesen 1262 die Berechtigung zur Kolonisation seiner Güter erteilen. Auch die Fürsten selbst, sowie ihre weltlichen Grofsen begannen um diese Zeit schon, dem von der Kirche gegebenen Beispiele zu folgen.

Die Fürsten nahm allerdings in erster Reihe ein anderer Teil des Kolonisationswerks in Anspruch, nämlich die Anlegung der Städte. Wie in den anderen Ländern des slavischen Ostens folgten auch in Grofspolen den deutschen Bauern die Bürger. Da es sich hierbei gewöhnlich um Ansiedelung gröfserer Menschenmassen auf ausgedehnteren Territorien handelte, so kamen naturgemäfs die Staatsländereien besonders in Betracht. Für den Vorgang im einzelnen nahm man Schlesien zum Muster, wo die Städtegründungen bereits einige Jahrzehnte früher angefangen hatten. Ein Unternehmer (locator) warb die Ansiedler und führte sie heran. Mit ihm wurden von dem Fürsten die Bedingungen der Niederlassung vereinbart, deren wichtigster Teil regelmäfsig die Festsetzung der Grundzinsen und die Zusicherung des deutschen Rechts waren. Besonders wurde das Recht der Stadt Magdeburg oder auch das einer anderen mit Magdeburger Recht bereits früher bewidmeten Stadt, wie Neumark (poln. Szroda) in Schlesien, den Kolonisten zur Befolgung zugewiesen. Besondere Einnahmen und Vorrechte wurden dem Locator selbst vorbehalten. Gewöhnlich schlofs sich die Neugründung an bereits bestehende ältere slavische Ortschaften an, wurde aber unabhängig von diesen nach einem regelmäfsigen, die koloniale Entstehung verratenden Lageplan erbaut. Die älteste deutsche Städtegründung in Grofspolen schlofs sich wahrscheinlich an die alte Landeshauptstadt Gnesen an (vor 1243). Der älteste, mit deutschen Städtern abgeschlossene, uns erhaltene Vertrag (Gründungsurkunde) betrifft das von dem Herzog Boleslaus gegründete Städtchen Powidz (1243). Ferner gehörten zu den ältesten Ansiedelungen Meseritz und Kostschin. Im Jahre 1253 wurde von den Brüdern Przemislaus I. und Boleslaus zusammen bei der alten Stadt Posen eine Neustadt für deutsche Kolonisten erbaut, welche als eine Art Mittelpunkt für alle deutschen Ansiedler in Grofspolen gedacht war, da alle Deutschen im Lande in schwierigen Rechtsfällen an den Gerichtshof dieser Neugründung gewiesen wurden. Während der ganzen zweiten Hälfte des 13. Jahrhunderts folgten die fürstlichen Städtegründungen schnell auf einander; nebenher ging seit dieser Zeit die Anlegung kleiner Städtchen durch private Inhaber grofser Güterkomplexe, besonders durch die wohlhabenderen Klöster.

In den neu entstandenen Städten fafste die Kirche nicht nur durch die Gründung von Pfarreien Fufs, sondern auch durch die Einführung der damals zu hohem Ansehen gekommenen Bettelorden der Franziskaner und der Dominikaner, die mit Vorliebe in gröfseren Städten sich niederliefsen, wo sie bei der Seelsorge aushalfen und Hörer für ihre Bufspredigten fanden. Schon 1228 hatten beide Orden in ihren Generalkapiteln Polen zu einer besonderen Ordensprovinz eingerichtet. Den Dominikanern hatte zuerst Wladislaus Odonicz ein Kloster in Posen errichtet; sein Sohn Przemislaus I. verlegte es, als er die Neustadt Posen zu gründen beabsichtigte, auf das Territorium derselben (1244). Herzog Boleslaus stiftete das Franziskaner-Mönchs- und Nonnenkloster zu Gnesen. Um dieselbe Zeit wurde in Kujawien ein Franziskaner-Mönchskloster zu Inowrazlaw errichtet. Przemislaus II. war ebenso, wie sein Vater, ein grofser Gönner der Bettelorden: ihm verdankten das Dominikaner-Kloster zu Wronke (1279) und das Kloster der Dominikanerinnen zu Posen ihre Entstehung.

Mit den deutschen Bürgern scheinen auch Juden in gröfserer Anzahl eingewandert zu sein, während sie früher wohl nur vereinzelt im Lande gewohnt hatten. Sie waren den Fürsten sehr willkommen, weil sie für deren Schatz beliebig besteuert werden konnten. Boleslaus verlieh ihnen nach dem Vorgange Oesterreichs am 16. August 1269 ein Privilegium, durch welches er ihr Leben und ihren Handel schützte und ihre Rechtsverhältnisse ordnete.

III.

Ausbildung der provinziellen Stellung Grofspolens. — Die Kriege mit dem deutschen Orden. — Fortgang der Kolonisation. — Handel und Gewerbe. — Niedersteigen des Bauernstandes. — Die letzten mittelalterlichen Klostergründungen.

Da mit dem Tode Przemislaus II. die Spaltung des Reiches in mehrere Herzogtümer ihr Ende erreichte und die Herrschaft über Grofspolen auf den thronberechtigten Erben der kleinpolnisch-kujawischen Linie Wladislaus Lokietek (—1333) überging, der seine Residenz in Krakau aufschlug, so verschob sich der Schwerpunkt der politischen Bedeutung auf die kleinpolnische Reichshälfte. Nur die an der Person des Erzbischofs von Gnesen haftenden Ehrenvorrechte, während des Interregnums den Vicekönig für das Reich zu stellen und die neu gewählten Könige zu krönen, verblieben den Grofspolen. Auch als Wladislaus Lokietek für einige Jahre die Herrschaft über ganz Polen an Wenzel von Böhmen (1300—6) und später die über Grofspolen an Heinrich von Glogau (—1309) verlor, änderte sich hinsichtlich der Stellung Grofspolens nichts, da beide Herrscher das Land durch Stellvertreter (capitanei) regieren liefsen. Diese Einrichtung wurde in der Folge, als Wladislaus Lokietek wieder auf den Thron kam, von ihm und seinen Nachfolgern durch die Einsetzung der Generalstarosten von Grofspolen (capitauei Majoris Poloniae generales), welche ständig in Posen ihren Amtssitz hatten, zu einer dauernden gemacht. Ein weiterer Verlust für die Stellung Grofspolens im polnischen Reiche wurde dadurch herbeigeführt, dafs der deutsche Orden die Schwäche Wladislaus Lokieteks benutzte und sich in Pommerellen festsetzte, so dafs Grofspolen ein von feindlichen Einfällen vielfach bedrohtes Grenzland wurde.

Allerdings gab Grofspolen trotz der Vereinigung mit Kleinpolen unter einem Herrscher den Anspruch auf eine politische Sonderstellung noch Jahrhunderte lang nicht auf. Das föderative Verhältnis, in welchem beide Reichshälften zu einander standen, wurde sogar bis zum Untergange des polnischen Staates nicht vollkommen überwunden. Der Sohn Wladislaus Lokieteks,

Kasimir der Grofse (1334—70), konnte die Hauptaufgabe seiner segensreichen friedlichen Regierung, an Stelle des vielfach schwankenden Gewohnheitsrechts ein geschriebenes Gesetzbuch zu schaffen, nur dadurch lösen, dafs er für beide Reichshälften mit den Ständen gesonderte Statuten vereinbarte, von denen dasjenige für Grofspolen am 11. März 1347 zu Petrikau Gesetz wurde. In der unruhigen Zeit seines Nachfolgers Ludwig von Ungarn (1370—82) und den furchtbaren Bürgerkriegen des Interregnums (1382—86) trat der grofspolnische Adel, wenn auch in die Parteien des Hoch- und Kleinadels unter den führenden Geschlechtern der Grzymała und Nałęcz gespalten, mit vollkommener politischer Selbständigkeit auf und entschied in freier Vereinbarung mit den Kleinpolen das Recht der Thronfolge; dabei erwirkte er sich Vergünstigungen, welche für die Staatsverfassung neue, das Königtum zu Gunsten des Adels wesentlich beschränkende Grundlagen schufen. Unter den ersten Jagellonen (Wladislaus Jagello 1386—1434, Wladislaus III. 1434—44, Kasimir IV. 1447—92, Albrecht 1492—1501, Alexander 1501—6) bildeten sich dann die Formen aus, in welchen die schliefslich allein berechtigten Stände, Adel und Geistlichkeit, ihren politischen Willen in den beiden Reichshälften getrennt zum Ausdruck brachten. In den verschiedenen Woiwodschaften versammelte sich der Adel in bestimmten Städten und beriet auf diesen kleinen Landtagen (sejmiki), welche für die Woiwodschaften Posen und Kalisch zusammen in Schroda abgehalten wurden, die politischen Angelegenheiten und örtlichen Interessen. In ihnen ruhte das Recht der mafsgebenden politischen Entscheidung; ihre Beschlüsse trugen sie Sendboten auf, welche zu einem allgemeinen grofspolnisch-kujawischen Landtage gewöhnlich zu Koło zusammentraten und mit dem König oder seinen Abgesandten ihrer Instruktion gemäfs verhandelten, ebenso wie dies von Seiten der kleinpolnischen Landboten zu Neustadt-Korts chin zu geschehen pflegte. Die Verbindung zwischen den Landtagen von Grofs- und Kleinpolen wurde in wichtigen Fällen durch einzelne Abgesandte hergestellt. Erst gegen Ausgang des 15. Jahrhunderts unter der Regierung Albrechts wurden die Landtage der beiden Reichshälften in den polnischen Reichstag zusammengefafst. Aber auch hierdurch wurde das souveräne Recht der Woiwodschafts-Landtage nicht beeinträchtigt, von deren Instruktion die Landboten abhängig blieben und auf deren Entscheidung zurückgegriffen werden mufste, falls eine friedliche Einigung auf dem Reichstage nicht erzielt werden konnte.

Nach aufsen hin wurde das politische Interesse Grofspolens im 14. und 15. Jahrhundert vornehmlich durch die Beziehungen zum deutschen Orden in Anspruch genommen. In den Kämpfen, welche Wladislaus Lokietek um die Wiedergewinnung Pommerellens mit dem Orden führte, wurde Grofspolen und Kujawien durch wiederholte Einfälle der Ordensritter in der furchtbarsten Weise verwüstet (1329—32). Im Jahre 1331 drangen sie sogar bis in das Herz des Landes vor und verbrannten fast die ganze Stadt Gnesen; kaum konnte der Dom vor der Zerstörung gerettet werden. Der mit ihnen im Bündnis stehende König Johann von Böhmen belagerte in demselben Jahre die Stadt Posen vergeblich. Grofspolen glich einer Einöde, als Kasimir der Grofse

1343 mit dem Orden den Frieden von Kalisch schlofs und seiner Ansprüche auf Pommerellen entsagte. In der vierzigjährigen Friedenszeit erholte es sich zwar schnell wieder und erhielt auch eine territoriale Vergröfserung dadurch, dafs Kasimir die Grenzen gegen Brandenburg erweiterte und im Südwesten das Fraustädter Land für Grofspolen eroberte (1343). Der Hafs gegen den Orden aber erlosch während dieser Zeit ebenso wenig in Grofspolen als die Hoffnung auf die Wiedergewinnung des Küstenlandes, dessen Besitz für die Sicherheit und den materiellen Aufschwung Grofspolens von der höchsten Bedeutung erschien. Um so gröfser war der Eifer und die Opferfreudigkeit Grofspolens, als Wladislaus Jagello den Krieg gegen den Orden wieder eröffnete (1409). Auch jetzt hatten Kujawien und der nördliche Teil Grofspolens unter den Einfällen des Ordens zu leiden; aber der Adel des Landes hatte dann auch den ruhmvollsten Anteil an den Siegen, welche über den Orden davongetragen wurden. Bei Tannenberg (15. Juli 1410) kämpfte er vereint mit den Aufgeboten der anderen Landesteile; in der darauf folgenden Schlacht bei Koronowo aber schützte er allein die Grenzen der Heimat. Als unter Kasimir IV. der Kampf gegen den Orden einen weniger ritterlichen Charakter annahm und vornehmlich durch grofse Geldmittel, welche Polen zur Gewinnung der Söldnerscharen des Ordens anwandte, ausgetragen werden mufste, wurden die erforderlichen Opfer in erster Reihe von den Grofspolen gebracht. Die Bischöfe von Gnesen und Posen lieferten ihre Kirchenschätze aus (1455), und die Summen, welche die Grofspolen für den Ankauf der in den Händen der Söldner befindlichen preufsischen Festen aufbrachten, machten Steuern von unerhörter Höhe notwendig. Auch stellte Grofspolen mehrfach aus eigenen Mitteln ohne Hülfe der anderen Landesteile Aufgebote ins Feld, zu welchen die Städte das Fufsvolk ausrüsteten (1458—59). Freilich trug es dann, als der Orden 1466 zu Thorn seinen Frieden mit Polen schlofs und ihm den ganzen westlichen Teil seines Besitzes abtrat, auch die Hauptvorteile davon: es hatte den lange ersehnten Ausgang nach der Meeresküste erhalten und war vor weiteren Anfeindungen eines gefährlichen Grenznachbarn dauernd gesichert.

Die Friedensarbeit Kasimirs des Grofsen und das steigende politische Ansehen Polens unter den ersten Jagellonen hatte ein Emporblühen der wirtschaftlichen Entwickelung zur Folge. Kasimir nahm die unter seinem Vater unterbrochenen Kolonisations-Bestrebungen wieder auf und suchte bäuerliche und bürgerliche Ansiedler aus dem benachbarten Deutschland durch freigebige Vergünstigungen in sein Land zu ziehen. Mit Erfolg regte er seine geistlichen und weltlichen Grofsen zu gleichen Unternehmungen an. Eine Reihe grofspolnischer und kujawischer Städte verdankt dieser Zeit ihre Entstehung; die bedeutendste von diesen ist das 1346 angelegte Bromberg. Für andere, wie Kalisch, Peisern, Meseritz, Schildberg, Kruschwitz zog Kasimir neue Bewohner heran, so dafs er als ihr zweiter Gründer gelten darf. Auch Wladislaus Jagello förderte die Entstehung neuer Städte. Zu seiner Zeit machte sich jedoch unter den grofspolnischen Adeligen bereits ein über das Mafs hinausgehender Eifer geltend, Städte auf ihren Gütern zu gründen, deren Menge die Entwickelung der einzelnen hemmen mufste. Um die Mitte des 15. Jahrhunderts zählte das Gebiet der heutigen Provinz Posen schon etwa 110 Städte, nicht weniger als es heute besitzt. Freilich hörte seit dem Ende des 14. Jahrhunderts unter dem während der Kriege mit dem Orden sich verschärfenden nationalen Gegensatz die Einwanderung aus Deutschland auf, und die neu entstehenden Städte erhielten eine fast ausschliefslich aus Eingeborenen bestehende Bevölkerung. Die alten deutschen Kolonialstädte begannen sich mit Ausnahme der dicht an der brandenburgisch-schlesischen Grenze gelegenen zu polonisieren. Die Bürger übersetzten ihre deutschen Namen ins polnische; die deutsche Sprache verschwand aus den Ratsbüchern und ertönte nicht mehr auf den Kanzeln der Pfarrkirchen. Auch die deutsche Rechtsverfassung dieser Städte büfste in vielen Stücken an Selbstündigkeit ein, wenngleich sie in ihren Grundzügen bis in die späteren Jahrhunderte bestehen blieb.

Von grofser Bedeutung war es, dafs das Land unter Kasimir dem Grofsen und den Jagellonen sich der Gewerbthätigkeit und dem Grofshandel erschlofs, wenn auch freilich Ackerbau und Viehzucht immer die Hauptnahrungsquelle seiner Bewohner blieb. Mit dem zunehmenden Wohlstand steigerte sich das Bedürfnis für die verfeinerten gewerblichen Erzeugnisse des Westens, welche meist aus Deutschland eingeführt wurden; aus Italien kamen Weine, die überseeischen Erzeugnisse meist über Danzig. Grofspolen selbst führte seine Bodenprodukte, Vieh, Getreide und Holz, besonders nach Deutschland aus. Die von den Kaufleuten benutzten Handelsstrafsen liefs Kasimir der Grofse in Ordnung bringen und mit Zollstätten versehen. Zwei solcher Strafsen durchzogen Grofspolen, von Thorn ausgehend, die eine über Kalisch nach Breslau, die andere über Inowrazlaw und Gnesen nach Posen, von wo aus ein Weg über Bentschen nach Guben und ein zweiter über Schrimm und Punitz nach Breslau führte. Wladislaus Jagello richtete, um den Handel zwischen Pommern und Polen zu heben, eine Strafse von Stettin über Zantoch, Schwerin a. W. und Posen und von da über Peisern und Kalisch nach Krakau ein (1390) und eröffnete einen direkten Handelsweg zwischen Danzig und Posen über Nakel. Die fremden Kaufleute, welche auf diesen Strafsen ins Land kamen, wurden vor Zollplackereien geschützt. Am Durchgangsverkehr aber waren sie gehindert, da durch das den Städten Posen (1396) und Gnesen (1440) verliehene Niederlagsrecht jeder auswärtige Kaufmann genötigt war, seine Waaren einige Zeit auf den dortigen Märkten zum Verkauf zu stellen. Von den einheimischen Gewerben erhob sich die Tuchmacherei zu einer gewissen Blüte. Die Stadt Kosten rühmte sich, die feinsten Tuche in Polen zu weben, und schützte ihre Erzeugnisse vor Fälschungen durch eine 1472 ihr von Kasimir IV. verliehene Fabrikmarke. Der Hauptmarkt für die in Grofspolen hergestellten Tuche befand sich in der Stadt Posen, welche während des 15. Jahrhunderts sich auf das doppelte ihres früheren Umfanges erweiterte.

Trotz des Eifers, mit welchem die Jagellonen Städtewesen, Handel und Gewerbe förderten, traten schon zu dieser Zeit die ersten Aeufserungen jener verständnislosen Gesinnung zu Tage, durch welche der steigende Einfluſs des Adels zu Gunsten seiner agrarischen Interessen das Bürgertum allmählich zu Grunde richtete und zwischen beiden Ständen Haſs und Miſstrauen säete. Zu den Woiwodschafts-Landtagen wurden die Bürger nicht zugelassen und gingen so jeder Teilnahme an der Gesetzgebung verlustig. Es folgte die Ausschlieſsung aller Bürger von sämtlichen Staatsämtern und fast allen geistlichen Würden; es wurde ihnen das Recht entzogen, Landgüter zu kaufen, und die Zollfreiheit, welche der Adel für alle von und nach seinen Wohnsitzen geführten Erzeugnisse und Waaren sich zubilligte, war der erste Schlag, der gegen die weitere gedeihliche Entwickelung des Groſshandels geführt wurde.

Noch weniger als den Bürger war die Krone im stande, den Bauern dauernd gegen die ausbeutenden Tendenzen des grundbesitzenden Adels zu schützen. Schon zu Kasimirs des Groſsen Zeiten hatten die Bauern das Recht der Freizügigkeit verloren; der im 13. Jahrhundert noch bestehende Stand der freien Leute war unter der bäuerlichen Bevölkerung bereits untergegangen. Allerdings erzwang dieser König noch die Aufnahme einiger Bestimmungen in das groſspolnische Statut, durch welche die Bauern vor Vergewaltigungen geschützt, gewisse Bedingungen für ihre Freigebung zu gesetzlichen gemacht und die Vorrechte der deutschen Kolonisten gewahrt wurden. Im 15. Jahrhundert aber gerieten diese Bestimmungen in Vergessenheit oder wurden durch besondere Gesetze abgeschafft. Am Ende des Mittelalters war der Unterschied zwischen Bauern, welche nach deutschem, und solchen, welche nach polnischem Recht angesetzt waren, bereits verschwunden und die Möglichkeit einer Befreiung aus der Hörigkeit den Bauernsöhnen beinahe ganz verschlossen. Dazu stiegen die Fronden für die Grundherren, deren Willkür das einzige Maſs für dieselben bildete. Ein Statut von 1520 nennt bereits als Mindestleistung von jedem nicht auf Vertrag angesetzten Bauern einen Tag Frondienst für die Woche.

Die Kirche hatte gegen Ende des Mittelalters die leitende Stellung in der Kulturentwickelung des Landes fast völlig verloren. Auch ihr geistlicher Einfluſs nahm ab. Die Verweltlichung des Klerus, seine mit den eigenen Leistungen nicht mehr im Einklang stehenden Ansprüche, dazu die Forderungen der Kurie riefen den Widerspruch denkender Geister hervor, welchem um die Mitte des 15. Jahrhunderts ein Groſspole Johann Ostroróg in einer Schrift über die Verbesserung des Staates den schärfsten Ausdruck gab. Die Opposition steigerte sich bis zum Abfall, als die hussitischen Lehren aufkamen und unter dem Adel, ja sogar der Geistlichkeit in Groſspolen vorübergehend Anhänger fanden. Nur die Bettelorden hatten sich in der alten Gunst der Bevölkerung, besonders der Städter erhalten; ihnen gehörten sämtliche Klostergründungen des 15. Jahrhunderts an. In Posen erbaute König Wladislaus Jagello ein Karmeliter-Kloster (um 1400); ein zweites entstand um dieselbe Zeit in Bromberg. Dominikaner-Klöster wurden in Kosten (1410) und in Schroda (1497) ins Leben gerufen. Besonderer Vorliebe erfreuten sich die Franziskaner der strengen Richtung, welche man in Polen Bernhardiner nannte. Nachdem sie 1453 in Krakau eingeführt worden waren, entbrannte in Grofspolen eine solche Begeisterung für sie, dafs 1456 vier Klöster fast ganz auf Kosten der Bürgerschaften in Posen, Kosten, Fraustadt und Kobylin gegründet wurden, zu denen später noch das Kloster zu Bromberg (1480) und das erste Nonnenkloster dieser Richtung zu Posen (1472) hinzukamen.

IV.

Die Blütezeit unter den letzten Jagellonen. — Anfänge der Reformation. — Die böhmischen Brüder. — Fortschritte der Reformation. — Unionsbestrebungen der evangelischen Bekenntnisse.

Während der Regierungszeit der beiden letzten Jagellonen (Sigismund I. 1506—48, Sigismund II. August 1548—72) genofs Grofspolen eine fast ungestörte Zeit des Friedens und der gedeihlichen Entwickelung. Damals konnte sich die Landeshauptstadt Posen einmal rühmen, dafs ihr Glanz nicht nur den Städten Deutschlands, sondern denen Italiens gleich käme. Der Wohlstand des Landes vermehrte sich besonders durch den steigenden Gewinn aus der Viehzucht und dem Handel mit Vieh, Fellen, Wolle und Talg. Der wachsende Fleischmangel in Deutschland machte diesen Erwerbszweig, an dem sowohl die ländliche als städtische Bevölkerung Anteil nahm, besonders einträglich. Ueberhaupt war diese Zeit die glänzendste für Handel und Handwerk. König Sigismund trieb eine sehr kräftige Handelspolitik. So zwang er im Jahre 1515 die Stadt Breslau, zu Gunsten der durchziehenden polnischen Kaufleute auf ihr Niederlagsrecht zu verzichten und brachte eine neue Handelsstrafse von Posen über Kosten, Fraustadt und Glogau in das Innere Deutschlands mit Umgehung von Breslau in Aufnahme. Niemals war der fremde Kaufmann in Grofspolen und der grofspolnische auf deutschen Märkten ein häufigerer Gast als damals. Auf den Spuren des Kaufmanns wanderte der grofspolnische Handwerksgeselle in die älteren Kulturstätten und brachte von dort neue Anregung und Kunstfertigkeit heim. Die Verbindung Posens mit Nürnberg war besonders innig; fortgesetzt verkehrten Handelszüge zwischen beiden Städten; Nürnberger Handwerker lassen sich in Posen nachweisen, und in schwierigen Fällen der städtischen Verwaltung holte der Posener Magistrat sich von dem Nürnberger Auskunft. Auch an direkten Beziehungen zu dem Mutterlande der Kultur jener Tage, zu Italien, fehlte es nicht; war ja doch die Gattin des Königs Sigismund eine Prinzessin von Mailand. Junge Grofspolen studierten ebenso wie auf deutschen so auch auf italienischen Hochschulen. Vielfach hört man von Italienern, die im Lande reisten. Bereits 1525 wurde ein Italiener zum Bürgerrecht in Posen zugelassen, und einige Jahrzehnte später begann eine starke Einwanderung von italienischen Architekten und Maurern, denen auch die Umwandlung des Posener Rathauses zu dem schönsten Profanbau des Landes zu danken ist.

Bei den vielfachen Beziehungen zwischen Deutschland und Grofspolen war es natürlich, dafs die reformatorische Bewegung sofort von dem einen Lande in das andere übergriff, um so mehr, als auch in Polen sowohl Adel als Bürgerstand von einer tiefen Sehnsucht nach einer Verbesserung der kirchlichen Verhältnisse erfüllt waren. Deutsche reformatorische Schriften verbreiteten sich schon wenige Tage, nachdem sie in Deutschland erschienen waren, auch in Grofspolen. In Regensburg und Danzig begann man polnische Schriften reformatorischen Inhalts zu drucken. Schon 1523 wurde in Posen ein Exemplar der deutschen Bibelübersetzung von Luther als ketzerisches Buch mit Beschlag belegt; um 1525 konnte man in Posen schon Geistliche der neuen Richtung predigen hören.

Durch die von Deutschland ausgehende lutherische Richtung der Reformation wurden zunächst und am vollkommensten die Reste der deutschen, im Mittelalter eingewanderten Bevölkerung Grofspolens ergriffen. In den Städten im westlichen Teile der Provinz, welche ihren deutschen Charakter noch bewahrt hatten, wie Fraustadt, Meseritz, Schwerin, Birnbaum traten die Gemeinden sehr rasch über und räumten auch ihre Pfarrkirchen dem lutherischen Glauben ein, indem entweder die Geistlichen mit den Gemeinden übertraten oder die Gemeinden sich an Stelle der verstorbenen altgläubigen Pfarrer neugläubige wählten und ihnen die Pfarrkirchen übergaben. In diesen Grenzlanden bekannten sich auch einige polnische Adelsfamilien, wie die Ossowski im Fraustädter Lande und die Zbąski, Besitzer von Bentschen, zu der neuen Lehre. In Posen bildete sich frühzeitig eine deutsche lutherische Gemeinde. Dagegen gewann auf den Adel im Innern des Landes das Luthertum keinen nennenswerten Einflufs; nur eine sehr angesehene Familie, die Grafen Górka, wurde für dasselbe gewonnen. Der Woiwode von Posen, Lukas Górka († 1573), mit dem Melanchthon in Briefwechsel stand, wies den Lutheranern einen Raum in seinem Palaste in Posen zum Gottesdienst an und beförderte die Bildung einer polnisch-lutherischen Gemeinde in der Landeshauptstadt. Auch in den zahlreichen Besitzungen dieses Geschlechtes, wie in den Städten Kurnik, Wronke, Samter, Koschmin u. s. w. wurde unter seinem Einflufs das Luthertum eingeführt. In Samter errichtete Lukas Górka für die Evangelischen die erste Druckerei, welcher später die des Melchior Nehring zu Posen und Grätz folgte.

Die kalvinistische Richtung, welche in Kleinpolen zur herrschenden wurde, gewann in Grofspolen am wenigsten Anklang; dagegen gelang es ihr, in Kujawien Ausbreitung zu finden, wo sie sich besonders des Schutzes des Woiwoden von Brześć, Raphael Leszczynski, erfreute. Derselbe war Erbherr von Lissa in Grofspolen, welches er 1547 zur Stadt erhob, und welches später unter ihm und seinen Nachfolgern eine der Hauptzufluchtstätten der Protestanten wurde.

Den gröfsten Teil des grofspolnischen Adels für die Reformation zu gewinnen, war einer Richtung vorbehalten, die aus dem Slaventum selbst hervorgegangen war. Den böhmischen Brüdern, einer Sekte der Utraquisten, war 1548 von König Ferdinand der Aufeuthalt in Böhmen untersagt worden. Ihrem Glauben getreu, wanderten sie in mehreren grofsen Zügen, geführt von ihren Geistlichen, unter denen besonders Georg Israel durch seinen Eifer und seine Beredsamkeit hervorragte, über Schlesien nach Grofspolen. Ihre Lehre stand der kalvinistischen sehr nahe; demzufolge fanden viele von ihnen eine Zuflucht in Lissa, wo ihnen Raphael Leszczynski die Pfarrkirche überwies. Die Hauptmasse zog nach Posen, und von dort auf Veranlassung des Bischofs Izbinski vertrieben, nach Preufsen, wo ihnen Herzog Albrecht eine dauernde Zufluchtstätte gewährte (1548). Da ihr kurzer Aufenthalt in Posen ihnen aber gezeigt hatte, dafs ihre Lehren in diesem Lande einen empfänglichen Boden finden würden, so sandten sie in den folgenden Jahren ihre Geistlichen, um hier eine ausgedehnte Propaganda zu entfalten. Zunächst entstand eine Gemeinde in Posen selbst, und in den Jahren 1551—53 gelang es, die Mitglieder der in Grofspolen besonders angesehenen Familie Ostroróg zu gewinnen. Nunmehr traten die Adelsfamilien in rascher Folge über, so die Latalski in Schokken, die Krotowski in Bartschin und Lobsenz, die Chelmski in Punitz, die Bojanowski in Bojanowo, der Posener Kastellan Johann Rozdrażewski, Erbherr auf Krotoschin, u. a. Mit diesen Edelleuten trat fast durchweg auch die Bürgerschaft der in ihren Besitzungen gelegenen Städte über. Georg Israel selbst richtete etwa vierzig Gemeinden in Grofspolen ein, zu deren Superintendenten er 1557 ernannt wurde.

Den Fortschritten der neuen Lehre konnte der fast in allen Kulturländern angegriffene Katholicismus zunächst keine wirksame Abwehr entgegenstellen. Die Reihen der Geistlichen selbst wurden durch Abfall gelichtet; viele verliefsen ihre Kirchen, weil ihre Einkünfte durch den Mangel an Gläubigen aufhörten. Der Bischof Drohojowski von Kujawien galt als Anhänger des Protestantismus; der Erzbischof Jakob Uchanski selbst ging mit dem von der Kurie für gefährlich gehaltenen Gedanken um, die kirchlichen Verhältnisse des Landes durch ein polnisches Nationalkonzil zu ordnen. Wie wenig die Einrichtungen der Kirche noch geachtet waren, bewies der Bruder des Posener Bannerträgers Gorecki, der sich unterfing, am Fronleichnamsfeste 1557 in Posen die Hostie vom Altar zu schleudern.

Der Abfall des Adels hatte zur Folge, dafs der Protestantismus es zu einer gewissen staatlichen Anerkennung und gesetzlichen Schutzmafsregeln brachte. Im Jahre 1555 hatten die Evangelischen im polnischen Reichstage die Majorität und beschlossen, dafs es den Edelleuten erlaubt sein sollte, in ihren Häusern nichtkatholischen Gottesdienst nach ihrem Belieben abzuhalten. Dieser Beschlufs war für die Zukunft von der gröfsten Bedeutung, da er auch in der Zeit der späteren Reaktion eine Anzahl gesetzlich geschützter Freistätten der religiösen Duldung öffnete. 1562—63 nahm der Reichstag der Kirche den von ihr immer wieder erhobenen Anspruch, die staatliche Hilfe bei Ketzerprozessen verlangen zu dürfen, und als 1564 die Geistlichkeit bei König und Senat das Edikt von Parczow durchsetzte, kraft welches die fremden Ketzer aus dem Lande vertrieben werden sollten, war in Grofspolen die Opposition des Adels so stark, dafs der Generalstarost Johann Czarnkowski es nicht zur Ausführung bringen konnte. Auch in den königlichen Städten traten die Anhänger des Protestantismus um die Mitte des 16. Jahrhunderts, auf den mächtigen Schutz des Adels vertrauend, mit grofsem Selbstbewufstsein auf. Da das höchste Amt des Landes, die Generalstarostei, welche den Städten gegenüber die Person des Königs vertrat, während dieser ganzen Zeit meist durch Protestanten besetzt war, so blieben die Erlasse, zu welchen die Geistlichen den König bewegen konnten, unausgeführt. Die Landeshauptstadt wagte es, 1567 in den Rat fast nur Feinde der katholischen Kirche zu wählen.

Eine besondere Stärkung erfuhren die reformatorischen Bekenntnisse noch dadurch, dafs es ihnen in Polen gelang, Vereinigungen unter sich zu stande zu bringen, welche in anderen Ländern nicht zu ermöglichen waren. Zuerst schlossen die böhmischen Brüder Grofspolens mit den Kalvinisten Kleinpolens auf der Synode von Kosminek 1555 einen Bund, und endlich kam nach langen Verhandlungen auch die Union mit den Lutheranern zu Sandomir 1570 zur Durchführung. Zwar blieben die verschiedenen Bekenntnisse in ihren Dogmen getrennt; jedoch wurde ein gemeinsames Vorgehen nach aufsen gesichert, wie denn überhaupt das ganze Unionswerk mehr einen politischen als religiösen Charakter trug und späteren ernsten Erschütterungen nicht Stand hielt.

V.

Die Gegenreformation, ihre Mittel und Erfolge. — Die Jesuiten. — Neue Klöster. — Die zweite deutsche Einwanderung. — Neue Städtegründungen. — Die Hauländereien.

Die Zeit des Triumphes war für die Reformation in Polen sehr kurz. Schon zu Ende der Lebenszeit des Königs Sigismund August begann der durch die Beschlüsse des Tridentiner Konzils innerlich gekräftigte Katholicismus wieder Boden zu gewinnen und machte während der Zeit Heinrichs von Valois (1574) und Stephan Batoris (1576—86) weitere grofse Fortschritte. Eine politische Niederlage für die Protestanten in Grofspolen bedeutete es, dafs in dem Kampfe um die polnische Krone zwischen Maximilian von Oesterreich und Sigismund III. der erstere, für den sie sich unter Führung des Posener Woiwoden Stanislaus Górka erklärt hatten, geschlagen wurde (1588). Mit Sigismund III. (1588—1632) bestieg der König den polnischen Thron, welcher die Gegenreformation zum entscheidenden Siege führte.

Die Mittel, welche die katholische Kirche zur Ueberwindung des Protestantismus anwandte, waren mannigfach. Den Adel suchte man zur Rückkehr zum alten Glauben zu führen, indem man Staatsämter nur an Katholiken vergab. Auch den Bürgern der königlichen Städte wurde verwehrt, Nichtkatholiken zu städtischen Aemtern zuzulassen. Die Aufnahme neuer Bürger, welche ihre Zugehörigkeit zur katholischen Kirche nicht erweisen konnten, wurde untersagt. Eine mächtige Propaganda ging von den Klöstern aus. Die Führung übernahmen die Jesuiten, welche Kardinal Hosius, Bischof von Ermeland, zuerst nach Polen geführt hatte. 1570 kamen sie nach Posen, wo sie durch Predigten, theologische Streitschriften und Disputationen eine rege Thätigkeit entfalteten. Weitere Niederlassungen gründeten sie in Schrimm (1616), Bromberg, Meseritz (1697) und Fraustadt (1722). Neben ihnen arbeiteten für die Ausbreitung des alten Glaubens besonders die Bettelorden, die im 17. Jahrhundert in Grofspolen eine reiche Nachblüte erlebten. Die Franziskaner konnten in Posen 1618 ein Nonnen- und 1637 ein Mönchskloster gründen. Bernhardiner-Klöster entstanden 1619 in Zirke, 1620 in Schildberg, 1662 in Grätz. Besonders beliebt waren die Reformaten, eine neu aufgekommene strenge Richtung des Franziskaner-Ordens. Die ersten Reformaten-Klöster Grofspolens wurden in Storchnest und Görchen (1622), andere in Labischin (1627), Lobsenz, Koschmin, Pakosch, Posen, Rawitsch (1673) und Samter (1675) errichtet. Auch der Karmeliter-Orden konnte sich einiger Neugründungen, nämlich zu Exin (1612), Posen und Markowitz rühmen. Um 1670 gründeten die Philippiner ein bedeutendes Kloster in der Nähe von Gostyn. Manche dieser Klöster führten über die ihnen gelungenen Bekehrungen geradezu Buch. Eine gleiche Thätigkeit entfalteten auch die alten Klöster, welche bereits um die Mitte des 16. Jahrhunderts die deutschen Elemente völlig ausgestofsen hatten.

Von grofser Wichtigkeit war es, dafs der Katholicismus das höhere Unterrichtswesen im Lande neu organisierte und in seinem Sinne leitete. Die von dem Bischof von Posen Lubranski († 1520) gegründete Akademie zu Posen wurde neu eingerichtet und mit berühmten Lehrkräften besetzt; die Cistercienser eröffneten in Wongrowitz 1557 eine hohe Schule. Das beste leisteten auch auf diesem Gebiete die Jesuiten, welche 1573 ein Kollegium zum Unterricht besonders für junge Edelleute in Posen eröffneten. Diese Anstalten wurden nicht nur von Katholiken, sondern wegen ihrer Leistungen sogar von Protestanten besucht; ihnen konnten die Evangelischen nur die 1624 zum Gymnasium erhobene Schule zu Lissa entgegenstellen, während sie ihrerseits wieder für das niedere Schulwesen besser sorgten als die Katholiken.

Der Erfolg der katholischen Kirche war schnell und grofs. Von den grofspolnischen Adelsfamilien traten in der ersten Hälfte des 17. Jahrhunderts mindestens zwei Drittel zum katholischen Glauben zurück. Selbst die Ostroróg und die Leszczynski bekehrten sich. Das Geschlecht der Górka starb mit dem protestantisch gebliebenen Woiwoden Stanislaus 1592 im Mannesstamme aus, und seine Güter fielen an die streng katholische Familie Czarnkowski. Treu blieben nur die halbdeutschen Familien in den Grenzbezirken, wie die Unruh, Bojanowski, Schlichting; polnische wie die Rej auf Schokken waren selten. Der Uebertritt der Grundherren hatte vielfach die Bekehrung der ihnen unterthänigen Bauern und Bürger zur unmittelbaren Folge. Regelmäfsig kamen auch die Pfarrkirchen in den Besitz der Katholiken zurück, da die Grundherren als Patrone nur Altgläubigen die Präsente gaben. Dies geschah auch in den früheren Brennpunkten der Reformation in Grofspolen, wie in Grätz, Samter, Scharfenort und Lissa. In ähnlicher Weise wurden auch in den unmittelbaren Städten, wo der König, der Magistrat oder der Bischof das Präsentationsrecht hatte, den Protestanten die Kirchen abgenommen. So gingen ihnen in Meseritz, Birnbaum, Schwerin, Fraustadt die Pfarrkirchen verloren. Wo der neue Glaube in der Bevölkerung selbst festere Wurzeln geschlagen hatte, wie dies an der Süd- und Westgrenze des Landes der Fall war, schritten die Gemeinden zu selbständigen Kirchenbauten, wie in Birnbaum, Meseritz und Fraustadt, wo Grofspolens berühmtester protestantischer Geistlicher Valerius Herberger († 1627) die Kirche zum Krippleiu Christi 1603 einweihte. In Posen, wo sowohl die Lutheraner als auch die böhmischen Brüder sich Kirchen erbaut hatten, war der Fanatismus so grofs, dafs der von den Jesuiten aufgereizte Pöbel jene Kirchen mehrmals mit Brand heimsuchte und am Osterfeste 1617 dieselben sogar zerstörte und die Vertreibung aller evangelischen Geistlichen aus Posen durchsetzte. Die Gemeinde der böhmischen Brüder in Posen löste sich in der Folge völlig auf; die der Lutheraner blieb bestehen und schlofs sich an die kurze Zeit darnach gegründete lutherische Gemeinde des benachbarten Schwersenz an.

Während der Regierungszeit Wladislaus IV. (1632—48), welcher einer der duldsamsten Fürsten des 17. Jahrhunderts war und auf dem von ihm veranstalteten Religionsgespräch zu Thorn (1645) sogar den idealen, aber freilich vergeblichen Versuch machte, den Zwist zwischen der katholischen und evangelischen Kirche beizulegen, erfuhren die Bestrebungen der Gegenreformation eine Unterbrechung. Dieselbe war für Grofspolen von der höchsten Wichtigkeit, weil sie eine neue Kolonisationsepoche für das Land eröffnete. Die katholische Reaktion, welche in den Ländern der böhmischen Krone nach der Schlacht am Weifsen Berge in Verbindung mit den Drangsalen des dreifsigjährigen Krieges hunderttausende von Evangelischen aus der Heimat vertrieb, schuf für Grofspolen die Möglichkeit zur Erwerbung neuer Menschenkräfte, an welchen es in Stadt und Land noch immer fehlte. Schon zur Zeit Sigismund III. wagten es einzelne Grundherren, gestützt auf das Reichsgesetz von 1555, Evangelischen auf ihren Gütern eine Zufluchtstätte zu gewähren; so in Lissa, wo 1628 eine neue Schaar böhmischer Brüder unter Führung von Amos Comenius einwanderte. Aber erst unter Wladislaus IV. nahm diese Einwanderung aufserordentliche, die Kulturverhältnisse des Landes vielfach umgestaltende Dimensionen an. Häufig wanderten diese protestantischen Flüchtlinge, meist Schlesier, in alte königliche und grundherrliche Städte und liefsen sich dort unter den anderen Bürgern nieder, wie in Posen, Schokken, Kobylin, Krotoschin. Anderswo bauten sie neben den alten Städten neue Stadtteile, wie in Rogasen, Labischin, Lobsenz, Grätz, Jutroschin; Zduny erhielt sogar zwei Nebenstädte, Deutsch-Zduny und Sienntowo. Am deutlichsten aber zeigt sich die Mächtigkeit der deutschen

Einwanderung dadurch, dafs es ihr gelang, eine grofse Anzahl ganz neuer Städte zu erbauen. 1638 entstanden fünf Städte, Rawitsch, Obersitzko, Schwersenz, Kähme und Bojanowo, 1644 Schlichtingsheim und Zaborowo, später Schönlanke, Unruhstadt (1655), Kempen (1660), Rakwitz (1662). Die Grundherren waren nach den Kolonisten so begierig, dafs sie, um dieselben heranzuziehen, gedruckte Aufrufe in deutscher Sprache erliefsen. Für die äufsere Anlage dieser Städte und ihre Rechtsverfassung war das mittelalterliche Beispiel durchaus mafsgebend; nur bedingten sich die Grundherrschaften jetzt im allgemeinen höhere Rechte und gröfsere Abgaben aus als im Mittelalter. Besonders zahlreich waren unter den Eingewanderten die Tuchmacher, welche ihr Gewerbe in Grofspolen zu neuer Blüte brachten, nachdem dasselbe im 16. Jahrhundert bedeutend heruntergegangen war. Rawitsch, Bojanowo, Schönlanke, Lissa, Zduny, Fraustadt entwickelten sich seit dieser Zeit zu Mittelpunkten der Tuchindustrie für den ganzen polnischen und russischen Tuchhandel und lieferten ihre Produkte sogar bis nach Asien.

Wie im Mittelalter, so ging auch in dieser Periode Hand in Hand mit der bürgerlichen eine bäuerliche Einwanderung aus den benachbarten deutschen Provinzen, und wie damals, schuf sie auch nunmehr wieder eine Schicht freier Bauern unter der zu vollkommener Hörigkeit und ungemessenem Frondienst herabgesunkenen ländlichen Bevölkerung. Diese Ansiedelung deutscher, auf bestimmte Verträge angesetzter Bauern meist protestantischen, aber mitunter auch katholischen Glaubens begann bereits gegen Ende des 16. Jahrhunderts. Die Górka und Czarnkowski scheinen auf ihren Gütern im Norden der Provinz die ersten Versuche gemacht zu haben. Ihr Beispiel fand im 17. und 18. Jahrhundert vielfach Nachahmung. Es entstanden jene zahlreichen, für das Gebiet des ehemaligen Polens charakteristischen Hauländereien, bäuerliche Niederlassungen, welche, meist im ausgerodeten Walde angelegt, im Gegensatze zu den geschlossenen Dorfanlagen der älteren Zeit, mit zerstreuten Gehöften sich über das Gemeindeland verbreiten[1]).

Die Schicksale der deutschen Einwanderer dieser zweiten Periode unterschieden sich wesentlich von denjenigen ihrer mittelalterlichen Vorgänger. Die unruhigen, von inneren und äufseren Kriegen erfüllten Zeiten, die vielfache religiöse Unbill, der sie ausgesetzt waren, wenn durch Erbschaft oder Kauf protestantischen oder duldsameren Grundherrschaften katholische oder unduldsame folgten, brachten ihnen häufig schwere Prüfungen. Sie blieben Fremde in ihrer neuen Heimat und zeigten keine Neigung sich zu polonisieren. Dem Charakter jener Zeiten entsprechend, in denen der religiöse Gedanke den politischen überwog, zeigten sie gelegentlich auch Sympathieen für die glaubensverwandten schwedischen und brandenburgischen Herrscher. Sie spielten eine nicht unwesentliche Rolle in der von dieser Zeit an beginnenden Geschichte der Auflösung des polnischen Staatswesens.

[1]) In diesem Werke ist stets die heute übliche Schreibweise „Hauländerei" gewählt worden, obgleich die Insassen dieser Ortschaften in den älteren Urkunden „Holländer" (poln. Olędry) genannt werden, eine Bezeichnung, die sich vielleicht in Anschlufs an die holländischen Kolonien Deutschlands gebildet haben mag.

VI.

Heimsuchung Grofspolens durch den Schwedenkrieg, die inneren Wirren und den nordischen Krieg. — Zustände im 18. Jahrhundert. — Der siebenjährige Krieg. — Die Konföderationen von Radom und Bar.

Von der Mitte des 17. Jahrhunderts beginnt für Grofspolen eine bis zur ersten Teilung reichende Periode, welche vom Schicksal dazu bestimmt schien, die Keime fortschreitender Entwickelung aus früheren besseren Zeiten zu zerstören oder wenigstens an der Entfaltung zu hemmen. Unendlich war das Leid, welches äufsere Feinde dem Lande anthaten, schlimmer noch, dafs die inneren Zustände des polnischen Staates ihn durchaus verhinderten, die durch Krieg, Pest und Not erlittenen Wunden zu heilen.

Das Unglück begann mit dem Kriege, den Johann Kasimir (1648—68), der Bruder und Nachfolger Wladislaus IV., mit den Schweden führte. Obwohl die Grofspolen sich dem Schwedenkönige Karl Gustav, als er in ihr Land einfiel, unterwarfen und ihn in dem Vertrage zu Usch am 25. Juli 1655 als ihren König anerkannten, so retteten sie sich durch diese schmachvolle Handlungsweise doch nicht von der Heimsuchung durch die Feinde. Die Schweden hausten so im Lande, dafs schon nach einigen Monaten der Adel seine Kräfte zu ihrer Bekämpfung sammelte; zugleich traf seine Rache aber auch die protestantischen Landeseinsassen, welche der Anhänglichkeit an den Feind beschuldigt wurden. Ein grausamer Kleinkrieg durchtobte im Winter 1655 bis 56 das ganze Land. In wahnsinniger Wut brannte der Adel die Stadt Lissa, aus welcher die Schweden bereits abgezogen waren und auch ein grofser Teil der Einwohner, darunter Amos Comenius, sich geflüchtet hatte, von Grund aus nieder (28. April 1656). Im Mai aber wurde das Land den Schweden und den mit ihnen verbündeten Brandenburgern wehrlos überlassen, da die waffenfähige Mannschaft des einheimischen Adels dem allgemeinen Aufgebot zum Entsatze von Warschau folgte. Nach ihrer Rückkehr mufste es wieder Schritt für Schritt erobert werden. Die Schweden waren grausam genug, als sie endlich das Land verliefsen (1657), die von ihnen geräumten Plätze, wie Filehne, Krnschwitz, Inowrazlaw anzuzünden. Die von den Brandenburgern besetzte Landeshauptstadt wurde im Frühjahr und Sommer 1657 von den Polen belagert und beschossen. Sie wurde von den Brandenburgern erst geräumt (11. August), als der Grofse Kurfürst bereits in politisch nahe Beziehungen zu dem Polenkönig getreten war.

Dem zweijährigen Kriege, welcher die Kräfte des Landes in furchtbarer Weise ausgesogen hatte, folgten die bürgerlichen Unruhen und Kämpfe, welche durch den Plan Johann Kasimirs, den Thronfolger bei seinen Lebzeiten zu ernennen, verursacht waren und meist auf dem Boden Grofspolens ausgekämpft wurden. An der Furt über die Netze bei Montwy wurde die

Entscheidungsschlacht geschlagen, in welcher der Führer des Aufstandes, Fürst Georg Lubomirski, mit Hilfe der Grofspolen die königlichen Truppen besiegte (13. Juli 1666). Auch die Zeiten Michael Wiśniowieckis (1669—73) und Johann Sobieskis (1674—96), welche durch die Türkensiege des letzteren eines gewissen Glanzes nicht entbehrten, waren für die innere Entwickelung von völliger Unfruchtbarkeit. Grofspolen stand bereits auf einer recht tiefen Stufe des Wohlstandes, als mit dem 18. Jahrhundert neues und noch schwereres Unheil hereinbrach.

In dem zum Könige von Polen erwählten sächsischen Kurfürsten August II. (1697—1733) sah der gröfsere Teil des grofspolnischen Adels einen Feind der alten republikanischen Freiheit. Mit grofser Hartnäckigkeit unterstützte er demzufolge zunächst die Thronansprüche des Prinzen Conti und zeigte später, als August II. in den Krieg mit Karl XII. von Schweden verwickelt wurde, mehr Sympathien für seinen Gegner als für ihn. Die am 9. Juli 1703 geschlossene grofspolnische Konföderation konnte August II. bereits als einen gegen ihn gerichteten Bund ansehen. Freilich wurde durch diese ausgeprägte Stellungnahme Grofspolen einer der Hauptkriegschauplätze in dem grofsen Waffengange Karls XII. gegen August II. und Peter den Grofsen. Ohne Schwierigkeiten bemächtigten sich die Schweden am 18. September 1703 der Stadt Posen und legten eine Besatzung in dieselbe. Im folgenden Jahre erklärte dann die Konföderation August II. des Thrones für verlustig und wählte unter dem Schutze Karls XII. den Woiwoden von Posen, Stanislaus Leszczynski, zum König (12. Juli 1704). Vergeblich versuchten die Sachsen unter Schulenburg, im August und September Posen den Schweden zu entreifsen; mit ebensowenig Erfolg belagerte Patkul im Oktober die Stadt. Karl XII. weilte den Winter 1704 bis zum August 1705 persönlich in Grofspolen. Er hielt meist in Rawitsch Hof, während König Stanislaus in Reisen residierte. Im Jahre 1706 begannen die Kriegsoperationen in Grofspolen von neuem. Bei Fraustadt schlug am 13. Februar der schwedische General Renskiöld die Sachsen unter Schulenburg und die mit ihnen verbündeten Russen, und bei Kalisch am 26. Oktober August II. den schwedischen General Mardefeld. Selbstverständlich lebten während dieser ersten Zeit des Krieges die im Lande stehenden Schweden auf Kosten desselben; da sie es aber für ein verbündetes ansahen, so hielten sie im allgemeinen gute Ordnung und Mannszucht.

Alle Leiden eines verwüstenden Krieges aber sollten sich über Grofspolen im Jahre 1707 ergiefsen, während Karl XII. mit seinem Heere in Sachsen stand. Die Russen, welche den zwischen August II. und Karl XII. zu Altranstädt geschlossenen Frieden nicht anerkannten, bestraften es für seine Anhänglichkeit an die schwedische Partei. Wie ein Barbar hauste der russische Oberst Schultz mit Feuer und Schwert. Am 16. Juli zündete er Rawitsch an, kurz darauf Reisen; Lissa überliefs er erst seinen Soldaten zur Plünderung und brannte es dann nieder (29. Juli). Eine kurze Zeit der Ruhe trat wieder ein, als im September Karl XII. und Stanislaus von Sachsen nach Grofspolen zurückkehrten und die Russen vor ihnen zurückweichen mufsten.

Während in den folgenden Jahren Karl XII. sich in Littauen und im Innern Rufslands befand, wo die Schlacht bei Pultawa (8. Juli 1709) seiner Laufbahn ein vorläufiges Ende bereitete, wurde Grofspolen von einem neuen, furchtbaren Feinde heimgesucht. Die Beulenpest wütete auf dem letzten Zuge, den sie durch Europa machte, hier, wo Krieg und Verarmung ihr den Boden vorbereitet hatten, in unerhörter Weise. Im Sommer und Herbst 1709 erreichte sie ihren Höhepunkt; in Fraustadt starben nach einer vorliegenden gleichzeitigen Berechnung 2998 Menschen; im ganzen soll sie in Grofspolen etwa ein Drittel aller Menschen hinweggerafft haben.

Auch in den folgenden Jahren, während welcher August II. seine Herrschaft in Polen wieder befestigte, kam das Land nicht zur Ruhe, da es fortgesetzt durch Einquartierungen, Durchmärsche, Kontributionen russischer und sächsischer Soldaten zu leiden hatte und das Operationsfeld für die letzten Anhänger der Stanislausschen Partei, ihrer Sache zum Siege zu verhelfen, abgab. Als es endlich vor den äufseren Feinden Ruhe gefunden hatte, wurde es in den blutigen Bürgerkrieg der Konföderation von Tarnogród hineingezogen (1715—17), in welchem der Adel König August II. zwang, seine sächsischen Truppen aus Polen zurückzuziehen. Auch in Grofspolen waren die wichtigsten Plätze, wie Posen, Fraustadt, Lissa, Schrimm von den Sachsen besetzt und bildeten die Hauptangriffspunkte für die Konföderierten. Posen wurde von ihnen mit stürmender Hand in der Nacht vom 23. zum 24. Juli 1716 genommen. Mit dem endgültigen Friedenschlufs zwischen Adel und König auf dem Reichstage zu Warschau am 1. Februar 1718 erreichte diese sechzehnjährige Leidensperiode Grofspolens ihr Ende.

Zwar war nun dem Lande während der zweiten Hälfte der Regierungszeit August II. und unter seinem Nachfolger August III. (1733—63) eine lange Friedenszeit beschieden; aber das von Rufsland in fast sklavischer Abhängigkeit gehaltene und durch innere Parteiungen zerrissene polnische Staatswesen brachte es überhaupt nicht mehr zu gesetzgeberischen Mafsregeln für die allgemeine Wohlfahrt. In den Jahren 1718—64 kamen überhaupt nur drei Reichstage zu giltigen Beschlüssen. Auch die Rechtspflege war in voller Auflösung. Wehrlos waren die unteren Stände dem mächtigen Adel preisgegeben, dessen wilde Gier, nach dem Geständnisse eines gleichzeitigen Patrioten, ihnen gröfseren Schaden zufügte als die schwedischen Mordbrennereien. Was in dieser Zeit für das Wohl des Landes geschah, war nur privater Betriebsamkeit zu danken. So verschaffte sich die Stadt Posen Bauern aus der Gegend von Bamberg, um ihre zerstörten Stadtdörfer neu zu besiedeln (1719). Einige Grundherren ahmten ihren Vorfahren nach und bevölkerten ihre verwüsteten Güter durch neue Ansiedler; so entfaltete der Starost von Obornik, Stanislaus von Unruh, eine grofse Thätigkeit in der Anlegung von Hauländereien in dem seiner Verwaltung unterstehenden Bezirk. Auch einige Städte wurden wieder auf adeligen Gütern gegründet, wie Ostrowo, Samotschin (1744), Santomischel, Sandberg (1773) und Neutomischel (1778).

Die schlimmste Folge der Schwedenkriege für Grofspolen war es wohl, dafs durch die Parteinahme für und gegen die protestantischen Schweden der religiöse und nationale Fanatismus in der Bevölkerung des Landes neue Nahrung gewann und sich eine weite und unüberbrückbare Kluft zwischen dem katholisch-polnischen und deutsch-protestantischen Teile der Bewohner aufthat. Bald nach dem ersten Schwedenkriege wurde der Uebertritt vom Katholicismus zum Protestantismus bei schwerer Strafe verboten (1669). Gegen die Bewohner und die Kirche von Sienutowo bei Zduny, wo Bekehrungen vorgekommen sein sollten, wurde dieses Gesetz zum ersten Male mit voller Schärfe angewandt. Im Jahre 1717 wurde die Zerstörung aller seit 1674 besonders unter dem Schutze der Schweden errichteten Gotteshäuser beschlossen und die Einsetzung neuer evangelischer Geistlichen verboten. Kurze Zeit darauf erfolgte die Ausstofsung des letzten protestantischen Landboten aus dem Reichstage und 1733 der Ausschlufs der Evangelischen von der Teilnahme an allen gesetzgeberischen Körperschaften, Gerichten und öffentlichen Aemtern. Das „Thorner Blutbad" (1724) zeigte, dafs der katholische Fanatismus auch bis zum Blutvergiefsen gehen konnte. Infolge ihrer rechtlosen Lage wurde unter den Protestanten eine Erbitterung grofsgezogen, die den Patriotismus ertötete; sie begannen an den Höfen in Berlin und Petersburg Unterstützung zu suchen und gaben diesen immer neuen willkommenen Anlafs, sich in die inneren Verhältnisse Polens einzumischen.

Wie sehr der polnische Staat aufgehört hatte, eine politische Macht zu sein, mufste Grofspolen im siebenjährigen Kriege empfinden, wo es von den kriegführenden Parteien, obwohl die Republik zu den neutralen Staaten gehörte, fortgesetzt als Kriegschauplatz benutzt wurde. Die Russen hielten im Lande ihre Magazine und durchzogen es fast alljährlich, um in die preufsischen Staaten einzufallen; die Preufsen ihrerseits suchten die Magazine zu zerstören und den Durchmarsch aufzuhalten. Im Jahre 1759 führten die preufsischen Generale Wobersnow und Dohna, 1761 Ziethen und Platen in Grofspolen den Krieg. Für ihre Verproviantierung zahlten die Russen gewöhnlich garnichts, die Preufsen höchstens mit unterwertigem Gelde oder Anweisungen. Den Fürsten Sulkowski, seit 1738 Besitzer der früheren Leszczyuskischen Güter, welcher in dem Verdacht stand, ein Regiment für die Oesterreicher zu werben, liefs Friedrich der Grofse in Reisen ohne weiteres mit seinem ganzen Hofstaate aufheben und nach Glogau bringen, wo er einige Jahre in Haft blieb.

Noch chaotischer und eines geordneten Staatswesens unwürdiger gestalteten sich die Verhältnisse, nachdem der Günstling der russischen Kaiserin Katharina II., Stanislaus August Poniatowski, Polens letzter König, zur Regierung gekommen war (1764—95). Als die Kaiserin, unterstützt von der durch russische Umtriebe zu stande gebrachten Konföderation zu Radom, so weit ging, sich von dem polnischen Reichstage 1767—68 als Gerant der polnischen Verfassung anerkennen zu lassen und somit ein formales Recht der Oberhoheit über Polen in Anspruch nahm, ferner aber auch den religiösen Fanatismus aufs äufserste reizte, indem sie den Reichstag zur Annahme duldsamer Gesetze für die Nichtkatholiken zwang, da kam die nationale Empörung zum gewaltsamen Ausbruch. Nach dem Abschlufs der gegen Rufsland gerichteten Konföderation von Bar (29. Februar 1768) waren die Grofspolen zuerst auf dem Kampfplatz. Vier Jahre hindurch wurde das Land nun wieder von einem furchtbaren Bürgerkriege heimgesucht, in welchem die Russen die Sache des Königs mit ihren Truppen gegen den Adel führten. Dem Marschall der grofspolnischen Sonderkonföderation Ignaz Malczewski gelang es 1769, sich der Landeshauptstadt zu bemächtigen und sie bis März 1770 zu behaupten. Als dann die Russen wieder in dieselbe einrückten, wurde sie von Malczewskis Nachfolger Ignaz Zaremba vergeblich bestürmt und belagert (1770—71), wobei ihre Stadtdörfer und Vorstädte zerstört wurden. Neben der Hauptkonföderation bildete sich eine Anzahl kleinerer Nebenkonföderationen, die in keinem Zusammenhang mit einander standen und weniger den Russen als ihren eigenen Landesgenossen, besonders den verhafsten Dissidenten Schaden zufügten. Jede dieser Konföderationen hielt sich für berechtigt, Steuern einzuziehen, Soldaten auszuheben und je nach Bedürfnis Requisitionen auszuschreiben. Dasselbe thaten auch die Russen, und da sich überdies beide Parteien in Willkürlichkeiten, Erpressungen und Grausamkeiten überboten, so kam es zu Zuständen, deren Wirrnis jeder Beschreibung spottet. Namenlos waren besonders die Bedrängnisse der Protestanten, deren Russenfreundlichkeit für erwiesen angesehen wurde. Sie waren in diesen Jahren weder ihres Lebens noch ihres Vermögens sicher; jede evangelische Gemeinde Grofspolens hatte schwere Opfer zu bringen, alle an Vermögen, viele aber auch an Blut. Erst 1772, als die Nachbarmächte bereits unter sich einig waren, einige Provinzen von dem polnischen Staate loszulösen, wurde die Konföderation durch Rufsland und Preufsen zusammen niedergeschlagen, nachdem sie durch den mifsglückten Ueberfall auf die Person des Königs Stanislaus August am 3. und 4. November 1771 sich auch im eigenen Lande um jedes Ansehen gebracht hatte.

VII.

Besitznahme des Netzedistrikts durch Friedrich den Grofsen. — Letzte Reformversuche in Polen. — Konföderation von Targowica. — Besitznahme von Südpreufsen.

Friedrich der Grofse ging auf den Plan, Westpreufsen und den nördlichen Teil Grofspolens, den sogenannten Netzedistrikt, in Besitz zu nehmen, um so schneller ein, als er hierdurch die entbehrte territoriale Verbindung zwischen seinen Stammlanden und Ostpreufsen gewinnen konnte. Er selbst betrat das Land zum ersten Male im Frühjahr 1772 auf einer Reise von Stargard nach Marienburg und gab in Bromberg dem Geheimen Finanzrat v. Brenkenhof die näheren Aufträge über die Besetzung. Nachdem die Staatsverträge zwischen den drei beteiligten Mächten, Preufsen, Rufsland und Oesterreich, am 25. Juli 1772 abgeschlossen waren, erfolgte die Besitznahme des Netzedistrikts in wenigen Tagen (13.—22. September) in voller Ruhe ohne jede Spur des Widerstandes. Friedrich der Grofse erhielt alles Land mit Ausschlufs der Städte Danzig und Thorn bis zur Netze, diesen Flufs entlang von der Neumark bis zur Weichsel bei Schulitz, liefs aber Labischin südlich von dieser Linie noch mitbesetzen. Am 27. September fand die Huldigung in Marienburg statt. In den Jahren 1773 und 74 liefs Friedrich der Grofse dem Beispiele Oesterreichs folgend die Grenze noch zweimal vorschieben, wodurch ein etwa vier Meilen breiter Landstrich südlich der Netze und ein grofser Teil Kujawiens einbezogen wurde. Allerdings wurde Preufsen durch die anderen Teilungsmächte gezwungen, ein Stück dieses zuletzt in Besitz genommenen Landstrichs wieder an Polen abzutreten. Nach den endgültigen Festsetzungen im Jahre 1776 wurde die Grenze des Netzedistrikts gegen Grofspolen durch eine Linie südlich und westlich der Städte Budsin, Margonin, Gollantsch, Exin, Znin, Gonsawa und Wilatowen bestimmt.

Während im Netzedistrikt jene merkwürdige und bis ins einzelne gehende Organisationsarbeit begann, welche einen guten Teil der letzten Lebensjahre Friedrichs des Grofsen erfüllte und die Kulturverhältnisse jenes Landstriches vollkommen umgestaltete, machte sich doch auch in dem bei Polen gebliebenen Gebiete die Ueberzeugung geltend, dafs es einer inneren Kräftigung des Staates bedürfen werde, um ihn vom völligen Untergang zu retten. Infolge dieser Erkenntnis, die allerdings für die politische Erhaltung des Staates zu spät kam, waren die beiden letzten Jahrzehnte der polnischen Herrschaft für Grofspolen gewinnreicher als die beiden voraufgegangenen Jahrhunderte, und ihnen ist es zu danken, dafs das Land in einem nicht so zerrütteten Zustande wie der Netzedistrikt unter die preufsische Herrschaft kam.

Zunächst wurde der religiöse Friede hergestellt, indem die durch Rufsland aufgedrungenen Toleranzgesetze vom Jahre 1768 nunmehr zum gröfsten Teile anerkannt wurden (1775). Zwar blieb noch eine Anzahl Einschränkungen bestehen; aber die Evangelischen empfingen mit dankbarer Freude die Befugnis, Kirchen und Schulen zu bauen, Geistliche anzustellen und ihrer Kirche eine geordnete Organisation zu geben. In schneller Folge bildeten sich in den nächsten Jahren neue Pfarrsysteme und wurden neue Kirchen gegründet. Auch die alten Bestrebungen zur Einigung der protestantischen und reformierten Kirche wurden wieder, allerdings ohne dauernden Erfolg aufgenommen.

Durch die staatlichen Reformen wurden in erster Reihe die lange vernachlässigten königlichen Städte berücksichtigt. Vor allem segensreich wirkten die für einzelne Städte, wie Posen, Fraustadt u. a. eingesetzten „Kommissionen der guten Ordnung", welche aus hohen Staatsbeamten zusammengesetzt eine gründliche Untersuchung und Neuorganisation der städtischen Verhältnisse vornahmen und alles den Bürgerschaften im Laufe der Zeit Entrissene ihnen wieder zustellen sollten. Auch für Handel und Gewerbe fing man an wieder einige Sorgfalt zu zeigen. Das Schulwesen wurde nach Aufhebung des Jesuitenordens (1773) mit Hilfe der eingezogenen Güter dieses Ordens neu organisiert, wobei allerdings nur das höhere Schulwesen ausreichende Berücksichtigung erfuhr. Am tiefgreifendsten waren die Reformen, welche der vierjährige Reichstag (1788—91) einführte. Durch die Konstitution vom 3. Mai 1791 wurde das Wahlkönigtum in ein Erbreich des kurfürstlich-sächsischen Hauses verwandelt, die Verfassung in den wesentlichsten Punkten verbessert, eine geordnete Staatsverwaltung eingeführt und die finanzielle Kraft des Staates durch ein neues Steuersystem erhöht. Durch ein besonderes Gesetz vom 18. April 1791 für die unmittelbaren Städte wurden dem Bürgerstand, wenn auch nicht die ihm gebührenden, so doch bessere Bedingungen im Staatsleben eingeräumt. Allerdings hütete sich auch noch diese Verfassung, mit den Rechten des Adels aufzuräumen, und liefs sowohl die bürgerlichen als die bäuerlichen Hintersassen des Edelmannes in der alten schrankenlosen Abhängigkeit von diesem.

Aber auch das bisher Erreichte vermochte die unglückliche Nation nicht festzuhalten. Eine mächtige Opposition, welche in den Beschlüssen des vierjährigen Reichstags einen Abfall von der alten Freiheit sah, vereinigte sich zu der Konföderation von Targowica (14. Mai 1792). Zu ihrer Unterstützung rückte ein russisches Heer in Polen ein und nötigte den König, der Konföderation beizutreten. Auch in Grofspolen war der Eifer für die neu eingeführten Zustände nicht warm genug, um der Reaktion ernstlichen Widerstand entgegenzustellen. Am 20. August trat auf einer Versammlung zu Schroda auch der grofspolnische Adel der Konföderation von Targowica bei. Allerdings entwickelten sich diesmal keine so ungesetzlichen Zustände, wie zur Zeit der Konföderation von Bar; vielmehr begann man in aller Stille die Einrichtungen der neuen Konstitution wieder abzuschaffen und die alten einzuführen.

Bevor dies aber noch vollendet war, wurde es im Lande bereits bekannt, dafs die russische Kaiserin eine neue Abtrennung polnischer Provinzen beschlossen und durch ihr politisches Uebergewicht Preufsen zu einem Bündnis genötigt und bewogen habe, Grofspolen in Besitz zu nehmen. In der Deklaration vom 6. Januar 1793, in welcher Preufsen die militärische Besetzung des Landes ankündigte, wurde auf die Gefahr hingewiesen, welche etwa entstehende Unruhen in Grofspolen für die preufsischen Staaten mit sich bringen könnten. Der Einmarsch der preufsischen Truppen, welche unter dem Befehle des Generals v. Moellendorff standen, begann am 24. Januar und war in wenigen Tagen vollendet. Die im Lande stehenden polnischen Truppen wichen einem aus Warschau gegebenen Befehle folgend zurück; nur in Zirke und Karge fanden die Preufsen kurzen, bald bewältigten Widerstand. Durch das Patent vom 25. März 1793 wurde die endgültige Besitznahme begründet und angekündigt. Die neue Erwerbung, welche im Osten durch die Linie Czenstochau, Sachaczewo, Wyszegrod, Szrensk und Soldau begrenzt wurde, erhielt den Namen Südpreufsen. Die Huldigung fand ohne jede Störung am 7. Mai in Posen statt.

Mit dem Uebergang des Landes an den preufsischen Staat schlug die kulturgeschichtliche Entwickelung desselben völlig neue Bahnen ein, denen zu folgen an dieser Stelle sich erübrigen dürfte. Hier seien nur die politischen Ereignisse kurz angedeutet, welche schliefslich zur Bildung der heutigen Provinz Posen führten. In dem Zeitraum von 1793 bis 1807 blieb das Land verwaltungsrechtlich in zwei Teile geschieden, indem der durch Friedrich den Grofsen erworbene Netzedistrikt zur Provinz Westpreufsen gehörte und als Bestandteil derselben den Bezirk der Kammerdeputation Bromberg ausmachte, während das 1793 einverleibte Südpreufsen eine besondere Provinz für sich bildete. Beide Gebiete verlor Preufsen durch den Frieden von Tilsit (9. Juli 1807), und aus ihnen, einem Stück von Westpreufsen und dem gröfsten Teile der bei der Auflösung Polens 1795 von Preufsen noch weiter gewonnenen Provinz Neuostpreufsen wurde das Herzogtum Warschau gebildet, über welches Napoleon den König von Sachsen als Herrscher setzte. Als nach den Erfolgen der Freiheitskriege durch die Bestimmungen des Wiener Kongresses und speziell durch den Vertrag zwischen Rufsland und Preufsen vom 3. Mai 1815 der Netzedistrikt und der gröfsere Teil des alten Südpreufsens wieder an den preufsischen Staat zurückgegeben worden waren, wurde durch Königlichen Erlafs vom 15. Mai 1815 der nördliche Streifen des Netzedistrikts mit Westpreufsen vereinigt und die Provinz Posen unter dem Namen eines Grofsherzogtums in ihren gegenwärtigen Grenzen hergestellt. Der staatlichen Neugestaltung trug auch die päpstliche Kurie durch eine Aenderung der Diöcesaneinteilung Rechnung. Durch die Bulle de salute animarum (16. Juli 1821) wurde die bischöfliche Kirche zu Posen zur Metropolitankirche erhoben und mit der erzbischöflichen Kirche zu Gnesen, deren Stuhl durch freiwillige Entsagung des Erzbischofs Ignaz Raczyuski erledigt war, vereinigt. Erster Erzbischof von Gnesen und Posen wurde der bisherige Bischof von Posen Timotheus Gorzeuski. Der Sprengel der Erzdiöcese wurde im Osten und Süden mit den Grenzen der Provinz Posen gleichgesetzt. Für die Verluste jenseits der russischen Grenze wurde sie mit den von der Diöcese Breslau abgetretenen Dekanaten Schildberg und Kempen sowie den ehemals zur Diöcese Leslau gehörigen Dekanaten Kruschwitz, Inowrazlaw und Gniewkowo (Argenau) entschädigt. Im Norden behielt sie den Dekanat Deutsch-Krone, trat aber an die Diöcese Kulm die Dekanate Schlochau, Tuchel und Kamin ab; dagegen behielt diese den Dekanat Fordon.

UEBERSICHT

DER

KUNSTGESCHICHTE DER PROVINZ POSEN.

Literarische Vorarbeiten.

Die bildenden Künste haben in dem Gebiete, welches die heutige preufsische Provinz Posen umfafst, niemals eine selbständige Entwicklung genommen. Die bedeutendsten Werke der Baukunst wurden von auswärtigen Architekten entworfen und ausgeführt; die wertvollsten Werke der Bildnerei, der Malerei und des Kunstgewerbes wurden von auswärtigen Werkstätten fertig bezogen. Zwar hatten auch einheimische Künstler Raum zur Bethätigung gefunden; aber was sie schufen, reicht doch an die Arbeiten der Fremden nicht heran, und andererseits blieben sie in ihrem Geschmacke und ihrer Technik allezeit von jenen abhängig. Der Erzbischof von Gnesen, der Bischof von Posen und zahlreiche adelige Familien hatten im Lande ihren Sitz; einige Städte stiegen zu einem gewissen Wohlstande auf. So fehlte es immerhin nicht an Mitteln zur Pflege der Künste, besonders in der Zeit der Machtstellung des polnischen Reiches, und so wurde das Posener Land, wenngleich es keine selbständigen Leistungen hervorzubringen vermochte, doch von allen Wandlungen der Kunstgeschichte des Mittelalters und der Neuzeit berührt. Trotzdem hat die wissenschaftliche Forschung die Denkmäler der Provinz Posen nur selten in ihren Studienkreis gezogen; es fehlte in dem kunstgeschichtlichen Bilde der Provinz ein hervorstechender Zug, welcher den Forscher zum Verweilen einlud. Während die mittelalterlichen Ziegelbauten der Mark Brandenburg und des Ordenslandes Preufsen durch Adler und Steinbrecht, die Kunstschätze der polnischen Reichshauptstadt Krakau durch Essenwein gründlicher Darstellung gewürdigt worden sind, gebricht es an derartigen erschöpfenden Untersuchungen für die Provinz Posen vollständig. Was bei der Ausarbeitung des Verzeichnisses der Kunstdenkmäler der Provinz an wissenschaftlichen Vorarbeiten zur Verfügung stand, beschränkte sich auf die Veröffentlichungen einzelner Liebhaber der Kunstgeschichte und die gelegentlichen Studien einiger Fachgelehrten.

Der erste, welcher den Denkmälern der Provinz Posen seine Aufmerksamkeit zuwandte und sie in die kunstgeschichtliche Literatur einführte, war

J. G. Büsching, Professor der Altertumskunde an der Universität Breslau. Nach einer Reise durch die östlichen preufsischen Provinzen gab er 1821 in dem vom Cottaschen Verlage in Stuttgart begründeten und von L. v. Schorn geleiteten Kunstblatt einige Mitteilungen über zwei im Gnesener Dome aufbewahrte Werke der Kleinkunst¹). Sein Bericht über den Besuch der Städte Posen und Gnesen wurde erst 1835 nach seinem Tode durch v. d. Hagen in Kuglers Zeitschrift „Museum" mitgeteilt und blieb, so knapp er auch war, doch für lange Zeit die einzige Quelle für die Kenntnis der Denkmäler der Provinz²). Das in polnischer Sprache 1842 erschienene Werk des Grafen Eduard Raczynski „Erinnerungen aus Grofspolen" besitzt nur geringen kunstwissenschaftlichen Wert, so lebhaft es auch die Pflege der Heimatskunde gefördert haben mag; die zahlreich beigegebenen Stiche von Bau- und Kunstwerken der Provinz entbehren der erforderlichen Treue in der Wiedergabe, weshalb auf sie in diesem Werke nur ausnahmsweise Bezug genommen werden konnte. Im Jahre 1845 folgte in der Wiener Allgemeinen Bauzeitung ein Aufsatz des Baubeamten Berndt über das bedeutendste Kunstwerk, welches der romanische Stil im Posener Lande hinterlassen hat, die Erzthür des Domes in Gnesen, von der in amtlichem Auftrage zuvor ein Gipsabgufs genommen worden war. Zwei Jahre später veröffentlichte F. M. Sobieszczanski in Warschau in polnischer Sprache seine „Geschichtlichen Nachrichten über die schönen Künste im alten Polen"³), welche auch die Denkmäler der Provinz Posen, doch mit wenig Kritik behandeln. Das Gleiche gilt von dem 1866 herausgegebenen Buche von J. Łepkowski in Krakau⁴). Dagegen darf das 1853—69 erschienene, mit polnischem und französischem Texte begleitete Prachtwerk von A. Przezdziecki und E. Rastawiecki⁵) einen dauernden Wert beanspruchen; durch dieses wurde eine Reihe der wichtigsten Kunstwerke des Mittelalters und der Renaissance aus dem ehemaligen Polen, darunter einige der ältesten Kunstwerke der Provinz Posen, in Farbendrucken und Stichen der wissenschaftlichen Forschung bekannt gemacht. Als W. Lotz 1862 den ersten Band seiner Kunsttopographie Deutschlands (Norddeutschland) auf Grund der damaligen kunstgeschichtlichen Literatur zusammenstellte⁶), wobei er freilich von den Arbeiten der polnischen Gelehrten nur das letztgenannte Werk benutzte, da beschränkten sich seine Nachrichten über die Posener Ortschaften mit wenigen Zeilen auf nur acht Städte. So

---

¹) Vgl. Verzeichnis der Kunstdenkmäler, Bd. IV, S. 95.
²) J. G. Büsching, Kunstaltertümer in Schlesien, Preufsisch-Polen und Preufsen. F. Kugler, Museum, Blätter für bildende Kunst. Berlin. Jahrgang 1835, No. 5.
³) F. M. Sobieszczanski, Wiadomości historyczne o sztukach pięknych w dawnej Polsce. Warschau 1847. 2 Bde.
⁴) J. Łepkowski, O zabytkach Kruszwicy, Gniezna i Krakowa, oraz Trzemeszna, Rogoźna, Kcyni, Dobieszewka, Gołanczy, Żnina, Gąsawy, Pakości, Kościelca, Inowrocławia, Strzelna i Mogilna. Kraków 1866.
⁵) Vgl. S. XVI im Literatur-Verzeichnis.
⁶) W. Lotz, Statistik der deutschen Kunst des Mittelalters und des 16. Jahrhunderts. Kunst-Topographie Deutschlands. Kassel 1862—63. 2 Bde.

geringe Aufmerksamkeit hatte man den Denkmälern der Provinz bis dahin zugewendet. In erfreulicher Weise mehrten sich die Veröffentlichungen seit den siebziger Jahren, während gleichzeitig auch ihr wissenschaftlicher Wert zunahm. Im Jahre 1872 gab Oberst-Lieutenant Nowag aus Breslau in der Berliner Zeitschrift für Bauwesen eine Uebersicht der wichtigsten mittelalterlichen Baudenkmäler der Provinz Posen[1]); 1874 veröffentlichte Domherr Polkowski sein mit Lichtdrucken ausgestattetes Buch über den Gnesener Dom und dessen Kunstwerke. Seit 1879 erscheinen in Krakau die Mitteilungen der Kommission zur Erforschung der Kunstgeschichte in Polen (Sprawozdania komisyi do badania historyi sztuki w Polsce), seit 1885 in Posen die der Erforschung der Provinzialgeschichte gewidmete Zeitschrift der Historischen Gesellschaft für die Provinz Posen. In der Krakauer Zeitschrift behandelten W. Łuszczkiewicz und M. Sokołowski, wie bereits kurz zuvor in den Denkschriften der Krakauer Universität (Pamiętnik akademii umiejętności), mehrere der älteren grofspolnischen Bauwerke; in der Posener Zeitschrift führte ein Aufsatz von R. Bergau den Ursprung der in der Provinz verbreiteten Messinggrabplatten auf die Vischersche Giefshütte in Nürnberg zurück. Im Berliner Centralblatt der Bauverwaltung teilte Regierungs-Baumeister Kruttge 1884 seine Aufnahme der ehemaligen Klosterkirche in Priment mit. Das Jahrbuch der preufsischen Kunstsammlungen brachte 1886 aus der Feder des Konservators der Kunstdenkmäler H. v. Dehn-Rotfelser einen Aufsatz über das Rathaus zu Posen. Seitdem haben die Denkmäler der Provinz in Zeitschriften und Handbüchern eine immer regere Berücksichtigung erfahren.

Als im September 1888 die Generalversammlung des Gesamtvereins der deutschen Geschichts- und Altertumsvereine in Posen stattfand, wurde mit derselben eine Ausstellung kulturgeschichtlicher Denkmäler der Provinz verbunden, behufs deren Vorbereitung Dr. H. Ehrenberg, damals beim Posener Staatsarchive beschäftigt, im Auftrage des Königlichen Kultus-Ministeriums eine Bereisung der Provinz unternahm. Wenngleich diese Bereisung hauptsächlich den Orten mit deutscher Bevölkerung galt und ihr nur ein geringes Zeitmafs gewidmet werden konnte, so stellte sie doch den ersten Anlauf zur Ermittelung des kunstgeschichtlichen Bestandes der Provinz dar und knüpften sich an sie hauptsächlich die Anfänge des von der Historischen Gesellschaft in Posen begründeten, neuerdings von der Landesverwaltung übernommenen Provinzial-Museums[2]). Ehrenberg, der die damals aufgenommenen Studien weiter verfolgte, machte während der Ausarbeitung dieses Werkes die „Geschichte der Kunst im Gebiete der Provinz Posen" zum Gegenstande einer besonderen Veröffentlichung, mit welcher zum ersten Male ein

---

[1]) Ueber einige mittelalterliche Kirchen im Grofsherzogtum Posen. Z. f. B. 1872. S. 575.

[2]) H. Ehrenberg, Korrespondenzblatt des Gesamtvereins der deutschen Geschichts- und Altertumsvereine 1889, S. 2 (Protokolle der Generalversammlung u. s. w. S. 72) und Zeitschrift der Historischen Gesellschaft für die Provinz Posen, V, S. 1. — F. Schwartz, Korrespondenzblatt 1890, S. 96 und 114.

Bild von dem Entwicklungsgange der Kunstgeschichte des Landes von der ältesten Zeit bis zum Beginne der preufsischen Herrschaft gegeben wurde.

Die von der ehemaligen Provinzialständischen Kommission für den Chaussee- und Wegebau dem XXII. Provinzial-Landtage im Jahre 1882 vorgelegte Beschreibung von sechzig Baudenkmälern der Provinz, von welcher bereits im Vorworte gesprochen wurde, wurde zwar gedruckt, gelangte aber nicht in den Buchhandel.

I.

DIE ANFÄNGE DER KUNST IM ROMANISCHEN ZEITALTER.

1. Vorgeschichtliches.

Das Dunkel zu lüften, welches die Vorgeschichte des Posener Landes verhüllt, ist der Forschung noch wenig gelungen. Die ältesten Fundstücke menschlicher Thätigkeit, Werkzeuge und Waffen, gehen in den Schlufs der Steinzeit zurück; ihre Zahl ist jedoch eine sehr beschränkte[1]). Auch die nachfolgende ältere Bronzezeit liefert nur geringe Ausbeute. Die Mehrzahl der vorgeschichtlichen Funde gehört erst jener Kulturperiode an, welche, gemeinhin nach den Funden von Hallstatt im Salzkammergut benannt, seit

---

[1]) Für die Aufzeichnung der vorgeschichtlichen Funde im Gebiete der Provinz Posen kommen folgende Werke in Betracht:

W. Schwartz, Materialien zur prähistorischen Kartographie der Provinz Posen. Programme des Königlichen Friedrich-Wilhelms-Gymnasiums in Posen. Posen 1875, 1879, 1881, 1882.

A. Kohn und C. Mehlis, Materialien zur Vorgeschichte des Menschen im östlichen Europa. Jena 1879. 2 Bde.

A. Lissauer, Die prähistorischen Denkmäler der Provinz Westpreufsen und der angrenzenden Gebiete. Leipzig 1887. 4° nebst einer prähistorischen Karte der Provinz Westpreufsen. — Dieses Werk zeichnet sich nicht nur durch eine vortreffliche, auch für das Gebiet der Provinz Posen giltige Uebersicht der wissenschaftlichen Ergebnisse aus, sondern es begreift in seinen Fundnachweisen auch die nördliche Hälfte der Provinz Posen.

K. Koehler und B. Erzepki, Album der im Museum der Posener Gesellschaft der Freunde der Wissenschaften aufbewahrten prähistorischen Denkmäler des Grofsherzogtums Posen. Heft I. Posen 1893. Fol. Polnisch und deutsch.

Dazu verschiedene Aufsätze und Fundberichte in der Zeitschrift für Ethnologie und den Nachrichten über deutsche Altertumsfunde, herausgegeben von der Berliner Gesellschaft für Anthropologie, Ethnologie und Urgeschichte, in den Roczniki und den Zapiski archeologiczne, herausgegeben von der Gesellschaft der Freunde der Wissenschaften in Posen, sowie in den Zeitschriften der Historischen Gesellschaft für die Provinz Posen und der für den Netzedistrikt.

der Mitte des ersten Jahrtausends v. Chr. zahlreiche bronzene, daneben auch bereits eiserne Geräte und Schmuckstücke aus den frühzeitiger entwickelten südlichen Ländergebieten her einführte. Germanische Völkerschaften waren es, welche damals das Land besetzt hielten. Sie pflegten ihre Toten zu verbrennen und deren Asche in Urnen auf Friedhöfen beizusetzen. Dieser Sitte ist es zu danken, dafs eine Menge thönerner Gefäfse aus jener Zeit auf uns gekommen ist, welche, obwohl noch nicht auf der Töpferscheibe hergestellt, eine gewisse Uebung des Handwerks bezeugen; sie haben wie die Gefäfse des klassischen Altertums nur eine mäfsige Wandstärke; der Thon ist feinkörnig, scharf durchgebrannt, meist von brauner, mitunter auch von schwarzer Farbe. In ihrer Formgebung gehen sie aber selten über die Befriedigung des blofsen Bedürfnisses hinaus. In der nördlichen Hälfte der Provinz kommen vereinzelt die in Westpreufsen bekannten Gesichtsurnen vor, welche am Halse die Züge eines kleinen menschlichen Gesichtes zeigen; im Süden finden sich die in der Lausitz verbreiteten Buckelurnen. Eine in Stobnica an der Warthe (Kreis Samter) gefundene Urne zeigt ausnahmsweise in naiver Zeichnung Darstellungen von Pferden[1]). Die Entwickelung dieser Kultur hielt, wenngleich die Zahl der Funde mit dem Aufgeben der Leichenverbrennung wieder abnimmt, bis zur Völkerwanderung an; dann brach sie unvermittelt ab. An die Stelle der ausgezogenen Germanen rückten von Osten her die Slaven nach. Die für den Haushalt hergestellten Gefäfse verloren von nun an die frühere Vollendung; die Wandungen derselben sind dick; der Thon ist grobkörnig und von grauer Farbe. Bis weit in die geschichtliche Zeit hinein blieb diese Art der Töpferware herrschend. Von den Baulichkeiten der vorgeschichtlichen Bevölkerung haben sich zahlreiche der schlicht aus Erde aufgeschütteten Burgwälle erhalten, welche noch während des Mittelalters als Befestigungs- und Kultstätten benutzt wurden. Die Lebensgewohnheiten jener Bevölkerung waren zu anspruchslos, um Schöpfungen von künstlerischem Werte hervorzurufen. An den Gestaden des mittelländischen Meeres zeitigte die griechisch-italische Kultur ihre herrlichen Blüten; sie trat auch, um den als Schmuckware geschätzten Bernstein zu gewinnen, in Handelsbeziehungen zu dem baltischen Flachlande; aber die vollendeten Erzeugnisse des südlichen Kunstfleifses gelangten doch nicht bis hierher[2]).

[1]) Im Provinzial-Museum in Posen.
[2]) Wegen der geographischen Studien ist zu beachten: J. N. v. Sadowski, Die Handelsstrafsen der Griechen und Römer durch das Flufsgebiet der Oder, Weichsel, des Dniepr und Niemen an die Gestade des Baltischen Meeres. Aus dem Polnischen von A. Kohn. Jena 1877.

2. Die Baukunst des romanischen Stiles.

Mit der Annahme des Christentums und der Gründung des Bistums Posen und des Erzbistums Gnesen wurde das Posener Land als ein Bestandteil des polnischen Reiches in das Licht der europäischen Geschichte gerückt. Die christliche Geistlichkeit, durch den gesamten Occident zu einer hierarchischen Einheit verbunden, erschlofs das Land der höheren Kultur des Westens und gab mit der Errichtung und Ausschmückung der Kirchengebäude nach dem Vorbilde derer Deutschlands, Frankreichs und Italiens den Anlafs zu künstlerischer Bethätigung[1]). Trotzdem kann von einer Geschichte der Kunst im Posener Lande erst von dem Zeitpunkte an gesprochen werden, als man auf dem Gebiete der kirchlichen Baukunst den ursprünglich gepflegten Holzbau verliefs und zum Steinbau überging. Wohl ist das Holz in der vom Volke selbst gepflegten Bauweise mancher gefälligen und behaglichen Gestaltung fähig; die monumentale Baukunst aber, deren vornehmsten Zweig während des Mittelalters die kirchliche Baukunst darstellte, bedarf zu ihren Werken des unvergänglichen Steins. Nach Dlugosch[2]) soll bereits Herzog Mieczyslaus I. mit der Annahme des Christentums den Steinbau in seinem Lande eingeführt haben; aber die Angaben des am Schlusse des 15. Jahrhunderts lebenden, wenig kritischen Schriftstellers sind für die älteste Zeit nur mit Vorsicht zu benutzen. Eine andere Ueberlieferung schreibt den Bau steinerner Kirchen dem Grafen Peter Wlast, dem Sohne des Wladimir, zu, welcher häufig auch Peter der Däne (Dunin) genannt wird, unter Herzog Boleslaus III. der angesehensto Magnat des Reiches war, unter dessen Nachfolger Wladislaus II. aber in Ungnade fiel und, nachdem er der Augen beraubt und an der Zunge verstümmelt worden war, um das Jahr 1153 starb[3]). Bereits die in der Zeit von 1135—40, also noch zu den Lebzeiten Peters verfafste Chronik des Ortlieb von Zwiefalten spricht von seinen zahlreichen Kirchengründungen, ohne sich freilich über die Bauweise zu äufsern[4]). Die unter dem Namen des Bischofs Bogufal II. von Posen bekannte Chronik nennt unter den von Peter Wlast gegründeten Kirchen und Klöstern voran das S. Vincenz-Stift in Breslau, ferner im Gebiete der Provinz Posen das Kloster Strelno und jenseits der heutigen preufsisch-polnischen Grenze die Kirche in Wieś kościelna bei Kalisch und das Kloster Sulejow; sie schliefst die Aufzählung der Bauwerke mit der Angabe: „at alias LXX ecclesias ex

---

[1]) Vgl. die vortrefflichen Einleitungen zur Kultur des Mittelalters in der Geschichte der bildenden Künste von K. Schnaase. 7 Bände, Düsseldorf. 1. Auflage 1843—64. 2. Auflage 1866—76.
[2]) Hist. Pol. I, S. 120.
[3]) A. Mosbach, Piotr syn Włodzimira. Ostrowo 1865.
C. Grünhagen, Die Vertreibung Wladyslaws II. von Polen und die Blendung Peter Wlasts. Zeitschrift des Vereins für Geschichte und Altertum Schlesiens. Breslau. XII, 1874, S. 77.
Roepell, Geschichte Polens. I, S. 265 und 350.
[4]) Mon. Germ. hist. Script. X, S. 61. — Mon. Pol. hist. II, S. 3.

lapide dolato et coctis lateribus fertur construxisse"¹). Darnach hätte Peter nicht nur die Bauweise in kunstgerechten Werksteinen, sondern auch die in gebrannten Ziegeln gepflegt, eine Angabe, welche in diesem Umfange allerdings wenig glaubwürdig erscheint. Spätere Chroniken sprechen nur von den „lapideae ecclesiae", welche Peter Wlast gebaut haben soll²). Eine Bildtafel vom Anfange des 13. Jahrhunderts in der ehemaligen Klosterkirche in Strelno stellt den Grafen als den Erbauer der Kirche dar, ein Beweis, wie lebendig damals die Erinnerung an seine Bauthätigkeit am Schauplatze derselben noch fortlebte. Dlugosch führt auf ihn die meisten romanischen Steinbauten zurück³). Im Volke aber verbanden sich die Kunde von den fest gefügten Kirchenbauten Peters und die Nachricht von seinem unglücklichen Ende zu der Sage, er hätte jene zahlreichen Kirchen und Klöster errichtet, um ein begangenes Unrecht zu sühnen.

Auf Grund einer so bestimmt ausgesprochenen Ueberlieferung darf es als gesichert betrachtet werden, dafs die ältesten Steinbauten in Polen und im Gebiete der Provinz Posen insbesondere während der ersten Hälfte des 12. Jahrhunderts entstanden. Diese Annahme gewinnt eine Bestätigung in der Thatsache, dafs in der Mark Brandenburg, mit welcher Posen im Mittelalter baugeschichtlich eng verbunden erscheint, der Steinbau um dieselbe Zeit oder wenig früher Wurzel fafste. Im Jahre 1114 wurde zu Leitzkau zwischen Magdeburg und Zerbst die erste steinerne Kirche ostwärts der Elbe errichtet, und ein seltener Zufall hat es gefügt, dafs wir nicht nur aus einer Urkunde von jenem Bau Kenntnis erhalten, sondern auch noch Reste desselben in der Dorfkirche des Ortes besitzen⁴). In eine so frühe Zeit gehen die noch erhaltenen Kirchenbauten der Provinz Posen aber nicht zurück. Die ältesten entstammen erst der zweiten Hälfte des 12. oder dem Anfange des 13. Jahrhunderts, und nur von zweien derselben ist die Entstehungszeit urkundlich beglaubigt, der S. Johannes-Kirche bei Posen, welche nach 1187 errichtet, und der Klosterkirche in Strelno, welche 1216 geweiht wurde.

Mit dem zur vollen Reife entfalteten romanischen Stile tritt Posen in die Kunstgeschichte ein. Woher dieser Stil übertragen wurde, darüber liegen keine schriftlichen Nachrichten vor. Aber die Sprache der Bauwerke selbst bezeugt, dafs ihre Werkleute aus Sachsen, Schlesien und Brandenburg herüberkamen, die in der Heimat erlernten Fertigkeiten von neuem bethätigend. Da man im Lande keinen natürlichen Baustein zur Verfügung hatte, so be-

---

¹) Mon. Pol. hist. II, S. 520. — Ueber die Entstehung der Chronik vgl. S. 4 dieses Bandes.
²) Mon. Pol. hist. III, S. 631 und 783.
³) Hist. Pol. II, S. 14. Innerhalb der Provinz Posen nennt Dlugosch die noch erhaltenen romanischen Kirchen in Strelno, Kościelec, Kotlow, Lubin (Kloster- und Pfarrkirche), Rotdorf, Tulce, Giecz und Kröben. Dagegen ist die ebenfalls von ihm genannte Kirche in Rombin ein spätgotischer Ziegelbau.
⁴) E. Wernicke, Der älteste steinerne Kirchenbau ostwärts der Elbe. C. d. B. 1887, S. 511. Dafs im 12. Jahrhundert hölzerne Kirchen im nördlichen Deutschland nicht ungewöhnlich waren, bezeugt, dafs der 1163 geweihte Bau der Marien-Kirche in Lübeck aus Holz errichtet war. H. Otte, Handbuch der kirchlichen Kunst-Archäologie des deutschen Mittelalters. 5. Aufl., Leipzig 1883—4. I, S. 31.

Einführung des Steinbaues. 43

nutzte man die auf den Feldern zerstreut liegenden Granitfindlinge, welche in der Urzeit vom skandinavischen Gebirge auf Gletschern herübergeführt und abgelagert worden waren. Man spaltete sie und bearbeitete die Bruchstücke nach der Art des Sandsteins sorgfältig zu Quadern; erst später gewöhnte man sich daran, den spröden Stein in gespaltenen Stücken zu verwenden. Zu den ornamentalen und figürlichen Einzelheiten einiger bevorzugter Bauwerke beschaffte man sich auch Sandstein, und zwar ein auffallend hartes Gestein, vermutlich aus Schlesien oder der Lausitz. Erinnert die Ausführungsweise der Granitbauten an die ältesten Kirchen der Mark Brandenburg, so wurde von dorther auch die Kunst des Ziegelbaues fertig übernommen. Die Abmessungen der Ziegel sind annähernd dieselben wie an den Bauwerken des früh- und des spätgotischen Stiles; ihre Dicke beträgt 7—8 cm, ihre Breite 12—14 cm, ihre Länge 26—30 cm, so dafs sich ein regelrechter Verband der Ziegel und nach Bedarf auch eine Schicht hochkantig gestellter Ziegel herstellen läfst. Niemals begegnet man den dünnen, plattenförmigen Ziegeln, wie sie in der antik-römischen und darnach in der byzantinischen Baukunst üblich waren, um im Bruchsteinmauerwerk durchgehende wagerechte Schichten herzustellen, und damit wird die Vermutung widerlegt, dafs die Ziegelbaukunst etwa aus oströmischer Quelle nach Polen gelangt sei; der Einflufs dieser bleibt vielmehr auf Rufsland beschränkt[1]). Die Zahl der romanischen Bauwerke in der Provinz Posen ist im Vergleiche zu der der deutschen und polnischen Nachbargebiete keine geringe. Freilich dürfen sie mit ihren Altersgenossen in Mittel- und Westdeutschland nicht auf eine Stufe gestellt werden, wenn auch ihre Werkleute von dorther entnommen wurden oder dort wenigstens ihre Ausbildung empfangen hatten. Sie gleichen Saatkörnern, die beim Bestellen des Feldes vom Winde fortgefegt wurden und abseits am Wege aufspriefsen, vom Landmann unbeachtet. Um einen Ausdruck Kuglers zu wiederholen, den er bei der Betrachtung der ältesten böhmischen Baukunst gebraucht, so atmen die romanischen Bauwerke Posens einen provinziellen Barbarismus[2]). Die errichteten Dom- und Klosterkirchen werden nicht zu Mittelpunkten besonderer Bauschulen wie in den rein deutschen Gebieten; unbekümmert dauern neben ihnen die Holzbauten fort.

Die älteste Kunst diente fast ausschliefslich kirchlichen Zwecken. Die Kirchenbauten, welche sie hinterlassen hat, sind mit wenigen Ausnahmen als Langbauten hergestellt, deren Achse von Westen nach Osten gerichtet ist, so dafs der Hochaltar seinen Platz im Osten erhält[3]). Die bedeutenderen

---
[1]) Der deutsche Ursprung des Ziegelbaues ist bereits von W. Łuszczkiewicz gelegentlich seiner Untersuchung der Klosterkirche in Strelno ausgesprochen worden. Pamiętnik III, S. 103.
[2]) F. Kugler, Kleine Schriften und Studien zur Kunstgeschichte. Stuttgart 1853—54. 3 Bde. II, S. 494.
[3]) Die östliche Richtung der Kirchen wurde während des Mittelalters stets eingehalten, sehr häufig auch noch in den späteren Zeiten, sogar beim Bau evangelischer Kirchen. Dafs die meisten mittelalterlichen Kirchen genauer nach Nordosten gerichtet sind, mag seinen Grund darin finden, dafs man bei der Grundsteinlegung, die ja doch gewöhnlich in der günstigen Jahreshälfte stattfand, den Aufgangspunkt der Sonne am Horizonte als Ostrichtung annahm. Otte, Kunstarchäologie I, S. 11.

sind nach der Weise der gröfseren Dom- und Stiftskirchen des Abendlandes als dreischiffige Basiliken, mit erhöhtem, selbständig beleuchtetem Mittelschiff angelegt und zuweilen mit einem Querschiffe ausgestattet, durch welches der Grundrifs die Kreuzform erhält. Die zahlreichen kleinen Dorfkirchen sind nur einschiffig. Niemals fehlt den romanischen Kirchen ein besonderes Altarhaus, ein Chor, in welchem die Geistlichkeit Platz nahm. Die Chöre der gröfseren Kirchen sind mit einer halbrunden gewölbten Nische (Apsis) geschlossen, und aufser dem Hauptchore sind in einigen Fällen auch zwei oder vier gleich gestaltete Nebenchöre vorhanden. Die Chöre der Dorfkirchen sind teils ebenfalls halbrund, teils aber auch schlicht geradlinig geschlossen (Abb. 1, A—C).

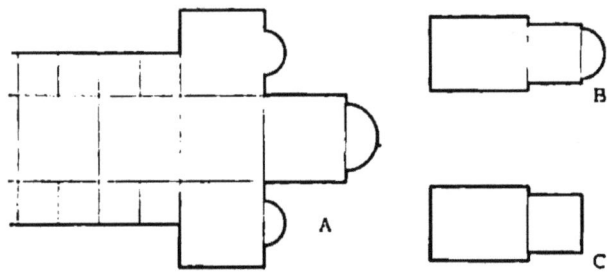

Abb. 1. Grundrisse romanischer Kirchen.

Die ersten Aeufserungen der Kunstthätigkeit im Gebiete der Provinz Posen finden sich an den Bischofsitzen Gnesen und Posen sowie an den bis zum Ausgange des 12. Jahrhunderts gegründeten Klöstern; besonders reich aber ist an Denkmälern der ältesten Periode der von Gnesen bis Inowrazlaw und Kruschwitz durch Grofspolen und Kujawien reichende Landstrich, welcher, durch die Fruchtbarkeit seines Bodens begünstigt, frühzeitig zu gröfserem Wohlstande gelangte[1]). Der Posener Dom bestand schon zur romanischen Zeit als eine dreischiffige, kreuzförmige Basilika mit zwei Türmen an der Westfront; wiederholte Veränderungen haben ihn aber des künstlerischen Interesses beraubt. Der Gnesener Dom wurde in gotischer Zeit vom Grunde aus erneuert. Die bedeutendste und schönste romanische Kirche der Provinz Posen ist die Kollegiatkirche in Kruschwitz, an dem sagenumwobenen Goplo-See gelegen, in ihrer künstlerischen Erscheinung leider durch eine mifsglückte neuere Wiederherstellung beeinträchtigt[2]). Sie ist ein Granitbau mit Einzelheiten aus Sandstein, eine Pfeilerbasilika von dreischiffiger, kreuzförmiger Anlage, mit Holzdecken überspannt. Die beiden Türme der Westfront gelangten nicht zur Vollendung; die Front selbst ist nach niedersächsischer Art völlig schmucklos. Sehr reich ist dagegen die Ostfront angelegt, mit fünf halbrunden Apsiden an Kirchen wie die in Königslutter und Paulinzelle erinnernd. Kruschwitz war ursprünglich der Sitz des Bischofs von Kujawien;

---

[1]) Vgl. die diesem Bande beigegebene Karte der Kunstdenkmäler.
[2]) Bd. IV, Abb. 38—43.

jedoch entstand die Kirche erst in der zweiten Hälfte des 12. Jahrhunderts, nachdem das Domstift bereits nach Leslau (Włocławek) verlegt worden war. An die Kirche zu Kruschwitz schliefst sich nordwärts und westwärts eine stattliche Kette romanischer Bauwerke. Nördlich von Kruschwitz liegt Inowrazlaw mit der Ruine der romanischen S. Marien-Kirche[1]). Von dem ungewöhnlich breiten Schiffe sind nur die aus Granitquadern errichteten Umfassungsmauern erhalten, so dafs es ungewifs bleibt, wie das Innere ehemals gestaltet war. Der ursprüngliche Chor ist zerstört; in der Ostmauer des Schiffes sind zu beiden Seiten des Chores zwei kleine Nischen für Nebenaltäre vorhanden, welche in ähnlicher Gestalt in der Kirche zu Kotlow wiederkehren. Ueber der Westfront ragen zwei wuchtige, aus Ziegeln gemauerte Türme auf; sie stellen das bedeutendste Beispiel eines Ziegelbaues aus romanischer Zeit in der Provinz Posen dar, dessen Entstehungszeit man in das zweite oder dritte Jahrzehnt des 13. Jahrhunderts verlegen möchte. Die Kirche in Kościelec bei Inowrazlaw, die wieder völlig aus Granitquadern aufgeführt ist, bietet das gut erhaltene Beispiel einer gröfseren romanischen Dorfkirche[2]). Sie ist nur einschiffig, der kleine Chor auf der Ostseite mit einer halbrunden Apsis geschlossen, deren Halbkuppel in spätgotischer Zeit durch ein Sterngewölbe ersetzt wurde. Der Turm vor der Westfront besitzt von aufsen her keinen Zugang; dagegen ist in seinem zweiten Geschosse eine Empore mit einer Altarnische auf der Ostseite angelegt, vermutlich in der Absicht, hier den Gottesdienst abhalten zu können, wenn der Turm in kriegerischer Zeit als Zufluchtsort dienen mufste[3]). Die Kirche gab im 13. Jahrhundert dem Orte den Namen „Lapidea Ecclesia", ein Beweis, wie gering damals noch die Zahl der Steinbauten im Lande war. Weiter nördlich folgt die Pfarrkirche in Lubischin an der Netze, ein Ziegelbau von basilikaler Anlage, mit gewölbten Seitenschiffen, leider nur in spärlichen Trümmern erhalten.

In westlicher Nachbarschaft der Kirche in Kruschwitz liegt das Kloster der Prämonstratenserinnen in Strelno, dessen Kirche gleich jener eine dreischiffige, kreuzförmige Pfeilerbasilika darstellt; der Chor ist mit einer halbrunden Apsis geschlossen; auch in der Ostmauer der Kreuzarme waren ursprünglich zwei halbrunde Apsiden angelegt, deren im ganzen also drei vorhanden waren[4]). Eigenartig ist die Lage zweier Kapellen an den Langseiten des Chores; jedoch ist nur die südliche von beiden erhalten; ihre Gewölbe werden von einer in der Mitte stehenden Säule getragen. Die unteren Mauern bestehen aus Granitquadern; für die oberen, namentlich die des Mittelschiffes und der Kreuzarme bediente man sich der leichter verwendbaren Ziegel. Die Kirche des Benediktiner-Klosters in Mogilno entbehrt, obwohl sie dreischiffig ist, des Querhauses; wieder ist der Chor halbrund geschlossen; unter ihm liegt die mit einem Tonnengewölbe überdeckte Krypta, die einzige ihrer Art in der Provinz[5]). Spätere Erneuerungen haben diese

---

[1]) Bd. IV, Abb. 27—28.   [2]) Bd. IV, Abb. 34—35.
[3]) Ueber Kapellen im Innern der Türme vgl. Otte, Kunstarchäologie I, S. 79.
[4]) Bd. IV, Abb. 48.   [5]) Bd. IV, Abb. 61.

Kirche wie auch die in Strelno, noch mehr aber die bereits auf grofspolnischem Boden gelegene Abteikirche in Tremessen betroffen, deren romanische Reste sich auf den Unterbau der Westfront beschränken.

Sind uns auch die romanischen Bauten der Domkirchen in Gnesen und Posen verloren gegangen, so besitzen wir an beiden Orten doch noch kleinere Bauwerke, welche den Einflufs jener widerspiegeln. In Gnesen liegt neben dem Dome der Granitquaderbau der kleinen S. Georgs-Kirche, vor dem Warschauer Thore bei Posen der Ziegelbau der S. Johannes-Kirche, der Kirche des Johanniter-Hospitals, und in der weiteren Umgebung von Posen finden wir die Kirche in Objezierze, ebenfalls einen Ziegelbau, welcher vermutlich von den Johannitern, denen der Ort gegen Ausgang des 12. Jahrhunderts überwiesen worden war, errichtet wurde. Die Johannes-Kirche bei Posen ist von bescheidener Gestalt, einschiffig, mit quadratischem Chore, ohne Apsis und ohne Turm[1]). Die Kirche in Objezierze besitzt den Schmuck eines Turmes; ihr östlicher Abschlufs wurde in spätgotischer Zeit zerstört[2]).

Die Kirche des Benediktiner-Klosters in Lubin im Kostener Kreise ist verstümmelt; dafür läfst die ehemalige Pfarrkirche des Dorfes, jetzt in evangelischem Besitze, den Bestand des 12. Jahrhunderts noch ungetrübt erkennen[3]). Ihre Abmessungen sind sehr geringe; das Schiff ist nur 5,20 m breit; ihm schliefst sich östlich ein kleiner Chor mit halbrunder Apsis an, die mit einem rippenlosen Kreuzgewölbe und einer Halbkuppel überdeckt sind. Das Mauerwerk der Kirche besteht aus Granitquadern; ihre Kunstformen sind aus Ziegeln und Sandstein gebildet. Die Kirche des unfern von Lubin gelegenen Rotdorf, welches nach dem Ziegelbau derselben bereits 1237 „Rufa Ecclesia" genannt wird, wiederholt die einfache Anlage der Johannes-Kirche bei Posen, ein Schiff mit quadratischem Chore. Wie in Lubin, so ist auch in Rotdorf der Chor mit einem rippenlosen Kreuzgewölbe überdeckt. Die Wölbung des Chores bürgerte sich bald mehr und mehr ein, und um die Mitte des 13. Jahrhunderts erhielt auch der Chor der Posener Johannes-Kirche ein Kreuzgewölbe, welches in der Weise des Ueberganges vom romanischen zum gotischen Stile an den Graten und den Schildbögen mit Rundstäben besetzt ist.

Von geringerer Bedeutung als die vorgenannten sind die Kirche in Tulce, wiederum ein Ziegelbau mit quadratischem Chore nach dem Vorbilde der Posener Johannes-Kirche, sodann die Kirchen in Giecz[4]), Kröben und Kotlow[5]), Granitbauten, welche wie die in Kościelec und Lubin den Chor mit einer Apsis bereichert zeigen. Romanische Reste finden sich ferner an der Kirche des Städtchens Goslin bei Obornik, während von den Bauten der Cistercienser in Lekno und Wongrowitz und endlich von der Pfarrkirche in Znin nur das bei den gotischen Erneuerungen wieder verwendete Steinmaterial geblieben ist.

---

[1]) Bd. III, Abb. 1—3.
[2]) Bd. III, Abb. 110—113.
[3]) Bd. III, Abb. 200.
[2]) Bd. III, Abb. 21—23.
[4]) Bd. III, Abb. 174.

Neben diesen sämtlich als Langbauten hergestellten Kirchen besitzt die Provinz Posen auch zwei romanische Centralbauten, die Kapelle der Burgruine Ostrow im Lednica-See westlich von Gnesen und die S. Prokopius-Kapelle in Strelno. Auf einer Insel des Lednica-Sees liegen innerhalb eines ausgedehnten Erdwalles die Trümmer eines frühmittelalterlichen Burggebäudes, welchem sich ostwärts eine Kapelle anschlofs. Diese scheint ehemals über vier Pfeilern ein zweites Geschofs getragen und in ihrer Anlage somit den Doppelkapellen gleichzeitiger deutscher Burgen entsprochen zu haben [1]). Ihre Bauzeit ist in die zweite Hälfte des 12. Jahrhunderts zu verlegen. Bedeutsamer als diese Reste, die wenig mehr als die Grundmauern darbieten, ist die Prokopius-Kapelle in Strelno aus dem Anfange des 13. Jahrhunderts, ein mit einer Kuppel bedeckter Rundbau, von einem quadratischen, kreuzgewölbten Chore auf der Ost- und einem kreisrunden Turme auf der Westseite begleitet[2]). Die Kuppel und das Kreuzgewölbe haben kräftige Werksteinrippen von rechteckigem Querschnitte, eine für den Ausgang des romanischen Stiles bemerkenswerte Art der Wölbung, welche man neben schlicht scharfgratigen Gewölben auch in den Türmen der Kirchen zu Kruschwitz und Inowrazlaw antrifft. Centralkapellen waren während des romanischen Zeitalters sehr verbreitet. Aber nachdem das Interesse, welches jene Gattung von Bauwerken hervorgerufen hatte, erloschen war, fielen sie nur allzu oft der Vernichtung anheim. Einer grösseren Anzahl von Centralkapellen begegnet man in den österreichischen Ländern[3]), und manche derselben verraten eine gewisse Familienähnlichkeit mit der Strelnoer Kapelle. Die Kapelle auf dem Georgsberge bei Raudnitz an der Elbe zeigt sogar die gleiche ungewöhnliche Verbindung eines runden Kuppelbaues mit einem runden Turme[4]). Sehr häufig war neben den romanischen Dom- und Stiftskirchen eine Centralkapelle erbaut, so in Mainz, Worms, Magdeburg und auf dem Petersberge bei Halle. Da die dortigen Kapellen untergegangen sind, so ist die Gruppe in Strelno wohl die einzige, welche sich auf deutschem Boden erhalten hat[5]).

Wie in dem Reichtum der Plananlage, so nimmt die Kirche in Kruschwitz auch hinsichtlich der Durchbildung der Einzelformen die erste Stelle unter den romanischen Kirchen der Provinz ein. Ein beliebtes Schmuckstück der romanischen Werksteinkirchen sind die Portale. Die Kirche in Kruschwitz besitzt deren drei von gefälliger Ausstattung. Die Thüröffnungen sind rechteckig; den Sturz bildet eine Steinplatte, welche von die die Last der Mauer aufnehmenden Bögen im Halbkreise umrahmt wird. Die Bögen werden teils von Halbsäulen getragen, die der Frontmauer vorgelegt sind,

---

[1]) Bd. III, Abb. 176—179.   [2]) Bd. IV, Abb. 56—58.
[3]) K. Lind, Ueber Rundbauten. Mitteilungen der k. k. Central-Kommission. XII, 1867. S. 146 ff.
[4]) R. Grueber, Die Kunst des Mittelalters in Böhmen. Wien 1871—79. 4 Bde. 4°. I, S. 66—67.
[5]) Eine grofse Zahl romanischer Centralbauten, welche als Baptisterien neben Langhausbauten errichtet sind, besitzt Italien, in Florenz, Pisa, Parma, Agliate u. a. O.

teils von freistehenden Säulen, die ihren Platz in den rechtwinkligen Absätzen der Leibungen gefunden haben. Die Bogenfelder der Portale tragen keinen oder nur geringen Schmuck[1]). Die in die S. Barbara-Kapelle führende Thür auf der Südseite der Klosterkirche in Strelno hat dagegen, obwohl sie einer architektonischen Ausbildung gänzlich entbehrt, ein halbkreisförmiges Bogenfeld mit einer erhabenen figürlichen Darstellung der h. Anna, welche die kleine Maria auf ihren Armen trägt, zu beiden Seiten Peter Wlast und seine Gemahlin, welche der Heiligen das Modell der Kirche anbieten[2]). Ein Bildwerk gleicher Art befindet sich in der Prokopius-Kapelle, jedoch nicht mehr an seinem alten Platze; es stellt den sitzenden Heiland zwischen einem Ehepaare dar; der Mann trägt das Modell der Kapelle in ihrer ursprünglichen Gestalt. Beide Bildwerke entstanden kurz vor oder bald nach der im Jahre 1216 vollzogenen Einweihung der Klosterkirche; sie sind stilistisch, besonders das über dem Eingange der Barbara-Kapelle, dem Bogenfelde in der Kirche S. Maria auf dem Sande in Breslau eng verwandt, welches die Gattin und den Sohn des Peter Wlast, die h. Jungfrau verehrend, darstellt. Strelno bewahrt noch einige andere Reste spätromanischer Bildhauerkunst, die Säule der Barbara-Kapelle, deren Schaft ein flach erhabenes Rankenwerk überzieht[3]), und eine Tafel von unbekannter Bestimmung, S. Maria mit dem Kinde, ringsum in kleinen Rundbildern eine Prophetenschaar darstellend; dazu kommen verschiedene kleinere Bruchstücke in Strelno sowie der Taufstein der Kirche in Kruschwitz.

Ein rundbogiges Portal mit zwei Säulen, die schon in alter Zeit aus verschiedenen Teilen zusammengesetzt wurden, wie sie sich gerade vorfanden, besitzt die Johannes-Kirche bei Posen[4]). Sonst beschränken sich die Portale der Kirchen bei den bescheidenen Mitteln und dem Mangel eines brauchbaren Steinmaterials auf die einfachsten Formen. Die Erinnerung an die Steinbauten West- und Mitteldeutschlands führte dazu, die Leibungen aus mehreren rechtwinkligen Absätzen herzustellen und die Bögen halbkreisförmig um den Thürsturz herumzuführen. In Objezierze und in Kotlow sind der Kämpfer und der Sockel durch einfache Schräggesimse betont[5]); aber selbst auf diesen geringen Schmuck verzichtete man sogar bei einem Bauwerke wie die Marien-Kirche in Inowrazlaw. So sind denn auch die Fenster gewöhnlich mit schlichten schrägen Leibungen versehen. An der Johannes-Kirche bei Posen laufen die innere und die äufsere Leibung gegen eine hochkantig gestellte Ziegelschicht an; an der Ruine auf Ostrow waren sie durch einen hölzernen Rahmen getrennt. An den Ziegelbauten in Strelno und Labischin sind die Leibungen der Fenster aus mehreren, je einen halben Ziegelstein breiten Absätzen hergestellt, welchen durch Fasung oder Abrundung der Kanten mitunter ein reicheres Aussehen gegeben ist[6]). Ein anmutiges Beispiel der Verbindung der schrägen Leibung mit der Kanten-

---

[1]) Bd. IV, Abb. 43.
[2]) Bd. IV, Abb. 54.
[3]) Bd. III, Abb. 29.

[4]) Bd. IV, Abb. 55.
[5]) Bd. III, Abb. 4–5.
[6]) Bd. IV, Abb. 136.

gliederung giebt das Fenster in der Apsis der Dorfkirche in Lubin¹). Meist sind die Fenster nur klein und schmal, so dafs sie eines Verschlusses wohl nicht bedurften; die kleinen Dorfkirchen haben auf der Nordseite oft überhaupt keine Fenster²). Auch kommt es vor, dafs ein schmaler, durch eine Steintafel gebrochener Lichtschlitz an die Stelle des Fensters tritt, so an einer der Nebenapsiden der Kirche in Kruschwitz. Die Türme der Marien-Kirche in Inowrazlaw zeigen gepaarte Fensteröffnungen, deren Zwischenpfeiler ein einseitig ausladendes Gesims tragen, die Kämpfersteine des Werksteinbaues in die Sprache des Ziegelbaues übersetzend³).

Die Gesimse im Inneren der Kirchen sind verschieden gestaltet. Oftmals bestehen sie in einfachster Weise nur aus einer Platte und einer Kehle, so zum Beispiel die Kämpfer der Triumphbögen der Prokopius-Kapelle in Strelno und der Kirche in Kościelec. In der Klosterkirche in Strelno finden sich die einfachsten und die reichsten Profile neben einander⁴). Wie weit die Gesimse der Kirche in Kruschwitz noch die ursprüngliche Gestalt überliefern, entzieht sich der Beurteilung. Die Aufsenfronten scheinen in romanischer Zeit weder Gurt- noch Hauptgesimse besessen zu haben; ungegliedert stiegen die trotzigen Mauermassen vom Erdboden bis zur Dachtraufe empor. Ausnahmsweise findet sich ein aus Formziegeln hergestellter Bogenfries mit Gesims an der Apsis des Kirchleins in Lubin⁵). In Kruschwitz waren die Giebel unter Verzicht alles architektonischen Beiwerks hergestellt und nur ihre Fufspunkte durch nasenartige Steine ausgezeichnet⁶). Die Giebel in Strelno sind dagegen bemerkenswert durch die Gliederung mit geputzten Blenden sowie durch die Herstellung einer Abdeckung in der Art der reifen Ziegelbaukunst⁷).

Die sorgfältige Bearbeitung der Werksteine mit dem Flächeisen, welche im mittleren Deutschland seit dem Anfange des 12. Jahrhunderts auftritt, bleibt in Posen unbekannt. Die Ansichten der Granitquader werden nur so weit zugerichtet, als es das spröde Gestein ohne besondere Mühe zuläfst; wo der erwähnte harte Sandstein im Quaderwerk erscheint, ist er mit dem Spitzeisen bearbeitet. Die Quader sind auf der glatt verstrichenen Mörtelfuge mit einem eingeritzten Striche umrahmt. Als eine Eigenart des romanischen Mauerwerks ist an der Prokopius-Kapelle in Strelno die Verwendung dünner Stein- und Ziegelbruchstücke zu bemerken, welche schräg, nach der Art von Fischgräten oder Aehren zur Höhe einer Quaderschicht zusammengelegt sind⁸).

¹) Bd. III, Abb. 113.
²) Als Beispiele für das Fehlen der Fenster auf der Nordseite seien aus romanischer Zeit die Dorfkirchen in Lubin und Kröben genannt, aus gotischer Zeit die in Ober-Pritschen, Bargen und Gryzyn. An gröfseren gotischen Kirchen fehlen die Fenster noch oftmals in der Nordmauer des Chores, bei dreiseitigem Chorschlufs auch das in der Nordostmauer, so in Rogasen, Gostyn, Schildberg und Kostschin.
³) Bd. IV, Abb. 28 -29. ⁴) Bd. IV, Abb. 49 -52.
⁵) Bd. III, Abb. 110 und 113.
⁶) Bd. IV, Abb. 41. ⁷) Bd. IV, Abb. 53.
⁸) Daher die Bezeichnung: Opus spicatum.

Zum Schlusse sei jener rätselhaften Teufelsfratzen, Tiere und Kreuze im Quaderwerk der Marien-Kirche in Inowrazlaw und der Kirche in Kruschwitz gedacht, welche einer befriedigenden Deutung noch harren[1]).

3. Die Kleinkünste des romanischen Stiles.

Von dem romanischen Bau des Gnesener Domes ist eines der bedeutsamsten Kunstwerke, welche das romanische Zeitalter überhaupt hinterlassen hat, auf uns gekommen, die grofse zweiflügelige Erzthür im Eingange des südlichen Seitenschiffes. Die dem Eintretenden zugekehrte Ansicht der Thür ist in achtzehn Felder geteilt, welche mit Scenen aus der Geschichte des h. Adalbert, von seiner Geburt bis zu seinem Martertode in Preufsen und der Ueberführung seines Leichnams nach Polen, gefüllt sind; Rankenwerk, in welches sich kleine Menschengestalten, Kentauren und Tiere mischen, umrahmt die neun Felder jedes der beiden Flügel; Figuren und Ornamente sind im flachen Relief hergestellt[2]). Wie die Ausführung der Bauten so ist auch die der Thür deutschen Werkleuten zuzuschreiben. Die romanischen Erzthüren sind eine Ueberlieferung aus der antiken Kunst. Von den auf deutschem Boden erhaltenen ist die Erzthür des Hildesheimer Domes die bekannteste; ihr steht die Gnesener am nächsten. Die Hildesheimer Thür wurde 1015 unter der Obhut des kunstsinnigen Bischofs Bernward, des Begründers der sächsischen Kunstgewerbeschule, gegossen, welchem italienische Vorbilder gewifs nicht unbekannt waren. Der Gnesener Thür, über deren Ursprung es an beglaubigten Nachrichten gebricht, ist aus stilkritischen Gründen ein um mehr als hundert Jahre geringeres Alter beizumessen. Dennoch lassen beide Thüren einen gewissen Schulzusammenhang erkennen. Ihre Flügel sind aus einem Stücke gegossen, nicht die Tafeln der Felder und der Umrahmungen aus besonderen kleinen Stücken, die auf einer Holztafel zu einem Ganzen vereinigt sind, wie an der Thür des Domes in Augsburg oder an den verwandten italienischen Beispielen. Jeder Flügel ist der Höhe nach in mehrere breite Felder geteilt, welche in Hildesheim, je acht auf einem Flügel, mit Darstellungen aus der Geschichte der ersten Menschen und der Jugend- und der Leidensgeschichte Christi gefüllt sind, während man es sonst liebte, die Ansicht der Thüren aus einer gröfseren Zahl mehr hoher als breiter oder annähernd quadratischer Felder von geringen Abmessungen zusammenzusetzen. In Hildesheim sind Figuren und Ornamente von ungesuchter Einfalt, das Relief unbeholfen derb, die dargestellten Bauwerke von antikisierender Fassung. In Gnesen ist alles reif und vorgeschritten; der Künstler besafs weniger eigenartige Kraft, aber dafür eine gediegene Erziehung, die ihm in einer fest begründeten Schule zu teil geworden war. Darf man den Ursprung der Thür des Gnesener Domes somit

---

[1]) Bd. IV, Abb. 31. Hier ist auch an die Fratzen im Mauerwerk der gotischen Ziegelbauten in Birnbaum und Polnisch-Wilke zu erinnern.
[2]) Bd. IV, Tafel IV.

auf sächsische Künstler zurückführen, welche den Guſs vielleicht nach der Art der Glocken am Orte ausgeführt haben mögen, so wird diese Vermutung durch die Erzthür der Sophien-Kathedrale in Groſs-Nowgorod (südlich von S. Petersburg) bestätigt, auf welcher Erzbischof Wichmann von Magdeburg (1152—94) dargestellt ist, und als deren Urheber sich der Künstler Riquin mit den Gehilfen Abraham und Waismut nennt, von denen der letztere jedenfalls ein Deutscher war[1]). Der Gebrauch gegossener eherner Thüren ging in Deutschland unter der Herrschaft der Gotik, die das Holzwerk der Thüren mit geschmiedeten Aufsatzbändern überzog, verloren, so daſs die Thür des Gnesener Domes als eine der wenigen ihrer Art diesseit der Alpen doppelte Wertschätzung verdient[2]).

Ein so bedeutendes Werk hatte gewiſs auch andere Erzeugnisse der Erzgieſserei im Gefolge gehabt. Von diesen aber besitzen wir nur ein einziges Stück, den Fuſs eines kleinen Altarleuchters, welcher beim Abbruch der Holzkirche in Tuczno bei Inowrazlaw gefunden wurde[3]).

Von Geräten der romanischen Goldschmiedekunst bewahrt die Abteikirche in Tremessen nicht weniger als vier Stücke, drei Kelche und die Patene eines derselben. Sie wurden im 12. Jahrhundert aus west- oder süddeutschen Werkstätten bezogen. Die Gestalt der mittelalterlichen Kelche ist streng dem Gebrauche angepaſst. Die kugel- oder kegelförmig gebildete Schale ruht auf einem Fuſse, dessen Schaft, um der Hand des Priesters einen sicheren Halt zu bieten, von einem Knaufe unterbrochen wird. Zwei der Tremessener Kelche zeigen die in der romanischen Zeit meist übliche Gestalt, eine halbkugelförmige Schale auf einem kreisrunden Fuſse. Der eine von beiden, ein seltenes Prachtgerät, ist samt der zugehörigen Patene mit Darstellungen in Niellotechnik bedeckt, dem Abendmahl und dem Tode Christi, welche von einer Reihe auf sie bezogener Bilder aus dem Alten und dem Neuen Testamente begleitet sind, ferner den Evangelistenzeichen, den Haupttugenden und den Seligpreisungen; der Knauf des Kelches zeigt in getriebener Arbeit innerhalb eines Rankenwerks die vier Paradiesflüsse[4]). Für die kunstgeschichtliche Beurteilung des Kelches ist es wichtig zu beachten, daſs ein in Anlage und Einzelheiten verwandter Kelch sich im Besitze der Stiftskirche in Wilten bei Innsbruck befindet[5]). Der zweite Kelch der Kirche in Tremessen steht an künstlerischer Vollendung hinter dem ersten um einiges

---

[1]) F. Adelung, Die Korssunschen Thüren in der Kathedralkirche zur h. Sophie zu Nowgorod. Berlin 1823. 4°. Ueber den deutschen Ursprung derselben S. 103.
Altertümer des Russischen Reiches (in russischer Sprache). Moskau 1849. Fol. und 4°. Bd. VI, Tf. 21—26 und S. 61—65.

[2]) Das Mechanische zum Zierstücke zu erheben, entsprach nicht dem Sinne der Italiener; sie verstanden es besser als die Nordländer, der bildenden Kunst bedeutende Aufgaben zu stellen, und sie wuſsten in den Thüren des Baptisteriums zu Florenz die schönsten Leistungen der Erzgieſserei des Mittelalters und der Renaissance zu vereinigen.

[3]) Bd. IV, Abb. 36.

[4]) Bd. IV, Tafel I und II.

[5]) K. Weiſs, Der romanische Speisekelch des Stiftes Wilten in Tirol nebst einer Uebersicht der Entwicklung des Kelches im Mittelalter. Jahrbuch der k. k. Central-Kommission. IV, S. 1 ff.

zurück; er ist mit flach erhabenen Darstellungen aus der Geschichte der israelitischen Könige geschmückt[1]). Der dritte Kelch ist ein Achatbecher, welchen die Ueberlieferung mit dem Namen des h. Adalbert verknüpft, und welchem man im 12. Jahrhundert jedenfalls so viel besondere Bedeutung beimafs, um ihn mit einem Fufse zu versehen[2]).

Die unter den Baudenkmälern bereits genannte Kirche in Objezierze bei Posen besitzt ein Reliquiarium in Gestalt eines Giebelhäuschens, dessen hölzerne Wände mit vergoldeten, mit Grubenschmelz überzogenen Kupferblechen bekleidet sind. Auf der Vorderseite ist die Legende des h. Dionysius, des Schutzheiligen von Frankreich, dargestellt[3]). Die Schmelzmalerei wurde im 12. Jahrhundert in den Werkstätten am Niederrhein fleifsig geübt, zu denen seit dem 13. Jahrhundert die von Limoges im mittleren Frankreich in regen Wettbewerb trat. Die Arbeiten beider Schulen unterscheiden sich in ihrem Stilcharakter jedoch so bestimmt von einander, dafs das Reliquiar in Objezierze, abgesehen von seinem Bilderschmucke, ohne Bedenken der Werkstatt von Limoges zuzuteilen ist.

Einer Zeit, welche die Buchdruckerkunst noch nicht kannte und ihre Bücher noch mit der Hand schrieb, war es ein Vergnügen, den Text derselben mit gezeichneten und gemalten Bildern zu bereichern und zu erläutern. Drei Denkmäler der romanischen Buchmalerei bewahrt der Gnesener Dom. Das älteste ist ein Missale des 11. Jahrhunderts mit mehreren trefflichen Initialen. Wertvoller aber sind zwei Evangeliarien des 12. Jahrhunderts, von denen jedes neben dem Schmucke an Initialen eine Folge grofser, in Deckfarben gemalter Bilder aus den Begebenheiten der Evangelien enthält. Das eine Evangeliar, das sogenannte Mefsbuch des h. Adalbert, scheint in Böhmen entstanden zu sein; die Bilder desselben sind in strenger, an die Ueberlieferung gebundener Auffassung gemalt, die Figuren ohne Ausdruck, die Falten der Gewänder in parallelen Linien; einzelne Scenen spielen sich unter grofsen architektonischen Gebilden ab[4]). Das zweite Evangeliar, welches erst neuerdings aus der Kollegiatkirche in Kruschwitz an den Gnesener Dom abgegeben wurde, mag dagegen aus einer westdeutschen Malerschule hervorgegangen sein, die damals im Vordergrunde der künstlerischen Thätigkeit stand. Der Künstler dieser Handschrift hatte mehr Sinn für das Malerische und strebte nach wohlthuender Gruppierung und Charakteristik seiner Figuren; reizvoll wufste er die die einzelnen Bilder umrahmenden Ornamentleisten zu gestalten. In seinen Schöpfungen verspürt man etwas von dem frischen Hauche, welcher die Werke der Blütezeit des romanischen Stiles in Deutschland belebte[5]).

Die beiden Bilderhandschriften des Gnesener Domes gewähren im Vereine mit den beiden Kelchen und der Patene der Kirche in Tremessen lehrreiche Beiträge für die Erkenntnis des Bilderkreises der frühmittelalterlichen Kunst. Da es vornehmlich galt, Werke für den kirchlichen Bedarf zu schaffen,

[1]) Bd. IV, Abb. 65.
[2]) Bd. IV, Abb. 66, links.
[3]) Bd. III, Abb. 24—25.
[4]) Bd. IV, Abb. 91—93.
[5]) Bd. IV, Abb. 94—98.

so war die Thätigkeit der Maler und Bildhauer in erster Linie der Darstellung des Lebens und des Leidens Christi gewidmet. Ihre Thätigkeit war aber in der Ueberlieferung befangen. Der kirchliche Gottesdienst bestimmte nach Form und Inhalt die Auswahl dessen, was in Bildern darzustellen war, nicht wenig unterstützt von dem geistlichen Schauspiel, welches die Gegenstände der Bilder im Verständnisse der Menge lebendig erhielt. Im 12. Jahrhundert, dem die Stücke aus der Provinz Posen angehören, erscheinen die von Geschlecht zu Geschlecht vererbten Typen der Bilder am schärfsten entwickelt. Andererseits hatte die Spaltung der Kirche in eine griechisch-katholische und eine römisch-katholische zu Verschiedenheiten des Bilderkreises geführt, welche von der wissenschaftlichen Forschung benutzt werden können, um das Mafs des Einflusses der byzantinischen Kunst auf die abendländische zu bestimmen. Die beiden Gnesener Evangeliare geben eine Uebersicht der wichtigsten Darstellungen aus dem Leben des Erlösers; der Charakter derselben ist durchweg abendländisch. In den beiden Darstellungen der Taufe Christi, zu denen als dritte die eines der Tremessener Kelche hinzutritt, steigt der Jordanflufs als eine Art Wasserberg um den Körper Christi empor[1]). Auf dem Bilde des Einzuges Christi in Jerusalem[2]) sind es Erwachsene, welche ihre Kleider vor der Eselin ausbreiten, nicht Kinder, wie das Malerbuch vom Berge Athos den byzantinischen Künstlern vorschreibt[3]). Ein ausgesprochener Unterschied herrscht zwischen der byzantinischen und der abendländischen Darstellungsweise des Abendsmahls, indem jene sich dem Texte des Matthäus-, diese dem des Johannes-Evangeliums anschliefst[4]). Dort greift Judas begierig nach der auf dem Tische stehenden Schüssel; hier giebt Christus dem oftmals an der Vorderseite des Tisches knieenden Judas den Bissen in den Mund, während Johannes bekümmert sein Haupt an die Brust des Herrn lehnt. In dieser Gestalt ist das Abendmahl übereinstimmend in den beiden Evangeliarien und an dem genannten Kelche wiedergegeben[5]).

Gern betrachtete man die Begebenheiten des Alten Testamentes als Vorläufer für die des Neuen und stellte beide auf den Kunstwerken einander gegenüber[6]). Dieses Thema behandeln die beiden Prachtkelche und die Patene in Tremessen. An dem ersten Kelche wechseln die Bilder Gottvaters, der im feurigen Busche dem Moses erscheint, und Aarons, dessen Priestertum durch die grünende Gerte verkündet wird, mit der Verkündigung Mariä und der Geburt Christi; der unverletzt bleibende Busch und die aus eigener Kraft Blätter und Blüten treibende Gerte sind Sinnbilder der Reinheit

[1]) Bd. IV, Abb. 94.   [2]) Bd. IV, Abb. 93.
[3]) G. Schäfer, Das Handbuch der Malerei vom Berge Athos, aus dem handschriftlichen neugriechischen Urtext übersetzt. Trier 1855.
[4]) E. Dobbert, Die Darstellung des Abendmahls durch die byzantinische Kunst. Leipzig 1872. Sonderdruck der Jahrbücher für Kunstwissenschaft.
Eine übersichtliche Entwicklung des christlichen Bilderkreises gab Dobbert im Jahrbuch der preufsischen Kunstsammlungen. XV, Berlin 1894. S. 130 ff.
[5]) Bd. IV, Abb. 96.
[6]) G. Heider, Beiträge zur christlichen Typologie. Jahrbuch der k. k. Central-Kommission V. S. 1 ff.

Mariä¹). Die vier Paradiesflüsse, welche von einem Strome gespeist wurden, gelten an demselben Kelche wiederum als Sinnbilder für die vier Evangelien, die vier Haupttugenden und die acht Seligkeiten, deren Quelle Christus ist. An dem zweiten Kelche wird das Wirken der Könige und der Propheten im ganzen als vorbildlich auf das Erlösungswerk bezogen. Auf der Patene²) ist Christus am Kreuze dargestellt, nach älterer Auffassung mit geöffneten Augen und neben einander gehefteten Füfsen; ringsum auf dem Rande befinden sich neun Darstellungen aus dem Alten Testamente, welche an den Tod des Erlösers und das denselben feiernde Mefsopfer erinnern sollen. Neben dem Kreuze Christi stehen zwei weibliche Gestalten, links d. h. zu seiner rechten Seite das Christentum, mit Krone und Siegesfahne geschmückt, das aus der Wunde Christi fliefsende Blut in einem Kelche auffangend, rechts das Judentum, dem die Augen verbunden, die Krone vom Haupte gefallen und die Fahne gesenkt sind, und welches unsicheren Schrittes von dem Kreuze fortwankt; es ist der Gegensatz des Alten und des Neuen Bundes, welcher die Geister während der ersten Jahrhunderte des Mittelalters beschäftigte³).

¹) Wie geläufig diese Sinnbilder waren, zeigt der Leich Walthers von der Vogelweide (Gedicht 80 der Pfeifferschen Ausgabe).
²) Bd. IV, Tafel II.
³) P. Weber, Geistliches Schauspiel und kirchliche Kunst, in ihrem Verhältnis erläutert an einer Ikonographie der Kirche und der Synagoge. Stuttgart 1894.

II.
DIE BLÜTE IM ZEITALTER DER GOTIK.

1. Die kirchliche Baukunst.

Während man in Posen noch nach romanischer Art baute, hatte sich, von Frankreich ausgehend, eine neue Kunstweise im Abendlande verbreitet, die gotische. Die von ihr gefundene Vervollkommnung des Gewölbebaues führte dazu, dafs man das Kirchengebäude von nun an durchgehend mit Gewölben ausstattete. Dasjenige Bauwerk, mit welchem die Gotik ihren Einzug in das Posener Land hielt, war die Kirche des hart an der brandenburgischen Grenze gelegenen Cistercienser-Klosters Paradies. Das Kloster wurde 1230 gegründet, und unmittelbar darnach mag man auch mit dem Bau der Kirche vorgegangen sein, deren ursprüngliche Gestalt unter einer barocken Umkleidung erhalten ist. Der mittelalterlichen Gewohnheit entgegen begann man die Ausführung mit dem Langhause. Die dreischiffige basilikale Gestalt desselben folgt im Grundrisse dem gebundenen Schema der grofsen romanischen Stiftskirchen. Das Mittelschiff hat die doppelte Breite der Seitenschiffe; alle Joche sind quadratisch, so dafs auf jedes Joch des Mittelschiffes zwei in den Seitenschiffen entfallen[1]). Der neue Stil kommt in der Ueberwölbung zum Ausdruck. Die spitzbogigen Kreuzgewölbe der einzelnen Joche werden von kräftigen Rippen getragen, deren Schub zu begegnen, an den Umfassungsmauern Strebepfeiler vorgesehen sind. Die Vorteile, welche das gotische Kreuzgewölbe in der Ueberwölbung rechteckiger Räume bietet[2]), schien der Architekt noch nicht erkannt zu haben. Beim Querschiffe angelangt, wurden die Bauarbeiten wohl aus Mangel an Mitteln eingestellt; das Interesse an dem Bauwerk erlosch, und in unvollendeter Gestalt wurde es 1397 geweiht. So ist nichts darüber bekannt, welche Gestalt die Ostteile erhalten sollten,

---
[1]) Bd. III, Abb. 88—91.
[2]) R. Redtenbacher, Leitfaden zum Studium der mittelalterlichen Baukunst. Leipzig 1881. S. 36 ff. — G. Ungewitter, Lehrbuch der gotischen Konstruktionen. 3. Auflage, bearbeitet von K. Mohrmann. Leipzig 1890—92. Bd. I, S. 8 ff.

und ob in Hinsicht derselben etwa ein Schulzusammenhang zwischen der Kirche in Paradies und der nur wenig älteren Kirche ihres Mutterklosters Lehnin bei Brandenburg a. H.[1]) bestanden habe. Obwohl die Kirche in Paradies gleich jener ein Ziegelbau ist, so lassen die wenigen erhaltenen Einzelheiten trotz der vorgeschrittenen Stilformen in der Verwendung grofser Thonstücke noch eine gewisse Abhängigkeit von den Formen des Werksteinbaues beobachten.

Steht die Kirche der Cistercienser in Paradies auf dem Uebergange vom romanischen zum gotischen Stile, so zeigt sich der frühgotische Stil in völliger Entwicklung an der Kirche der Franziskaner in Gnesen. Diese stammt aus der zweiten Hälfte des 13. Jahrhunderts[2]) und bewahrt trotz der Veränderungen des 17. und 18. Jahrhunderts noch genügende Reste, um die ursprüngliche Anlage erkennen zu lassen. Sie besteht aus einem lang gestreckten, schlicht geradlinig geschlossenen Hauptschiffe, dessen östlicher Teil für den Gottesdienst der Mönche vorbehalten war, und einem kürzeren Nebenschiffe auf der Nordseite mit einer Empore für die Nonnen. Mit Ausnahme des die Vierung vertretenden annähernd quadratischen Joches haben sämtliche Joche rechteckige Grundform. Sie waren ehemals mit Kreuzgewölben überdeckt, von denen die über dem Mönchschore und der Nonnenempore erhalten sind; die Kappen jener ruhen auf kräftigen, aus Formziegeln gemauerten Rippen; die Kappen dieser stofsen zu scharfen Graten zusammen. Bemerkenswert ist die Verwendung von Kunststein zu den Anfängen der Rippen der Chorgewölbe und dem Mafswerk der Fenster[3]). Sehr verwandt der Franziskaner-Kirche in Gnesen ist der Chor der Franziskaner-Kirche in Kalisch.

Die geistlichen Orden waren die Träger des neuen Stiles, und man darf voraussetzen, dafs sie denselben nicht nur an den genannten Orten zur Anwendung brachten. Waren es von den Cisterciensern doch baugeschichtlich bedeutsame Klöster, welche die Neugründungen im Posener Lande übernahmen; wie Paradies von Lehnin, so gingen Lond[4]), Lekno und Obra von Altenberg bei Köln, Blesen von Dobrilug in der Lausitz aus. Die häufige Verlegung mancher Klöster, wie Lekno, Blesen, Priment und Krone mufste freilich auf die Bauthätigkeit ungünstig wirken; in Krone gelangte man erst mehr als ein Jahrhundert nach der Gründung des Klosters zu einem bleibenden Kirchbau. In Priment, Obra, Owinsk und Olobok wurden die Kirchengebäude im 17. und 18. Jahrhundert umgebaut oder von Grund aus erneuert, so dafs über die älteste Gestalt nichts zu ermitteln ist. Dafs man dort sich nicht etwa mit Holzbauten begnügte, sondern, sobald man sefshaft geworden war, zu Steinbauten überging, beweisen die in Priment und Owinsk neben

---

[1]) F. Adler, Mittelalterliche Backstein-Bauwerke, Bl. LVIII—LX.
[2]) Herzog Przemislaus II., in der Schenkungs-Urkunde von 1295, Cod. dipl. No. 736, nennt das Kloster „per nos constructum".
[3]) Bd. IV, Abb. 109—111.
[4]) An der Warthe oberhalb der Grenze gelegen. Ueber die mittelalterlichen Reste des Klosters vgl. W. Łuszczkiewicz, S. h. s. III, S. 107 und Tf. 15—20.

den Klosterkirchen noch vorhandenen Ziegelbauten der mittelalterlichen Pfarrkirchen[1]). Die Baulichkeiten des Klosters Blesen wurden nach der Aufhebung bis auf den letzten Rest abgebrochen. Nicht anders erging es den Klöstern der Dominikaner und der Franziskaner. Vielleicht enthält die arg verunstaltete Kirche der Dominikaner in Posen, besonders in dem langen geradlinig geschlossenen Chore noch Reste aus der Gründungszeit. Das Kloster wurde an seiner gegenwärtigen Stelle 1244 angelegt, neun Jahre vor der Gründung der deutschrechtlichen Stadt Posen, so dafs die Stadtmauer in einem Bogen um das Kloster herumgeführt wurde[2]). Den Dominikanern in Wronke vermachte der Landesherr 1279 reiche Schenkungen, damit sie ihr Kloster aus Ziegeln und Granit herstellen könnten. Ein frühgotischer Ziegelbau war vermutlich auch die um die Mitte des 13. Jahrhunderts errichtete Kirche der Franziskaner in Inowrazlaw, stand doch vor den Thoren der Stadt der romanische Ziegelbau der S. Marien-Kirche. In frühgotischem Stile war gewifs auch der Chor des Domes in Posen erneuert worden, als er 1262 neu geweiht wurde; jedoch hat dieser Bau wieder einem spätgotischen den Platz räumen müssen. Im Jahre 1263 wurde die städtische Pfarrkirche S. Maria Magdalena in Posen begonnen, von deren Gestalt uns nur noch in einigen Zeichnungen Kunde geblieben ist.

Um ein Bild von der Bauthätigkeit der frühgotischen Zeit zu gewinnen, müssen wir einige ländliche Kirchen aufsuchen. Da steht in der Umgebung der Hauptstadt Posen beinahe unversehrt erhalten die Kirche des Dorfes Gluschin, ein Ziegelbau, im Schiffe mit einer flachen Decke, in dem rechteckigen Chore und der zu diesem symmetrischen westlichen Verlängerung des Schiffes mit Kreuzgewölben überspannt; auf der Nordseite des Chores befindet sich die dreiseitig geschlossene, gewölbte Sakristei[3]). Der ursprüngliche Zugang lag in der Mitte der Südseite des Schiffes. Die Entstehung der Kirche darf vielleicht mit ihrer Erhebung zur Kollegiatkirche im Jahre 1296 in Verbindung gebracht werden. Der Gluschiner Kirche ähnlich, nur einfacher in der Ausbildung ist die Kirche des Dorfes Alt-Gostyn, deren Bau vermutlich von dem Kloster Lubin bewirkt wurde, welches 1301 in den Besitz des Dorfes und der Kirche gelangte. Wieder ist das Schiff flach gedeckt, während der rechteckige Chor mit zwei Kreuzgewölben und die Sakristei auf seiner Nordseite mit einem spitzbogigen Tonnengewölbe überdeckt ist[4]). Die Anlage eines Schiffes mit rechteckigem Chore findet sich in der ebenfalls von Kloster Lubin erbauten Kirche in Dalewo, ferner in den Kirchen zu Pudewitz und Gora und Cerekwica bei Znin; sie kehrt auch in der Kirche zu Sobotka bei Pleschen wieder, doch erweitert sich hier das Schiff zu zwei kurzen Kreuzflügeln[5]). Nur die Kirche in Argenau bei Inowrazlaw hat dreiseitigen Chorschlufs. Die genannten Kirchen gehören sämtlich in den Schlufs des 13. oder in den Anfang des 14. Jahrhunderts. Sie spiegeln den Eindruck

---
[1]) Die 1213 begonnene und eilend geweihte Kirche in Olobok mag nach dem Wortlaute der Urkunde Cod. dipl. No. 81 ein Steinbau gewesen sein.
[2]) Bd. II, Abb. 5 und 26. [3]) Bd. III, Abb. 10—13.
[4]) Bd. III, Abb. 164—165. [5]) Bd. III, Abb. 195—196.

der S. Johannes-Kirche der Altstadt Thorn wieder, deren Bau kurz nach 1250 begonnen wurde, des ersten bedeutsamen Wahrzeichens der kraftvollen Besiedlungsthätigkeit, welche der Orden der Deutschritter im Preufsenlande eröffnete[1]). Von jener Kirche sind die rechteckige Grundform des Chores und die vollendete Handhabung des Ziegelbaues übernommen. Die letztere zeigt sich am besten in der Ausbildung der Chorgiebel. Wie am Chorgiebel der Johannes-Kirche in Thorn, so sind auch an den Giebeln der Kirchen in Gluschin, Alt-Gostyn und Pudewitz die Abdeckungen aus einer schlichten Abtreppung der Ziegelschichten hergestellt und die Giebellinien durch eine gesimsartige Vorkragung der letzten Binderköpfe nochmals betont. Profilierte Ziegel sind zur Herstellung der Fronten meist nur in bescheidenem Umfange verwendet, so an der Kirche in Gluschin; die Fronten der Kirche in Alt-Gostyn sind sogar ohne alle Formsteine hergestellt, was den herben Eindruck des frühgotischen Stiles noch vermehrt. Ein einfaches Portal aus Formziegeln besitzt die Kirche in Sobotka.

Gegenüber der beträchtlichen Zahl der romanischen Denkmäler kann während der Zeit des frühgotischen Stiles von einem Wachsen der Bauthätigkeit keineswegs gesprochen werden. In der ersten Hälfte des 14. Jahrhunderts erlahmte dieselbe sogar zusehends. Geschah es, weil die Kräfte im ersten Anlaufe sich erschöpft hatten, oder weil Grofspolen seinen in der ältesten Zeit innegehabten Vorrang an Kleinpolen verlor und Krakau die alten Hauptstädte Posen und Gnesen überflügelte, verschuldeten es die unaufhörlichen Zwistigkeiten der Grofsen und die verheerenden Einfälle des deutschen Ritterordens, mehrere Jahrzehnte hindurch stockte die kunstgeschichtliche Entwicklung des Posener Landes. Die umsichtige Regierung Kasimirs des Grofsen gab zwar den Frieden zurück; aber es bedurfte noch längerer Frist, ehe die Wunden verheilt waren und das Land sich zu neuem Schaffen erholt hatte. So ging die Zeit der Hochgotik, die in dem benachbarten Thorn die herrliche S. Jakobs-Kirche, die Pfarrkirche der Neustadt, entstehen liefs, vorüber, ohne im Gebiete der Provinz Posen andere Bauten als den Dom in Gnesen und die Klosterkirche in Krone hervorzurufen, welche hinsichtlich ihres architektonischen Wertes doch mit jenem Meisterwerke der Ordensbaukunst nicht wetteifern können und überdies erst in späterer Zeit ihre Vollendung fanden.

Der Bau des Gnesener Domes wurde um die Mitte des 14. Jahrhunderts begonnen und mit Ausnahme der Westfront und der Türme vor Ablauf des Jahrhunderts beendet. Er ist eine dreischiffige Basilika, deren Seitenschiffe sich hinter dem Hochaltare zu einem Umgange fortsetzen; ein Kapellenkranz umschliefst die Abseiten. Vom ursprünglichen Bau ist freilich wenig mehr als die Wölbung der Seitenschiffe zu bemerken[2]). Nachdem der Ziegelbau bereits feste Wurzeln im Lande gefafst hatte, überrascht es zu beobachten,

---

[1]) C. Steinbrecht, Die Baukunst des deutschen Ritterordens in Preufsen. Berlin 1885 ff. 4°. I. Die Stadt Thorn, S. 23 und Tf. V-VI.
[2]) Bd. IV, Abb. 69-78.

wie man beim Bau der ersten Kirche der Erzdiöcese zum Werkstein zurückkehrte, ein Bild merkwürdiger künstlerischer Unsicherheit. Die Pfeiler des Domes sind, von der Verwendung einiger Formziegel abgesehen, aus Granitquadern aufgeführt; für die Gewölberippen ist, da dieses Material zu schwerfällig war, ein ausgiebiger Gebrauch von Kunststein gemacht. In der westlichen Hälfte des Domes sind die Rippen und Kämpfer der Gewölbe mit Vorliebe aus einer breiten Kehle hergestellt, welche mit allerhand pflanzlichem und figürlichem Zierwerk gefüllt ist. Diese Kunstform kehrt unter dem Einflusse des Domes an zwei anderen Kirchen der Stadt Gnesen wieder, deren Entstehung in die erste Hälfte des 15. Jahrhunderts zu verlegen ist, in der gleichen Gestalt an den Chorgewölben der S. Michaels-Kirche, freier und gefälliger an den Schiffgewölben der S. Johannes-Kirche. In dieser sind die Rippen der Gewölbe aus zwei Kehlen gebildet und auf dem Stege mit Rosetten besetzt; Kämpfer und Schlufssteine sind anmutig geschmückt, wie niemals wieder im Lande[1]).

Die an der Nordgrenze der Provinz gelegene Klosterkirche in Krone an der Brahe gehört landschaftlich zu Pommerellen; sie entstand in Gemeinschaft mit der Klosterkirche in Pelplin, mit welcher sie die kreuzförmige basilikale Gestalt, die geradlinige Ostfront und die Ausbildung des Ziegelbaues teilt[2]). Ein barocker Umbau hat die ursprüngliche Erscheinung des Bauwerks leider stark beeinträchtigt; in seinen bedeutenden Abmessungen wird dieses innerhalb der Provinz nur von den Domen in Gnesen und Posen übertroffen.

Im 15. Jahrhundert mehrte sich die Zahl der Bauwerke, so dafs das Zeitalter des spätgotischen Stiles als die Blütezeit der mittelalterlichen Kunst, ja aller Epochen überhaupt betrachtet werden mufs. Erst von nun an gewann der Strom der kunstgeschichtlichen Entwicklung seine volle Breite. Die im 13. und 14. Jahrhundert gegründeten deutschen Städte waren kräftig herangewachsen; die lange Friedenszeit des 15. und 16. Jahrhunderts liefs den Wohlstand steigen; ein rüstiges Geschlecht von Künstlern und Handwerkern hatte sich in den Städten ansässig gemacht und erhielt sich durch ständigen Zuzug aus Deutschland. Nicht mehr wurde nur an einigen bevorzugten Orten oder in deren Umgebung gebaut; über alle Teile des Landes verbreitete sich jetzt der Steinbau, die alten Holzbauten verdrängend. Die Verwendung des Granits und des künstlich gefertigten Steins zu den Kunstformen hörte auf, und der reine Ziegelbau gelangte, wie er sich in Brandenburg, Niederschlesien und Pommern entwickelt hatte, auch in Posen zur Geltung. Die Beziehungen zu Preufsen erloschen zwar nicht, wurde doch der westliche, an Posen grenzende Teil des Landes mit dem polnischen Reiche vereinigt; aber mit dem Falle des deutschen Ritterordens wurde zugleich die Entwicklung der Ordensbaukunst gebrochen. Der Einflufs der märkischen Baukunst war weitaus bedeutender, so mächtig, dafs Posen im 15. Jahrhundert baugeschichtlich als ein Nebenland der Mark zu betrachten ist. Am dichtesten stehen die spätgotischen Ziegelbauten in der

---

[1]) Bd. IV, Abb. 113 und 115.   [2]) Bd. IV, Abb. 21—25.

westlichen Hälfte des Regierungsbezirks Posen, besonders in dem ursprünglich mit Schlesien vereinigten Fraustädter Ländchen; sie folgen den aus Brandenburg und Niederschlesien nach Posen führenden Handelstrafsen, durch die fruchtbaren Gebiete der Kreise Samter und Kosten hindurch, das Bruch der Obra frei lassend, in zwei Scharen, welche sich in der Umgebung der Hauptstadt Posen vereinigen. Weiter ost- und nordwärts, jenseits der Warthe, gegen die Netze und die Prosna hin, nimmt die Zahl der spätgotischen Ziegelbauten mehr und mehr ab[1]). Gegenüber dem schwankenden Entwicklungsgange der Baukunst während der romanischen und der frühgotischen Epoche gewann die spätgotische Bauweise in Posen einen einheitlichen Verlauf, welcher sogar noch andauerte, nachdem die von Brandenburg ausgegangene Anregung dort bereits einer neuen Bewegung Platz gemacht hatte.

Im Jahre 1406 gründete König Wladislaus Jagello das Karmeliter-Kloster in Posen mit der Fronleichnams-Kirche. Der Bauplan der Kirche wurde in schönen, weiträumigen Verhältnissen festgestellt und die Ausführung mit dem Chore begonnen. Dieser wurde mit Kreuzgewölben überdeckt; seine Fenster wurden mit Mafswerk von Kunststein ausgesetzt. Bald jedoch trat eine Verzögerung der Bauarbeiten ein, so dafs erst gegen den Ausgang des 15. Jahrhunderts das dreischiffige Langhaus mit reichen Sterngewölben überdeckt werden konnte[2]). Ein bedeutender Bau scheint die Pfarrkirche in Buk gewesen zu sein, welche von dem Posener Bischof Andreas III. um 1420 begonnen, im 19. Jahrhundert jedoch abgetragen wurde. Der Ueberlieferung gemäfs wurden im Jahre 1423 die Pfarrkirchen in Schroda und Samter begonnen. Der Chor der Schrodaer Kirche erinnert mit seinen Kreuzgewölben an den der Fronleichnams-Kirche in Posen; das ursprünglich einschiffige Langhaus der Kirche wurde um 1500 dreischiffig verändert[3]). Die Kirche in Samter, welche gegenüber der meist beliebten hallenartigen Gestalt der gröfseren Kirchen (wie der eben genannten) als Basilika mit selbständig beleuchtetem Mittelschiff erbaut ist, geht in ihrem Grundrisse in die erste Hälfte des 15. Jahrhunderts zurück; ihre Vollendung erfolgte jedoch wiederum erst mehrere Jahrzehnte später[4]).

Im Jahre 1431 wurde ein Umbau des Domes in Posen begonnen und das alte Gebäude nach dem Vorbilde des Gnesener Domes mit Chorumgang und Kapellenkranz ausgestattet[5]). Zwei Jahre später (1433) wurde auch die Marien-Kirche auf dem Domplatze in Posen neugebaut, aus Mangel an Mitteln aber 1444 vorzeitig zum Abschlusse gebracht.

Obwohl die Marien-Kirche in Posen nur ein Bruchstück geblieben ist, so stellt sie doch den künstlerisch bedeutsamsten Ziegelbau der Provinz Posen dar; sie bekundet in überzeugender Weise, wie die spätgotische Baukunst derselben von der märkischen Bauschule abhängig war. Der mittelalterlichen Sitte gemäfs im Osten begonnen, sollte die Kirche gegen Westen hin sich vermutlich noch um mehrere Joche fortsetzen. Da aber die Mittel

---

[1]) Vgl. die Karte der Kunstdenkmäler.
[2]) Bd. II, Abb. 30—31.
[4]) Bd. III, Abb. 40—43.
[3]) Bd. III, Abb. 180—184.
[5]) Bd. II, Abb. 6.

nicht genügten, so hatte man von Anfang her die Abmessungen des Bauwerks eingeschränkt; während der Ausführung verkümmerten die reich geplanten Einzelheiten; bald sah man sich gezwungen, den Bau in abgekürzter, unvollendeter Gestalt seiner Bestimmung zu übergeben. Die Zugehörigkeit zur märkischen Bauschule offenbart sich in der Gesamtanlage der Kirche, der gleichen Höhe sämtlicher Schiffe, welche ihr den Charakter der Hallenkirche giebt, und dem polygonalen Chorumgange, ferner aber auch in den Einzelheiten, namentlich den Pfeilern des Innern und den in das Innere gezogenen, an den Fronten nur als breite Bänder hervortretenden Strebepfeilern[1]). Gerade diese eigenartige Ausbildung der Strebepfeiler schliefst die Posener Marien-Kirche an eine Gruppe von Ziegelbauten an, welche in der Mark und in Mittelpommern im Anfange des 15. Jahrhunderts ausgeführt wurden und unter einander in einem engeren Schulzusammenhange stehen, die Katharinen-Kirche in Brandenburg a. H., das Rathaus in Tangermünde, die Marien-Kirchen in Königsberg i. N. und in Stargard sowie die Peter- und Pauls-Kirche in Stettin. Besonders innig sind die Beziehungen zu der schönen, 1401 von Meister Heinrich Brunsberg aus Stettin begonnenen Katharinen-Kirche in Brandenburg[2]). Der Grundrifs derselben ist unter Einschränkung auf den halben Mafsstab wiederholt. Von dorther ist die Architektur der Strebepfeiler übernommen und dem kleineren Mafsstabe entsprechend vereinfacht; die Gliederung des Stabwerks ist dabei dieselbe geblieben. Die unvollendete Ausschmückung der Nischen der Strebepfeiler mit Figuren und Giebelchen, der fehlende Abschlufs der Strebepfeiler, die Brüstung von durchbrochenen Wimpergen über dem Hauptgesimse und der Fries unter demselben mufs nach dem Vorbilde jener Kirche gedacht werden[3]). Zu beachten ist, dafs in Posen wie ähnlich in Brandenburg der Schmuck der grünen Glasuren im Frontsystem auf die Strebepfeiler beschränkt bleibt, welche im Vereine mit der Dachbrüstung eine Umrahmung der einfarbig roten Fenstermauer bilden. Die Thürgewände der Marien-Kirche in Posen sind aus kräftigen, hervortretenden und schwächeren, tief zwischen ihnen liegenden Stäben hergestellt. Dieselben eigenartigen Formsteine sind auch an den Portalen der Kirche in Samter, weiter an der Thür eines Wohnhauses gegenüber der Marien-Kirche in Stargard und endlich an der Peter- und Pauls-Kirche in Stettin verwendet; aus einem ähnlichen Stabwechsel sind

---

[1]) Bd. II, Abb. 15—21.

[2]) Aufnahmen und Beschreibung der Kirche bei Adler, Mittelalterliche Backstein-Bauwerke, S. 17 und Bl. XI—XIV, sowie bei Bergau, Bau- und Kunstdenkmäler der Provinz Brandenburg, S. 254. Die zwischen dem Stabwerk eines Strebepfeilers der Fronleichnams-Kapelle angebrachte Bauinschrift ist auf den Beginn der Arbeiten zu beziehen. Die Vollendung des Bauwerks, namentlich in der östlichen Hälfte, zog sich mehrere Jahrzehnte hinaus, sicher bis zu dem Zeitpunkte hin, an welchem die Marien-Kirche in Posen begonnen wurde.

[3]) Die Wimperge, eine gewagte Uebertragung der Formen des Haussteinbaues auf den Ziegelbau, sind an der Fronleichnams-Kapelle der Katharinen-Kirche in Brandenburg noch erhalten. Verwandte Beispiele derartiger gemauerter Dachbrüstungen bieten das Rathaus in Tangermünde (Blätter für Architektur und Kunsthandwerk, Berlin. II, 1889. S. 7 und Tf. 12 15) und die Marien-Kirche in Prenzlau (Adler, Bl. LXXXXIV).

die Portale der Katharinen-Kirche in Brandenburg hergestellt. Mehr noch als die Uebereinstimmung der baulichen Anlage vermag das Festhalten der Einzelheiten den betonten Schulzusammenhang zu erweisen. Jedoch war die Marien-Kirche in Posen nicht das einzige Bauwerk, welches jene, sei es aus Brandenburg, sei es aus Stettin herübergekommen Werkleute ausführten. Auf sie geht auch die Pfarrkirche in Kurnik zurück, welche der Marien-Kirche in der allgemeinen Plananlage, der freilich noch weiter vereinfachten Ausbildung der Strebepfeiler und den verwendeten Formsteinen entspricht. Die Kirche in Kurnik wurde 1437 gegründet und wohl unmittelbar darauf auch gebaut, während der Baubetrieb der Marien-Kirche in Posen ins Stocken geraten war. An künstlerischem Werte steht der Posener Marien-Kirche die Pfarrkirche in Lekno sehr nahe, deren Bau, wenngleich keine urkundlichen Nachrichten vorliegen, im dritten oder vierten Jahrzehnt des 15. Jahrhunderts begonnen sein mag. Die Einzelformen gehören zum Teil zu den besten, welche in spätgotischer Zeit im Lande ausgeführt wurden, so besonders das wiederum aus einem Wechsel kräftiger und zarter Stäbe gebildete Gewände der Westthür[1]). Vom Jahre 1447 datiert die Kirche des Dorfes Dembno bei Neustadt a. W., welche Erzbischof Vincenz II. Kot von Gnesen als Grundherr erbaute und welche zum ersten Male die in der spätgotischen Zeit beliebte einschiffige, im Osten dreiseitig geschlossene Aulage zeigt. Zwischen 1444 und 1462 fand ein Umbau der Klosterkirche in Lubin statt, von welchem sich freilich nur der Giebel über der Ostmauer des Chores erhalten hat[2]).

Von der Mitte des 15. Jahrhunderts an wurde die Bauthätigkeit immer reger; ihren Höhepunkt erreichte sie in den letzten Jahren des 15. und im ersten Drittel des 16. Jahrhunderts. Allerdings hielt die künstlerische Entwicklung mit der Steigerung der Zahl nicht Schritt. Es galt, viel und rasch zu bauen; kein Wunder, dafs darüber die Durchbildung der Einzelformen vernachlässigt wurde. Die früher begonnenen Kirchen gelangten jetzt zur Vollendung. Zahlreiche neue entstanden, zum Teil in verschiedenen Zeitabschnitten, ohne dafs die Bauzeit bestimmt überliefert ist, in Posen, Gnesen, Znin, Wreschen, Gostyn, Dolzig, Neustadt a. W., Schildberg, Fraustadt, Meseritz, Grätz, Opalenitza, Neustadt bei Pinne, Kostschin, Jaszkowo, Wlosciejewki, Schubin, Ostrowo am Goplo-See und Jarzombkowo. Von anderen ist die Bauzeit mehr oder weniger gesichert. Der Ueberlieferung gemäfs soll die Pfarrkirche in Bromberg von 1460—1502 gebaut sein. Um 1470 baute Bischof Andreas IV. von Posen, dem die kirchliche Baukunst eine lebhafte Förderung verdankte, die Kirche in Bnin; 1473 liefs er die Bernhardiner-Kirche in Posen als Ziegelbau herstellen. Mit der Gründung der Bernhardiner-Klöster in Kosten 1456 und in Bromberg 1480 war gewifs auch der Bau der Klosterkirchen verbunden. 1470 wurde laut Inschrift die Kirche des Dorfes Bargen bei Fraustadt gebaut. In den Jahren 1462—64 wurden nach einander die Kirchen von Psarskie, Tomice und Tarnowo in der west-

---

[1]) Bd. IV, Abb. 121—131. [2]) Bd. III, Abb. 109.

lichen Umgebung der Hauptstadt Posen gegründet und gebaut, die erstere im Jahre 1500 geweiht. Um 1488 wurde die romanische Kirche in Kościelec umgebaut; 1487—90 baute Bischof Uriel Górka von Posen die Kirche in Grofs-Strzelce. 1494 soll die Kirche in Kaźmierz bei Samter, 1499 die in Kähme gebaut worden sein. Die in Lussowo wurde 1499 geweiht. Im Süden der Provinz folgten die Kirchbauten in Niepart 1500, in Kankel 1501, in Konary 1512, die Weihung der Pfarrkirche in Kobylin 1518, die Anbauten der Pfarrkirche in Gostyn 1523 und 1529, sowie die Wiederherstellung der Pfarrkirche in Fraustadt nach einem Brande 1529. In Posen stiftete Bischof Johannes VII. Lubranski 1512 die Psalterie am Domplatze, deren Bau sofort begonnen wurde. 1536 erfuhr die Katharinen-Kirche in Posen eine Wiederherstellung. 1526 wurde der Grundstein zur Pfarrkirche in Rogasen gelegt. 1517 scheint die Kirche des Dorfes Sobota bei Posen, 1531 die benachbarte Kirche in Chojnica gebaut zu sein; 1533 und 1534 wurden laut Inschrift die Dorfkirchen in Ottorowo und Bythin bei Samter hergestellt. Weiter nordostwärts baute man in den ersten Jahren des 16. Jahrhunderts an der Abteikirche in Tremessen. In Mogilno wurde die Stadtkirche 1511 vollendet; die Kirche in Gembitz wurde 1516 geweiht, die in Kwieciszewo 1522 errichtet. Um dieselbe Zeit fand der Umbau der Klosterkirchen in Strelno und Mogilno sowie der Pfarrkirche in Kosten statt. Bis über die Mitte, ja bis an den Schlufs des 16. Jahrhunderts wurde noch gotisch gebaut. 1553 und 1567 wurden die Kirchen in Storchnest und Schwarzenau geweiht. Damals erst wurden die Gewölbe der Pfarrkirche in Fraustadt geschlossen, der Turm 1582 vollendet. Spätlinge der Gotik in der Nähe von Fraustadt sind der vermutlich 1583 erbaute Turm der Kirche in Kursdorf und die 1598 geweihte Kirche in Schwetzkau. Dafs die Gewölbe der Pfarrkirche in Wongrowitz erst 1594 bis 95 ausgeführt wurden, ist urkundlich beglaubigt; man wird daher auch die Vollendung der ihr verwandten Pfarrkirche in Rogasen in die letzten Jahre des 16. Jahrhunderts zu setzen haben. 1596 wurde die Kirche in Kletzko geweiht. Zu den letzten Ausläufern der gotischen Baukunst zählt schliefslich die Pfarrkirche in Krotoschin.

Die Grundrisse der spätgotischen Kirchen zeigen einen mannigfachen Wechsel von den einfachsten bis zu den reichsten Formen, der sich besonders in der Ausbildung des östlichen Abschlusses bekundet (Abb. 2).

Den reichsten Grundrifs, eine dreischiffige Anlage mit Chorumgang, zum Teil auch mit Kapellenkranz (Abb. 2, A) besitzen die Dome in Gnesen und Posen, die Marien-Kirche in Posen und die Pfarrkirchen in Wreschen und Kurnik; die Kapellen sind wie an den Ziegelbauten der Mark Brandenburg geradlinig geschlossen[1]). Bei Kirchen von mittleren Abmessungen wurde der Chorumgang oftmals in der Weise vereinfacht, dafs das Mittelschiff bis zu der gewöhnlich dreiseitig gebrochenen Ostmauer durchgezogen wurde und die Seitenschiffe also schräg verschnitten wurden (Abb. 2, B); so geschah es in Bnin, Dolzig, Neustadt an der Warthe und Neustadt bei Pinne, Schwerin,

---

[1]) Vgl. Bd. II, Abb. 6 und 15; Bd. IV, Abb. 70.

Storchnest und Jarzombkowo¹). Alle übrigen Kirchen haben den Chor entweder polygonal oder geradlinig geschlossen. Nebenchöre, wie in romanischer Zeit beliebt, kommen niemals vor; vielmehr sind die Seitenschiffe mehrschiffiger Kirchen stets geradlinig geschlossen. Nur ausnahmsweise haben in den Kirchen in Krone, Fraustadt und Samter sowie der Adalberts- und Martins-Kirche in Posen die Seitenschiffe dieselbe Länge wie das Mittelschiff.

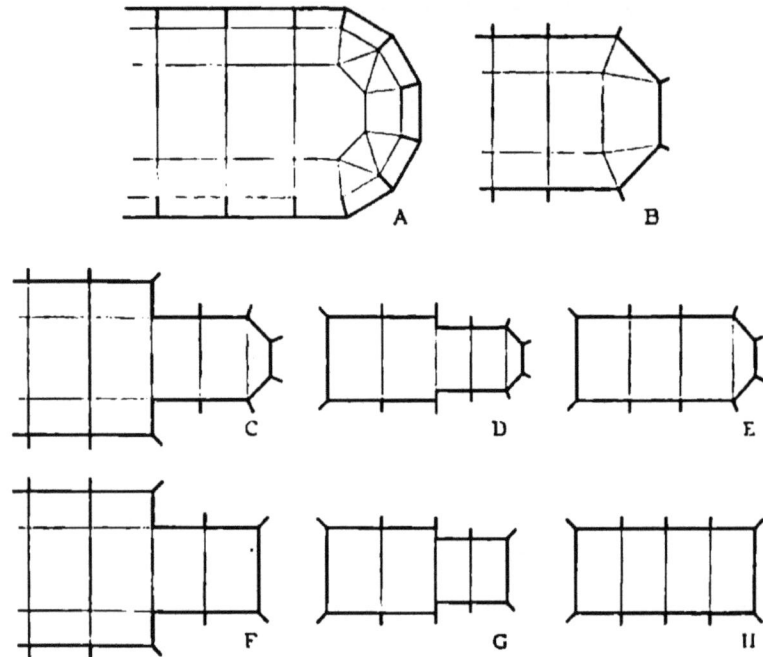

Abb. 2. Grundrisse spätgotischer Kirchen.

Von dem Halbrund der romanischen Apsiden ging man auf den dreiseitigen Chorschlufs über, und zwar aus Gründen der Zweckmäfsigkeit, da eine geradlinige Mauer leichter als eine runde auszuführen ist. Von den dreischiffigen spätgotischen Kirchen haben dreiseitigen Chorschlufs (Abb. 2, C): die Fronleichnams-Kirche in Posen, die Michaels-Kirche in Gnesen, die Pfarrkirchen in Rogasen, Pinne, Schmiegel, Gostyn, Kostschin, Schroda, Koschmin, Krotoschin, Lekno, Gembitz und Bromberg; ihnen ist der Chor der romanischen Marien-Kirche in Inowrazlaw anzuschliefsen²). Einschiffige Kirchen mit dreiseitig geschlossenem Chore (Abb. 2, D) finden sich in Kaź-

---

¹) Vgl. Bd. III, Abb. 169 und 170. Das bekannteste Beispiel dieser Vereinfachung des Chorumganges bietet die Frauen-Kirche in München.
²) Vgl. Bd. II, Abb. 80, Bd. III, Abb. 27, 162, 175 und 182, Bd. IV, Abb. 4, 27, 59, 116 u. 122.

mierz (mit nördlichem Seitenschiff), Sobota, Altenhof, Czacz, Górka duchowna, Bargen, Geiersdorf, Deutsch-Wilke, Konary, Pempowo, Jaszkowo, Schroda (erster Bau), Kobylin, Schildberg, Mogilno, Seehorst, der Trinitatis-Kirche in Gnesen, Schwarzenau, Schubin, Glesno, Argenau (frühgotisch begonnen), der Klarissinnen-Kirche in Bromberg und der Berhardiner-Kirchen in Bromberg, Kosten, Kobylin und Gollantsch[1]). Noch häufiger verzichtete man auf einen besonderen Chor und gab dem einschiffigen Raume auf der Ostseite einen dreiseitigen Abschlufs (Abb. 2, E), wobei die Erinnerung an den Chorraum manchmal in einem die Kirche quer durchschneidenden Triumphbogen gewahrt blieb. Diese Grundform zeigten die Adalberts- und Martins-Kirche zu Posen in ihrer ältesten Gestalt; sie findet sich in der Margareten-Kirche in Posen und den Pfarrkirchen in Grätz, Czempin, Punitz, Kriewen, Obornik und Czarnikau; weiter in kleinen Städten und Dörfern, in Chojnica, Splawie, Komornik, Konarzewo, Stenschewo, Tarnowo, Tomice, Objezierze, Biezdrowo, Bythin, Duschnik, Ottorowo, Psarskie, Niepruszewo, Grofs-Chrzypsko, Blesen, Priment (ehemalige Pfarrkirche), Polnisch-Wilke, Kosten (h. Geist- und Kreuz-Kapelle), Rombin, Pawlowitz, Görchen, Sarne, Niepart, Grofs-Strzelce, Wlosciejewki, Krerewo, Miloslaw, Dembno, Jarotschin, Mieltschin, Kletzko, Czeszewo, Ottensund, Zerniki und Lobsens[2]). In Ceradz kościelny wird diese Grundform vermittelst zweier schmaler Kreuzflügel erweitert[3]). In Lussowo und Skorzewo ist auch der westliche Abschlufs dreiseitig hergestellt, so dafs die Kirchen einen symmetrischen Grundrifs erhalten[4]). Ausnahmsweise findet sich ein zweiseitiger Schlufs in der Johannes-Kirche in Gnesen[5]) und in Gollmütz, ein fünfseitiger Schlufs in Dziewierzewo und ein halbrunder, bereits zur Renaissance überleitender Schlufs in Skalmirschütz.

Der geradlinige Chorschlufs, der im Nordosten Deutschlands[6]) sehr beliebt, im Posener Lande schon zur romanischen und frühgotischen Zeit bekannt war, erhielt sich hier auch während der Spätgotik. Von den mehrschiffigen Kirchen zeigen geradlinigen Schlufs (Abb. 2, F) die Dominikanerund die Bernhardiner-Kirche in Posen (mit schmalen Absciten) und die Pfarrkirchen in Fraustadt, Meseritz, Opalenitza, Wronke, Samter, Wongrowitz und Znin[7]), von den einschiffigen (Abb. 2, G) die Katharinen-Kirche in Posen, die Klosterkirchen in Lubin und Olobok, die Pfarrkirchen in Kutschkau, Oborzysk, Heiersdorf, Ober-Pritschen, Zedlitz, Mittel-Röhrsdorf[8]), Alt-Laube,

[1]) Vgl. Bd. III, Abb. 30, 115 und 202, Bd. IV, Abb. 11, 14 und 63.
[2]) Bd. II, Abb. 22 und 25, Bd. III, Abb. 9, 22, 34 und 167.
[3]) Bd. III, Abb. 16.
[4]) Bd. III, Abb. 18. Als ein Beispiel derselben Grundform sei die S. Wolfgangs-Kapelle in Ober-Meisa bei Meifsen genannt.
[5]) Bd. IV, Abb. 112.
[6]) Geradlinig geschlossen sind die Hauptkirchen in Danzig, Thorn, Kulm und Kalisch, der Dom und die Magdalenen-Kirche in Breslau und der Dom in Krakau. Der geradlinige Schlufs gestattet im Ziegelbau die Entwicklung eines reichen Giebels. Vgl. Steinbrecht, Thorn im Mittelalter, S. 28.
[7]) Bd. II, Abb. 26, Bd. III, 42, 83 und 119, Bd. IV, Abb. 133.
[8]) Die Kirchen in Mittel-Röhrsdorf und in Tillendorf bei Fraustadt sind Beispiele des Granitbaues aus spätgotischer Zeit. — Die Baugeschichte der Röhrsdorfer Kirche sieht sich der

Murke, Grofs-Wysocko, Pleschen und Kwieciszewo, sowie die Martins-Kapelle bei Gryzyn¹). Die für die Spätzeit bemerkenswerte Unterdrückung des Chorraumes führte zur einfach rechteckigen Grundform (Abb. 2, H), so in den Kirchen in Schrimm, Kähme, Kolmar und Schneidemühl, der Bernhardinerinnen-Kirche und der Rosenkranz-Kapelle an der Dominikaner-Kirche in Posen, weiter in Owinsk (ehemalige Pfarrkirche), Goslin, Wiltschin, Birnbaum, Oscht, Kalau, Tillendorf, Kankel und Bärsdorf²). An den Kirchen zu Meseritz, Birnbaum, Kähme, Wronke, Samter, Wongrowitz, Kolmar und Schneidemühl ist in der Mitte der Ostfront ein Strebepfeiler angeordnet, welcher auf einen landschaftlichen Znsammenhang jener Bauten zu deuten scheint.

In der Kirche zu Murke ist das Schiff vermittelst zweier in der Längsachse stehender Pfeiler geteilt, wohl um die Ausführung der Gewölbe zu erleichtern³). Zu demselben Zwecke war auch in den Kirchen in Zedlitz und Schildberg in der Mitte des Schiffes ein Pfeiler aufgestellt, so dafs jene Kirchen den Eindruck einer zweischiffigen Anlage gewährten⁴).

Seit der frühgotischen Zeit wurde es allgemein Sitte, die Kirchen mit einer Sakristei auszustatten. Dieselbe erhielt ihre Lage auf der Nordseite des Chores; nur ausnahmsweise wurde sie in Rogasen, Zedlitz und in Gora bei Znin auf der Südseite angelegt. Der Grundrifs der Sakristei bildet meist ein schlichtes Rechteck; nur in Gluschin, Schubin und Seehorst hat sie auf der Ostseite polygonalen Schlufs⁵). Die Ueberdeckung geschah meist durch ein Tonnengewölbe.

Gegenüber den doppeltürmigen Fronten der romanischen Zeit beschränkte man sich auf den Bau eines Turmes vor dem Mittelschiffe. Doch wurde der Schmuck eines solchen nur wenigen Kirchen zu teil, und auch die Türme dieser sind gewöhnlich erst nach Vollendung des Kirchengebäudes ausgeführt⁶). Von der Aufstellung des Turmes in der Hauptachse ging man nur dort ab, wo die örtlichen Verhältnisse sie nicht zuliefsen, wie bei der Trinitatis-Kirche in Gnesen und der Kirche in Zedlitz⁷). Als die besten Beispiele von spätgotischen Turmbauten sind die in Schroda, Gostyn, Schwerin und Psarskie zu nennen; jedoch entbehren sie alle der ursprünglichen Helme⁸).

Verfasser veranlafst zu ergänzen. Die Kirche wurde vermutlich im 15. Jahrhundert aus Granitfindlingen errichtet, als ein einschiffiger Bau mit quadratischem Chore und Sakristei auf der Nordseite desselben, Schiff und Chor mit Holzdecken, die Sakristei mit einem Tonnengewölbe überspannt. In der zweiten Hälfte des 16. Jahrhunderts wurden die Mauern des Schiffes in Ziegeln erhöht, über dem Chore ein in den Dachraum steigendes Sterngewölbe errichtet und neben der Sakristei eine mit einem Kreuzgewölbe überdeckte Vorhalle angefügt.

¹) Bd. II, Abb. 29, Bd. III, Abb. 78, 134, 138, 153 und 199.
²) Bd. III, Abb. 64 und 171.   ³) Bd. III, Abb. 153.
⁴) Von verwandten Bauwerken seien genannt die Kirchen in Hohen-Schönhausen und Rheinsberg in der Provinz Brandenburg und die Kreuz-Kirche in Krakau.
⁵) Bd. III, Abb. 11 und Bd. IV, Abb. 63.
⁶) Man beachte in dieser Hinsicht den Turm der Pfarrkirche in Schrimm, welcher über der bereits vollendeten Westfront steht, Bd. III, Abb. 172. In Kalau wurde die vierte Turmseite auf einen Bogen gestellt, Bd. III, Abb. 77.
⁷) Bd. III, Abb. 138.
⁸) Bd. III, Abb. 38, 71, 161 und 180.

Spätgotische Kirchenbauten.

Vollständig erhalten ist allein das Türmchen zur Seite der Kirche in Kähme, welches ein gemauerter Helm zwischen vier Eckaufsätzen bedeckt[1]). Einer der bedeutendsten spätgotischen Türme war der abgebrochene Turm der Magdalenen-Kirche in Posen, welcher neben dem Rathaus-Turme ehemals das Stadtbild beherrschte[2]). Noch ist zu erwähnen, dafs man bei dem Karmeliter-Kloster in Bromberg sowie bei der Kirche in Polnisch-Wilke vorhandene Befestigungstürme benutzte und sie zu Glockentürmen ausbaute. Selten wurde es verabsäumt, den Dachstuhl durch ein oder mehrere Treppentürmchen zugänglich zu machen; jedoch sind mit der Zerstörung der alten Dachstühle auch die Abschlüsse der Türmchen verloren gegangen.

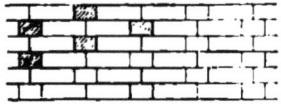 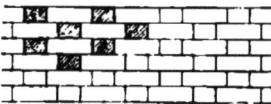

Frühgotisch.   Spätgotisch.
Abb. 3. Mittelalterliche Ziegelverbände.

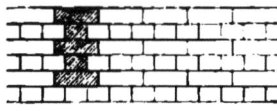 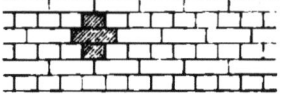

Blockverband.   Kreuzverband.
Abb. 4. Neuere Ziegelverbände.

Einige bevorzugte Kirchen ausgenommen, ist die künstlerische Durchbildung der gotischen Ziegelbauten sehr schlicht. Das einheitliche Format, an welches die mittelalterliche Ziegelbaukunst seit ihrem ersten Auftreten gebunden erscheint[3]), veranlafste die Ausbildung eines kunstgerechten Verbandes; jedoch ist in dieser Hinsicht ein Unterschied zwischen der Früh- und der Spätzeit zu beobachten. Im Verbande der spätromanischen und der frühgotischen Bauwerke wechseln innerhalb jeder Schicht je zwei Läufer mit einem Binder. Im spätgotischen Verbande, welcher zum ersten Male an der 1309 begonnenen S. Jakobs-Kirche in Thorn auftritt[4]) und im Gebiete der Provinz Posen von der Mitte des 14. Jahrhunderts bis zum Anfange des 17. Jahrhunderts der allein herrschende ist, wechselt dagegen in jeder Schicht nur je ein Läufer mit einem Binder[5]). Auch die Fugen der Ziegel sind sorg-

---
[1]) Bd. III, Abb. 63.   [2]) Bd. II, Tafel 1.
[3]) Vgl. S. 43 dieses Bandes.
[4]) Die Entstehung der Kirche ist durch die das Bauwerk oberhalb des Sockels umziehende friesartige Inschrift gesichert.
[5]) Dadurch dafs die mittelalterlichen Verbände (Abb. 3) Binder und Läufer innerhalb jeder Schicht wechseln lassen, unterscheiden sie sich wesentlich von den Verbänden der Neuzeit (Abb. 4), welche, und zwar sowohl der Block- wie der Kreuzverband, Binder und Läufer Schicht um Schicht wechseln lassen. Die neueren Verbände bezwecken eine möglichst innige Zusammenfügung der

fältig behandelt; sie sind glatt gestrichen und mit einem eingeritzten Striche versehen. Die Gesimse der Fronten beschränken sich meist auf Sockel- und Hauptgesims, welche aus Schichten hochkantig gestellter Formziegel, oftmals auch nur aus zugehauenen gemeinen Ziegeln hergestellt sind. Gern ordnete man unter dem Hauptgesimse ein mehrere Schichten hohes deutsches Band[1]) an, oder einen vertieften wagerechten Blendstreifen und setzte diesen, wo die Mittel es erlaubten, mit einem Muster von Formziegeln aus[2]). Auch eine Belebung der Putzblenden mit eingeritzter oder gemalter Zeichnung wurde mitunter versucht[3]). Die Gewände der Thüren und Fenster luden zu Formstein-Gliederungen ein, deren bestgelungene Beispiele die Marien-Kirche in Posen und die Pfarrkirchen in Samter und Lekno darbieten. Jedoch machte

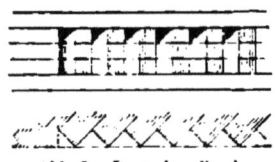

Abb. 5. Deutsches Band.

sich in der späteren Zeit die Ermüdung des künstlerischen Sinnes in der Herstellung geputzter schräger Fensterleibungen[4]) und in der Unterdrückung des Mafswerks bemerkbar, so dafs die Fensteröffnung mit senkrechten gemauerten Pfosten geteilt wurde[5]). Andererseits erging man sich damals in spielenden Krönungen der Portale[6]). Farbige Glasuren finden sich nur selten verwendet[7]). Die Hauptwirkung überliefs man den Giebeln über der West- oder (bei geradem Chorschlufs) der Ostfront, welche über die benachbarten Häuser und

Ziegel: sie vermeiden es deshalb, dafs in den über einander liegenden Schichten an irgend welchen Stellen im Inneren des Mauerwerks Fuge auf Fuge trifft. Dieser Nachteil haftet den gotischen Verbänden an: er äufsert sich besonders bei dem frühgotischen Verbande, bei welchem die zahlreichen Läufersteine eine nur durch die Bindersteine gehaltene Verkleidung des Mauerkörpers bilden. Bei den gewaltigen Mauerstärken der mittelalterlichen Kirchen hatte das Uebel indessen nicht viel zu bedeuten. Andererseits bieten die gotischen Verbände den Vorteil, dafs sie die Frontflächen mit einer Musterung überziehen und dafs sie es ohne Mühe gestatten, dem Verbande geometrische Muster aus farbigen, im Mittelalter gewöhnlich glasierten Ziegeln einzufügen.

[1]) Vgl. Abb. 5.
[2]) Bd. III, Abb. 65 und Bd. IV, Abb. 131.
[3]) Bd. III, Abb. 108 und Bd. IV, Abb. 24.
[4]) Bd. III, Abb. 37.
[5]) Diese nüchterne Art der Fensterteilung tritt bereits am Chorbau der S. Katharinen-Kirche in Brandenburg auf, dort in merkwürdigem Gegensatze zu der reichen Gliederung der Strebepfeiler.
[6]) Bd. III, Abb. 72 und 132.
[7]) Die Näpfchensteine, welche sich in Brusthöhe an der Süd- und der Ostseite der mittelalterlichen Ziegelkirchen oft in grofser Zahl vorfinden, haben keine kunsttechnische Bedeutung. Die schalenartigen Vertiefungen derselben wurden durch Bohrung erzeugt, sei es, dafs ein Aberglauben, sei es dafs ein kirchlicher Brauch, wie etwa die Entzündung des Osterfeuers den Anlafs gab. H. Hockenbeck, Die Näpfchensteine an den Pfarrkirchen zu Klecko, Lekno, Rogasen und Wongrowitz. Z. H. Ges. I, S. 118 und II, S. 86.

Bäume hinweg weithin sichtbar waren. In den Giebeln offenbart sich ein inniger Bezug zu den Bauten der deutschen Nachbargebiete, und in ihnen entfaltete sich sogar am lebhaftesten die eigenartige Nachblüte, welche die lange Fortdauer der Gotik zeitigte. In der älteren, oft aber auch in der späteren Zeit blieb die Fläche des Giebels, etwa mit einigen geputzten Blenden belebt, erhalten. Die Giebellinien wurden Schicht um Schicht ab- -getreppt, und durch Vorkragung der letzten Binderköpfe wurde an der Front eine Art Gesims und auf der Rückseite ein bequemer Dachanschlufs gewonnen; oder die Abdeckung geschah vermittelst aufgesetzter Staffeln. In der Spätzeit wurden die Giebel ohne Beziehung zu den unteren Teilen der Front über einer wagerechten Grundlinie aufgebaut. Die Fläche des Giebels wurde dann auch wohl mit Pfosten senkrecht durchschnitten oder wagerecht in mehrere Geschosse zerlegt. Auf die Absätze dieser Geschosse wurden mit Vorliebe einige Zinnen gestellt. Die Blenden der spätgotischen Giebel zeigen verschiedene Bogenformen, spitz, halbrund, flach oder kielförmig. Sehr verbreitet ist die Anordnung einer spitzbogigen Blende zwischen mehreren, unter den Giebellinien aufsteigenden, im Viertelkreise geschlossenen Blenden. Häufig sind die Blenden der Spätzeit rechteckig gestaltet und mit einem grofsen gemauerten Kreuze ausgesetzt; oftmals sind sie mit einer gemauerten Musterung gefüllt; auch ist wohl die ganze Fläche des Giebels mit einer solchen überzogen. Die besten Giebel finden sich: aus spätromanischer Zeit in Strelno[1]), aus frühgotischer Zeit in Gluschin, Alt-Gostyn und Pudewitz[2]), dann aus spätgotischer Zeit, annähernd in der Folge ihrer Entstehung geordnet, in Lubin, Schrimm, Bargen, an der Katharinen- und der Margareten-Kirche in Posen, Meseritz, Samter, Mogilno, Ostrowo am Goplo-See, Gembitz, Kähme, Wlosciejewki, an der Psalterie in Posen und der Pfarrkirche in Bromberg[3]). Den Uebergang zur Renaissance bekunden die Giebel der Kirchen in Polnisch-Wilke und Rombin, an denen die Staffeln durch halbkreisförmige Wimperge ersetzt sind, sowie der Giebel der Bernhardiner-Kirche in Bromberg, an welchem bereits antikisierende Pilaster und Gesimse auftreten[4]).

Die Ueberdeckung der Kirchenräume geschah seit der Mitte des 15. Jahrhunderts ausschliefslich vermittelst Sterngewölben, deren Rippenwerk eine reiche, doch gewöhnlich recht nachlässig hergestellte Zeichnung bildet; die Rippen wachsen ohne Kämpfergesimse aus den Mauern und meist auch aus

---

[1]) Bd. IV, Abb. 53. Ein gleichaltriges Beispiel eines gemauerten Staffelgiebels bietet die Westfront der S. Nikolaus-Kirche in Brandenburg a. H. Adler, Mittelalterliche Backstein-Bauwerke, Bl. III—IV.
[2]) Bd. III, Abb. 10 und 164.
[3]) Bd. II, Abb. 28; Bd. III, Abb. 40, 63, 84, 109 und 172; Bd. IV, Abb. 9 und 60. Für die engen Beziehungen der spätgotischen Giebel des Posener Landes zu denen Ostbrandenburgs und Niederschlesiens ist sehr lehrreich der Giebel der S. Annen-Kapelle vor dem Dome in Glogau, welche 1488 als noviter et pulchre aedificata bezeichnet wird. Lutsch, Kunstdenkmäler der Provinz Schlesien III, S. 32. Die Giebel der Pfarrkirche in Züllichau sind denen der Pfarrkirche in Meseritz ähnlich. Der Westgiebel der kleinen Kirche in Jordan an der brandenburgisch-posenschen Grenze ist in der Art der Giebel der Kirche in Kähme gebildet.
[4]) Bd. III, Abb. 102 und Bd. IV, Abb. 12.

den Pfeilern heraus. Die Pfeiler sind in der Fronleichnams-Kirche in Posen und in der Pfarrkirche in Samter rechteckig angelegt, an den Ecken für die Gurtbögen abgeschrägt und in der Querachse auf beiden Seiten für die Gewölbe mit einem Dienste besetzt. In vielen anderen Kirchen sind die Pfeiler achteckig. In der Pfarrkirche in Bromberg scheint diese Gestalt, zugleich mit der Gliederung der Gurtbögen und der gleichen Höhe sämtlicher Schiffe von der S. Marien-Kirche in Danzig übernommen zu sein. Rundpfeiler mit alten und jungen Diensten besitzt allein die Pfarrkirche in Kurnik, deren Bau jedoch brandenburgischen Werkleuten zuzuschreiben ist. Eine Gewölbeart, welche für die Spätzeit des ostdeutschen Ziegelbaues sehr bemerkenswert ist, sind die Zellengewölbe, denen man in Brandenburg, Danzig und Marienburg und sogar an Werksteinbauten in Meifsen und Krakau begegnet. Sie sind in der Provinz Posen in der Klosterkirche in Mogilno vertreten[1]).

2. Die weltliche Baukunst.

Seit der ältesten Zeit überzog ein Netz von Burgen das Land, bestimmt, als Sitze der Verwaltung und zur Sicherung des umliegenden Gebietes, namentlich der Strafsen und der Wasserläufe zu dienen. Sie lagen vorzugsweise in den Niederungen, deren Ausdehnung ehemals noch bedeutender als gegenwärtig war. Man benutzte einen vorhandenen Hügel, höhte ihn nach Bedarf auf und umgürtete ihn mit einem Erdwalle. Die Baulichkeiten innerhalb desselben wurden dürftig aus Holz hergestellt; langsamer noch als in der kirchlichen Baukunst brach in der weltlichen der Steinbau sich Bahn[2]). Noch im Jahre 1426 wurde Schlofs Kurnik als Holzbau erneuert. Der spärlichen Reste innerhalb des Ringwalles auf der Insel Ostrow im Lednica-See wurde bei der Betrachtung der romanischen Kirchenbauten gedacht. Schlofs Bromberg, wohl eines der ältesten Ziegelbauwerke, wurde neuerdings abgetragen. Was sonst in der Provinz Posen von mittelalterlichen Burganlagen der Ungunst der Zeiten widerstanden hat, gehört dem spätgotischen Stile an. Von den Schlössern in Kruschwitz, Schildberg und Boleslawiec sind die Bergfriede erhalten; die der beiden ersten standen auf dem Zuge der Umfassungsmauer; der des letzten stand frei auf dem Hofe[3]). In Schubin und in Venetia erkennt man noch die goviertförmige Anlage der Schlösser, für welche gewifs die Bauten des deutschen Ritterordens das Vorbild gegeben hatten. Da-

---

[1]) Die Zellengewölbe sind Stern- oder Netzgewölbe, deren Rippen durch scharfe Grate aus übereck gestellten Ziegeln ersetzt sind, so dafs die Kappen die Gestalt von pyramidenförmigen Zellen annehmen. — Die Zellengewölbe im Wohnhause Alter Markt 43 in Posen wurden nach der Drucklegung des II. Bandes zerstört.

[2]) Unterlagen für das Studium gewähren die Darstellungen der mittelalterlichen Kriegs- und Wohnbaukunst von A. v. Essenwein im Handbuch der Architektur, II. Teil, 4. Band, 1—2. Heft. Darmstadt 1889 und 1892. Ferner: O. Piper, Burgenkunde. München 1895. Ueber die vor- und frühgeschichtlichen Erdwälle vgl. J. v. Zakrzewski, Die Burgen Grofspolens. Posener archäologische Mitteilungen. I, S. 7.

[3]) Bd. III, Abb. 203–204; Bd. IV, Abb. 37 und 45–47.

gegen mag der unregelmäfsige Mauerzug des Schlosses Meseritz an die Stelle des Plankenwerkes eines alten Burgwalles getreten sein¹). Ein Steinbau kleinster Abmessung war das Schlofs Danaborz bei Wongrowitz. Bedeutender und eigenartiger war Schlofs Gollantsch, ein befestigtes Wohnhaus innerhalb eines ausgedehnten, rechteckigen Hofes; hier findet man ein Portal mit gegliedertem Gewände und Falzen für das Fallgatter¹). Vom Schlosse in Samter steht noch ein Turm, dessen oberstes Stockwerk ringsum mit Schiefsscharten für herabzuwerfende Geschosse ausgestattet ist²). Der Wartturm bei Polnisch-Wilke, am Rande des Obra-Bruches verdankt seine Erhaltung dem Umstande, dafs er zugleich als Glockenturm für die benachbarte Kirche dienen mufste⁶). Erwähnt seien an dieser Stelle die Markt-Türme in Inowrazlaw und Znin, deren Bedeutung nicht völlig aufgeklärt ist³). Der Zugang aller Türme war hoch angelegt, um den Feind abzuhalten. Der Turm in Polnisch-Wilke besitzt, seiner veränderten Bestimmung entsprechend, im Erdgeschosse eine Thür, die jedoch vom obersten Geschosse aus vermittelst einer Pechnase verteidigt werden konnte.

Unter dem Schutze der Burgen entwickelten sich schon in der ältesten Zeit Niederlassungen⁶) und seit dem 13. Jahrhundert die mit deutschem Rechte bewidmeten Städte. Auf leerem Grunde erbaut⁷), wiederholen diese ohne Ausnahme den regelmäfsigen Lageplan der Städte Ostdeutschlands, Polens und Ungarns, welche nicht allmählich erwachsen sind, sondern mit der Besiedelung des Landes von zugezogenen deutschen Einwanderern gegründet wurden. Den Mittelpunkt bildet allemal der geräumige Marktplatz, der Ring oder der Alte Markt, dessen Gestalt fast immer ein Quadrat ist; von ihm aus laufen die Hauptstrafsen den Seiten des Quadrates parallel, von den Nebenstrafsen, deren Zahl von der Entwicklung der Stadt abhing, wiederum rechtwinklig durchschnitten. Diese regelmäfsige Anlage erfuhr nur selten durch örtliche Verhältnisse einige Abweichungen, wie in Meseritz, während man andererseits in Gnesen darauf Rücksicht nahm, dem bereits vorhandenen Dome eine bevorzugte Stellung im Stadtplane zu sichern. Mitten auf dem Markte wurde das Rathaus errichtet; hier wurden auch die Stadtwage, die Verkaufbänke und die Tuchhallen angelegt; unfern vom Markte erhielt die städtische Pfarrkirche ihren Platz⁸).

Die Städte wurden bei der Gründung mit einem Plankenwerke und einem Graben gegen feindliche Angriffe gesichert. In Posen wurde das Plankenwerk bereits im 13. Jahrhundert durch eine gemauerte Befestigung ersetzt, welche zwar die bedeutendste im Lande war, aber doch nicht mit

---

¹) Bd. III, Abb. 81 und 87. ²) Bd. IV, Abb. 118—120.
²) Bd. III, Abb. 47—50. ⁴) Bd. III, Abb. 102.
³) Bd. IV, Abb. 32—33 und 135.
⁶) Oftmals stehen die Kirchen innerhalb eines Burgwalles, so die in Grodzisko bei Gieez.
⁷) Bezeichnend ist der Wortlaut der Gründungs-Urkunde von Bromberg: Conferimus aream unam cum planicie sub castro Bidgoscza vulgariter dicto, vacuam et desertum pro locando seu plantando foro aut oppido.
⁸) Bd. II, Abb. 5; Bd. III, Abb. 81 und 117; Bd. IV, Abb. 68.

der von Städten wie Nürnberg oder Krakau, oder selbst Thorn, sondern nur mit der der mittleren märkischen Städte verglichen werden darf. Die Mauer hatte keinen Wehrgang, sondern war zur Verteidigung mit Weichhäusern in angemessenen Abständen besetzt[1]). Auf der Westseite als der am meisten gefährdeten Front war der Mauer ein Zwinger oder Parcham vorgelegt. Sonst gelangten nur die gröfseren Städte des Landes, und auch diese erst in der späteren Zeit, zu einer einfachen gemauerten Befestigung; die zahlreichen kleinen Städte verblieben sogar bei hölzernen Befestigungen. Sehr bezeichnend für die Armut des Landes ist, dafs das Städtchen Pudewitz im Jahre 1331 bei der Plünderung durch das Heer des deutschen Ordens noch nicht einmal mit Planken befestigt war. Unter so bescheidenen Verhältnissen ermangeln die Posener Städte jener malerischen Thorbauten, welche die märkischen und pommerschen Städte noch heute auszeichnen.

In Posen und Fraustadt, die beide ringsum mit Mauern umgürtet waren, lag das Schlofs auf dem Zuge der Mauern; in Meseritz und Bromberg, die nur teilweis befestigt waren, und ferner in kleineren Städten, wie Kruschwitz und Boleslawiec, lag dagegen das Schlofs von der Stadt abgesondert, damit es im Falle der Gefahr für sich allein verteidigt werden konnte. Reste mittelalterlicher Rathäuser und Wohnhäuser besitzen ebenfalls nur Posen und Fraustadt. Von dem um 1300 begonnenen Bau des Posener Rathauses sind trotz des im 16. Jahrhundert stattgehabten Umbaues die allgemeine Anlage und einige bemerkenswerte Einzelheiten erhalten, besonders zwei Thüren mit Sandsteingewände von 1508, deren Profile die der Spätzeit eigentümlichen Ueberschneidungen der Stäbe zeigen. Von den mittelalterlichen Fronten der Giebelhäuser des Alten Marktes in Posen ist uns in einer Skizze des Konservators v. Quast wenigstens eine Erinnerung geblieben[2]).

3. Der Ausbau der Kirchen.

Die Bildhauerei, die Malerei und das Kunsthandwerk fanden während des Mittelalters fast nur bei den kirchlichen Bauwerken Gelegenheit zur Bethätigung; aber noch mehr als diese hatten sie unter der Ungunst der späteren Jahrhunderte zu leiden. Von dem geringen Bestande, der uns von dem Ausbau der gotischen Kirchen geblieben ist, sind an erster Stelle die neuerdings aufgedeckten Wandmalereien der katholischen Kirche in Ober-Pritschen bei Fraustadt zu nennen. Sie bieten das seltene Beispiel der farbigen Ausmalung eines mittelalterlichen Kirchenraumes; insbesondere verdienen die Darstellungen der Todsünden und der Seligkeiten für die Geschichte der christlichen Ikonographie die höchste Beachtung. Vom Gnesener Dome sind das figurenreiche Relief der Kreuzigung Christi im Bogenfelde des nördlichen

---

[1]) Bd. II, Abb. 4. Ein nahes und anschauliches Beispiel dieser Anlage bietet Landsberg a. W., von dessen Mauer auf der Nordseite der Stadt noch befriedigende Reste erhalten sind. — Die Bezeichnung Weichhaus leitet sich von dem mittelhochdeutschen Worte wic, Kampf, her.
[2]) Bd. II, Abb. 46 ff. und Abb. 56.

Einganges sowie das Schmuckwerk zweier Kämpfergesimse in einer der Kapellen zu erwähnen, an dem der derbe Sinn der Werkleute sich in der Verspottung der Juden erging. Welche Bestimmung ursprünglich die Steinbildwerke der Kirche in Schroda hatten, ist nicht bekannt; die Reliefe Gottvaters und des heiligen Geistes sind Arbeiten eines geübten auswärtigen Bildhauers; das derbere Relief des Abendmahls Christi ist ikonographisch bemerkenswert, weil es für die westenropäische Auffassungsweise dieses Gegenstandes ein Beispiel aus dem späten Mittelalter liefert[1]). Die Steintafel, welche Erzbischof Johannes IV. im Gnesener Dome zum Andenken an den Bau der Fronleichnams-Kapelle 1460 setzen liefs, trägt angemessenen künstlerischen Schmuck, während die Tafeln, welche den Bau der Kirchen in Bnin und Dembno melden, eines solchen entbehren. Zwei prächtige Löwenköpfe aus Erzgufs, im Maule den Thürring haltend, sind am Westeingange des Domes in Posen noch erhalten[2]). Thüren, welche mit Platten aus getriebenem Eisenblech bekleidet sind, finden sich in den Kirchen in Chojnica, Bnin, Lubin, Alt-Gostyn und Mieltschin sowie im Rathause in Posen. Von dem beliebten Schmuck geschmiedeter Thürbänder bietet nur die Sakristeithür der Kirche in Ober-Pritschen noch ein gut erhaltenes Beispiel[3]). Die farbigen Glasgemälde, welche ehemals in der Provinz Posen gewifs so wenig wie an anderen Orten gefehlt haben werden, sind leider bis auf den letzten Rest untergegangen[4]).

Am lebhaftesten konnten Bildhauerei und Malerei sich bei der Ausschmückung der Altäre entfalten. Die gotischen Altäre trugen über dem Tische einen Aufsatz, ein Tafelbild oder einen mit geschnitzten Figuren gefüllten Schrein, welche vermittelst drehbarer Flügel verschlossen werden konnten; auch die Flügel hatten, und zwar sowohl auf der Innen- wie auf der Aufsenseite, geschnitzten oder gemalten Schmuck. Nur ein einziger Altar ist in seinem Körper noch erhalten, der der Pfarrkirche in Kosten; er enthält in Mittelschreine die im Hochrelief geschnitzte Ausgiefsung des h. Geistes, im Sockelschreine darunter einige weibliche Büsten; die Flügel des Mittelschreines sind auf den Innenseiten mit Scenen aus der Leidensgeschichte, auf den Aufsenseiten mit Scenen aus der Jugendgeschichte Christi bemalt[5]). Derartige Schreine finden sich, arg verstümmelt, noch in den Kirchen in Eichberg, Kutschkau, Pakoslaw (1523) und in Tarnowo bei Wongrowitz. Nachdem man von dem Gebrauche der Flügelaltäre abgekommen war, wurden die Figuren derselben in den Altären des 16. und 17. Jahrhunderts oftmals wiederangebracht und manche bedeutsamen Werke auf diese Weise vor dem Untergang bewahrt. So blieb zum Glück das grofse Bildwerk des Todes Mariä im Hochaltare der Pfarrkirche in Koschmin erhalten, dessen Urheber zu den tüchtigsten süddeutschen Bildhauern vom Ausgange des 15. Jahrhun-

---

[1]) Bd. III, Abb. 185-186. Vgl. die Ausführungen über den Bilderkreis der mittelalterlichen Kunst auf S. 53 dieses Bandes.
[2]) Bd. II, Tf. II.   [3]) Bd. III, Abb. 136.
[4]) Im Jahre 1327 wird in Posen ein Glaser genannt, welcher für den Dom arbeitete. Cod. dipl. No. 1080.
[5]) Bd. III, Abb. 105-106. Die Büste Gottvaters im Sockelschreine ist ein barocker Zusatz.

derts zählte, ja, wie manche Beziehungen des Werkes zu dem Marien-Altare des Veit Stofs in Krakau vermuten lassen, diesem Künstler selbst nahe gestanden zu haben scheint [1]). Nicht minder wertvoll ist das die Himmelfahrt Mariä darstellende Bildwerk in der S. Adalberts-Kirche in Posen [2]). Die Zahl der von spätgotischen Altären stammenden Gruppen und Einzelfiguren ist in der Provinz noch überaus grofs; genannt seien die Stücke in Grätz, Schmiegel, Prochy, Gluchowo, Oporowo, Krotoschin, Chwalkowo, Jaratschewo, Zdziesz (1510), Skarboszewo und Grofs-Wysocko [3]).

Die katholische Kirche in Bomst gelangte neuerdings in den Besitz der gemalten Flügel eines Altares der Pfarrkirche in Züllichau, welche durch die Angabe des Meisters C. R. und des Jahres 1499 besondere Aufmerksamkeit erheischen. Ein spätgotisches Tafelbild, das noch jetzt als Altarblatt dient, findet sich in der Pfarrkirche in Koschmin; ein anderes aus der Kirche in Dolzig wurde an das Provinzial-Museum abgegeben. Ein den h. Hieronymus darstellendes Tafelbild vom Jahre 1507, mit der Marke des Künstlers bezeichnet, wird im Posener Dome aufbewahrt. Von hervorragender Schönheit ist das Altarwerk der Pfarrkirche in Samter; auf dem Mittelbilde ist die Himmelfahrt Mariä, auf den Innenseiten der Flügel sind die Heiligen Stanislaus und Martin gemalt; das Mittelbild trägt die Jahreszahl 1521; der unbekannte Urheber dieser Bilder ist unter den Malern der fränkischen Schule zu suchen [4]). Die Gemälde des Hochaltares in Kobylin sind leider durch Uebermalung verdorben. Ein gutes Tafelbild deutscher Herkunft aus der Mitte des 16. Jahrhunderts besitzt die S. Marien-Kirche in Posen.

In dem Bogen am Eingange des Chores der mittelalterlichen Kirchen lag der Triumphbalken, auf welchem weithin sichtbar ein Kruzifix aufgestellt war, die „crux triumphalis", als Sinnbild des im Leiden triumphierenden Heilands [5]); zu beiden Seiten desselben standen Maria und Johannes als die Vertreter der trauernden Christenheit, während Maria Magdalena den Schaft des Kreuzes knieend umfafst hielt. War kein besonderer Chorraum vorhanden, so erhielt der Triumphbalken westwärts vor dem Hochaltare seinen Platz. Das beste Beispiel eines Triumphbalkens mit der Gruppe bietet die Pfarrkirche in Schroda [6]); von den sonst erhaltenen, meist minderwertigen Beispielen seien die der Pfarrkirchen in Wongrowitz und Duschnik genannt. Im 18. Jahrhundert wurden an manchen Orten die Figuren oder der Balken erneuert. Erst in der Neuzeit wurden bedauerlicherweise die meisten der alten Triumphbalken beseitigt; jedoch findet der Kunstfreund häufig noch das Kruzifix oder die Figuren an anderen Stellen der Kirche wieder, mitunter auch, wie in Goslin, Kühme und Gora bei Znin noch die vollständige Gruppe.

---

[1]) Bd. III, Abb. 197 198.   [2]) Bd. II, Abb. 23.
[3]) Die figurenreichen Reliefe in Krotoschin, Prochy, Skarboszewo, Tarnowo und Pawlowo galten der Verehrung der h. Anna und der h. Sippen. Vgl. Otte, Kunst-Archäologie I, S. 556.
[4]) Bd. III, Abb. 41.
[5]) E. Wernicke, Triumphbogen und Triumphkreuz. Christliches Kunstblatt. Stuttgart 1886. S. 71 und 89.
[6]) Bd. III, Abb. 184.

Spärlich nur sind die Reste von gotischem Gestühl. Die mehrfach genannte Kirche in Schroda besitzt noch das vollständige, im Anfange des 16. Jahrhunderts ausgeführte Chorgestühl. Bruchstücke des alten Chorgestühls sind im Dome zu Gnesen sowie in den Kirchen zu Gostyn (1514), Samter, Kaźmierz und Tremessen, Bruchstücke einer Sitzbank und einer Kanzel sind in Psarskie und in Jaszkowo erhalten.

Die noch zahlreich vorhandenen Tauf- und Weihwassersteine beschränken sich auf eine architektonische Ausbildung; häufig sind sie in schlichtester Weise aus Granit hergestellt. Die besten, meist im Anfange des 16. Jahrhunderts und zum Teil in gemeinsamen Werkstätten verfertigt, finden sich in Buin, Pawlowitz und Punitz (1501), Kobylin (1518), Modrze (1521) und in der S. Johannes-Kirche bei Posen (1522)[1]). Die Taufkessel der Dome in Gnesen und Posen sind aus Kupferblech getrieben; der Taufkessel der Pfarrkirche in Rogasen besteht aus Messinggufs von roher Formgebung. Diese drei besitzen auch noch die ursprünglichen Deckel; die der beiden Dome haben kegelartige Deckel, ebenfalls aus getriebenem Kupferblech; der aus Holz geschnitzte Deckel des Kessels in Rogasen hat eine kuppelartige Gestalt. Der Taufkessel der Kirche in Zerniki bei Znin, ebenfalls ein Spätling, ist ausnahmsweise aus Holz geschnitzt.

4. Grabdenkmäler.

Die Steinsärge Boleslaus I. im Dome zu Posen und des h. Adalbert im Dome zu Gnesen sind bis auf geringe Reste zerstört. Auf dem Sarge des Boleslaus, von dessen Gestalt eine ältere Aufnahme hinreichende Kenntuis giebt, lag, gleichsam wie nach dem Tode ausgestellt, die Gestalt des Königs, unter seinen Füfsen als Sinnbild der Stärke ein Löwe[2]). In gröfserer Zahl sind noch steinerne und metallene Platten erhalten, welche ehemals die Gräber der in den Kirchen beigesetzten Edelleute bedeckten. Bruchstücke von Grabsteinen mit eingegrabener Zeichnung befinden sich im Dome zu Posen und in der Kirche in Zedlitz. Grabsteine, auf denen die Verstorbenen stehend in Hochrelief dargestellt sind, befinden sich in den Kirchen in Zedlitz (1448), Reisen, Tomice (1478) und Schroda (1510)[3]). Von gröfserem Werte sind die aus rotem Marmor gearbeiteten Grabsteine zweier Erzbischöfe im Gnesener Dome, von denen der eine, der des Sbigneus Oleśnicki † 1493, auf keinen geringeren Künstler als den berühmten Veit Stofs zurückgeht[4]). Dieser war 1477 von Nürnberg nach Krakau übergesiedelt, wo er zwei Jahrzehnte hindurch ein reiches Arbeitsfeld fand; hier schuf er die Platte für den Gnesener Dom, nachdem er 1489 den Hochaltar der S. Marien-Kirche und 1492 das Grabmal für König Kasimir Jagello im Dome zu Krakau vollendet hatte.

---

[1]) Bd. III, Abb. 6 und 155.
[2]) Löwen oder auch Hunde, letztere als Sinnbild der Treue, kehren in dieser Anordnung auf den mittelalterlichen Grabdenkmälern oftmals wieder, namentlich auf den Messingplatten.
[3]) Bd. III, Abb. 139 und 188. [4]) Bd. IV, Tf. VI und Abb. 103.

Im Jahre 1462 erhielt Jost Tauchen in Breslau den Auftrag, für Erzbischof Johannes IV. von Gnesen eine Grabplatte zu giefsen¹). Diese Platte ist untergegangen; jedoch besitzt der Gnesener Dom zur Zeit noch eine andere Grabplatte aus Messinggufs, die nur wenig jünger und vielleicht ebenfalls als das Werk eines Breslauer Künstlers zu betrachten ist, die Platte des Erzbischofs Jakob III. Sienienski † 1480, dessen Gestalt sie in eingegrabener Zeichnung darstellt; eine Marke in der rechten oberen Ecke mag auf den Künstler zurückgehen²). Aus einer norddeutschen Werkstatt stammt auch die Steinplatte mit Messingeinlagen für einen unbekannten Domherrn im Posener Dome.

Verschiedene künstlerisch bedeutsame Messinggrabplatten dürfen mit dem Namen Peter Vischers verknüpft werden³). Nürnberg stand am Schlusse des 15. Jahrhunderts in lebhaften Handelsbeziehungen zu Polen; seine Künstler fanden dort lohnenden Absatz für ihre Werke; nicht wenige von ihnen machten sich nach dem Beispiele des Veit Stofs in der Landeshauptstadt Krakau ansässig und übernahmen von dort aus auch Aufträge nach Posen hin. Beglaubigte Arbeiten Peter Vischers befinden sich in den Domen zu Magdeburg, Berlin und Breslau; im Dome zu Krakau ist auf ihn zweifelsohne das Grabmal des Kardinals Friedrich Jagello, Erzbischofs von Gnesen und Krakau, zurückzuführen. Die Grundlagen für eine Bethätigung Vischers im Gebiete der Provinz Posen waren mithin gegeben. Als Jugendarbeiten von ihm, vielleicht noch zu Lebzeiten seines 1487 verstorbenen Vaters Hermann Vischer entstanden, müssen die Grabplatten des Bischofs Andreas IV. Opalinski † 1479 und des Woiwoden Lukas Górka † 1475 im Dome zu Posen betrachtet werden. Der gemeinsame Ursprung beider Platten, welche, wie auch die nachfolgenden mit Ausnahme einer Platte, in eingegrabener Zeichnung hergestellt sind, bekundet sich in der Uebereinstimmung der Randornamente und der die Figuren umrahmenden Architekturen. Die Platte des Bischofs ist die ältere; Gestalt und Gesicht sind noch schematisch gezeichnet. Die Platte des Woiwoden offenbart jedoch einen erheblichen Fortschritt; die Gestalt ist frei von typischer Gebundenheit; das Gesicht ist in zartem Relief porträtmäfsig wiedergegeben; den Hintergrund deckt ein gemusterter Teppich⁴). Der Anlage der Platte des Lukas Górka folgen die Platten des Felix Paniewski † 1488 in der Dominikaner-Kirche und des Bischofs Uriel Górka † 1498 im Dome zu Posen; die Gesichter sind flach gezeichnet, und auf der letzteren Platte sind die Fleischteile mit Schattenstrichen versehen⁵). Die

---

¹) Alwin Schultz, De vita atque operibus magistri Jodoci Tauchen, lapicidae Wratislaviensis, saeculo XV^to florentis. Breslau 1864. S. 20.
²) Bd. IV, Abb. 100.
³) J. Kohte, Z. II. Ges. VII, S. 485. – Die Legierung der mittelalterlichen Metallplatten ist nicht Bronze, wie häufig angegeben wird, sondern Messing. Die Analyse der Platte des Erzbischofs Jakob III. im Gnesener Dome, sowie die von anderer Seite ausgeführte Analyse Vischerscher Platten hat ergeben, dafs das dem Kupfer zugesetzte Metall nicht Zinn, sondern Zink ist. Vgl. Bd. IV, S. 110 Anm. Ferner: A. W. Döbner, Peter Vischer-Studien. Mitteilungen des Vereins für die Geschichte der Stadt Nürnberg. 9. Heft 1892.
⁴) Bd. II, Abb. 11 und Tf. III.   ⁵) Bd. II, Abb. 12.

schönste der Messinggrabplatten der Provinz, die, welche Bischof Johannes IV. Lubranski auf das Grab seines 1499 gestorbenen Bruders, des Domherrn Bernhard Lubranski, im Posener Dome legen liefs, ist in mäfsigem Relief hergestellt; sie steht den beiden Bischofsgräbern, welche Peter Vischer kurz zuvor, 1495 für den Magdeburger Dom und 1496 für den Breslauer Dom gefertigt hatte, stilistisch so nahe, dafs kein Zweifel darüber walten kann, dafs er auch der Urheber der Lubranskischen Platte und der ihr verwandten Posener Platten sei. Das architektonische Beiwerk jener Platte trägt das Gepräge der Nürnberger Spätgotik; aber die beiden Wappenträger gemahnen an das Eindringen der italienischen Renaissance[1]). Noch stärker bekundet sich der Einflufs dieser in der Grabplatte des 1511 verstorbenen Andreas Szamotulski, Woiwoden von Posen, in der Pfarrkirche in Samter. Da die Familien Górka und Szamotulski sich 1513 durch Heirat verbanden, so mag es nahe gelegen haben, auch die Platte für Andreas Szamotulski bei Peter Vischer zu bestellen, welcher damals für das Grabmal Kaiser Maximilians in der Hofkirche zu Innsbruck das Standbild des Königs Arthur auszuführen hatte, dem die Gestalt des Woiwoden in der ritterlichen Haltung gleicht[2]). Wie beliebt die Messinggrabplatten waren und wie man um ihretwillen selbst mehrere Jahrzehnte nach der Beisetzung des Verstorbenen die alte Steinplatte vom Grabe beseitigte, beweist die Grabplatte des Nikolaus Tomicki † 1478 in der Kirche in Tomice bei Posen, welche 1524 wahrscheinlich ebenfalls aus der Vischerschen Werkstatt hervorging, zu jener Zeit, als die Söhne Peters, nämlich Peter der Jüngere und Hans, sich lebhaft an den Arbeiten der Hütte beteiligten. Fünf Jahre später schlofs Peter Vischer die Augen.

Die in Relief hergestellten Grabplatten des Johannes Groth † 1532 im Gnesener Dome[3]) und des Andreas Grodzicki † 1550 im Posener Dome offenbaren, namentlich die letztere, einen so erheblichen künstlerischen Rückschritt, dafs es gewagt erscheint, auch sie als Werke der Vischerschen Hütte anzuerkennen.

5. Die kirchlichen Geräte.

Bei der Betrachtung der kirchlichen Baukunst war bereits hervorgehoben worden, wie auf die regen Anfänge des romanischen Zeitalters bald eine Ermattung, ja sogar ein völliger Stillstand in der Entwicklung der Kunstthätigkeit folgte. Mehr noch als dort läfst sich diese Erscheinung in dem Mangel an kirchlichen Geräten aus der frühgotischen Zeit wahrnehmen. Das einzige frühgotische Gerät, welches in der Provinz zu verzeichnen ist, ein Vortragekreuz des Domes in Posen, ist erst neuerdings dorthin gelangt. Aus der zweiten Hälfte des 14. Jahrhunderts, mit der Wiederaufnahme der Bauthätigkeit, sind nur einige Goldschmiedearbeiten und Glocken als alte Besitzstücke der Kirchen zu nennen. Der Zahl der Bauwerke entsprechend,

[1]) Bd. II, Tf. IV.   [2]) Bd. III, Tf. I.
[3]) Bd. IV, Abb. 101.

wächst auch die der Werke der Kleinkünste im Laufe des 15. und besonders im Anfange des 16. Jahrhunderts, und wie an den Bauwerken, so bleiben auch an den Geräten die gotischen Formen beinahe das ganze 16. Jahrhundert hindurch lebendig.

Auffallend grofs ist die Zahl der spätgotischen Goldschmiedegeräte, die sich in der Provinz Posen bis heute erhalten haben. Die besten Stücke wurden gewifs aus deutschen Werkstätten bezogen, wie es auch von den romanischen Prunkgeräten anzunehmen und von den Erzeugnissen der späteren Stilepochen an der Hand der Stempel glaubwürdig nachzuweisen ist. Wie auf dem Gebiete der Bildnerei und Malerei, so mögen Breslau, noch mehr aber Nürnberg auch auf dem des Kunsthandwerks die Hauptbezugsquellen gewesen sein. Die grofse Mehrzahl der Goldschmiedegeräte ist aber als einheimische Ware zu betrachten. Goldschmiede der Stadt Posen werden seit dem Schlusse des Mittelalters urkundlich genannt[1]). Für sie war Nürnberg als künstlerischer Mittelpunkt tonangebend, so dafs ihre Arbeiten dessen Einflufs übereinstimmend wiederspiegeln. Gerade in der Zeit um 1500 erhob sich das Posener Goldschmiedehandwerk zu seiner schönsten Blüte. So konnte man sich, um Reliquiare für das Haupt und den Arm des h. Adalbert, des Schutzheiligen der Diöcese Gnesen, zu erlangen, an Posener Goldschmiede wenden. Das erste Reliquiar, im Dome zu Gnesen, fertigte laut Eintragungen in den Akten des Posener Rates und des Gnesener Domkapitels der Goldschmied Jakob aus Posen im Jahre 1494, wahrscheinlich jener Jakob Barth, der in den Innungsbüchern während der letzten Jahre des 15. Jahrhunderts mehrmals genannt wird. Das zweite Reliquiar, in der Kirche zu Tremessen, fertigte laut Inschrift 1507 der Goldschmied Peter aus Posen, in dem wir gewifs jenen Peter Gelhor wiederzuerkennen haben, dessen Name während der drei ersten Jahrzehnte des 16. Jahrhunderts in den Innungsbüchern und den Ratslisten erscheint[2]). Diese beiden Werke gewähren einen Mafsstab für die Beurteilung der Frage, welche der spätgotischen Goldschmiedegeräte in Posen entstanden sind; sie bekunden ferner die Vorliebe der Posener Goldschmiede für gravierten Flächenschmuck, namentlich für die Füllung der Flächen mit den spätesten Formen des Mafswerks.

Das wertvollste Altargerät des Mittelalters war die Monstranz; sie erhielt stets die Gestalt eines die Büchse mit der Hostie umschliefsenden, architektonischen Spitzbaues, welcher sich über einem schlanken von einem Knaufe unterbrochenen Fufse erhob. Die älteste Monstranz der Provinz ist die der Fronleichnams-Kirche in Posen vom Anfange des 15. Jahrhunderts[3]). Die meisten der spätgotischen Monstranzen gehören in den Schlufs des 15. und in die erste Hälfte des 16. Jahrhunderts. Die besten befinden sich in Posen, und zwar im Dome (aus der Klosterkirche in Lubin), der Stadtpfarrkirche, der Adalberts- und der Johannes-Kirche, in Buk (die schönste von allen), Grätz, Obersitzko, Neustadt bei Pinne (von 1537), Ro-

---

[1]) Warschauer, Stadtbuch von Posen. I. S. 442 und 460. — Innungsbücher der Goldschmiede von Posen. Staatsarchiv in Posen, Dep. Posen. Varia 64–73.
[2]) Warschauer, Z. H. Ges. IX. S. 4.   [3]) Bd. II, Abb. 35.

gasen, Chojnica (von 1554), Sobota, Tulce, Bnin, Moschin, Oporowo, Konary, Winnagora, Gnesen (Stadtpfarrkirche), Slawno, Lubischin und Czarnikau. Sie bilden einen breiten mehrtürmigen Spitzbau; seltener sind sie schlank und einturmig. Als figürlicher Schmuck sind innerhalb der Architektur die Standbilder einiger Heiligen, besonders die der Schutzheiligen der Gnesener und der Posener Diöcese, Adalbert und Stanislaus, oder auch Engel, welche die Leidenswerkzeuge tragen, angebracht; die Spitze krönt häufig ein Kruzifix, zu dessen Seiten die Standbilder der Maria und des Johannes stehen. Die Höhe des Ganzen ist meist stattlich bemessen, bis zu einem Meter[1]). Von etwas abweichender Gestalt ist die Monstranz der Kirche in Kruschwitz; sie bildet ein Kreuz, auf dem sich drei Fialen aufbauen und dessen Mitte die Hostienbüchse einnimmt[2]). Neben diesen bevorzugten Werken sind im Lande noch zahlreiche spätgotische Monstranzen von geringerem Werte sowie Bruchstücke derselben, die bei späteren Erneuerungen wieder verwendet wurden, erhalten.

Nicht minder grofs ist die Zahl der gotischen Kelche; sie reichen über einen Zeitraum von zwei Jahrhunderten. Die beiden ältesten sind der in der Kirche in Tremessen, welchen König Kasimir 1351, und der in der Kirche in Schroda, den der Ortspfarrer um das Jahr 1370 schenkte, zwei Prunkstücke, welche aus Deutschland bezogen wurden. Ihr Fufs ist noch nach romanischer Art rund, ihre Schale nach gotischer Art kegelförmig gestaltet[3]). Ihnen reiht sich dem Alter nach der Kelch der Kirche in Tremessen vom Jahre 1414 an; er zeigt zum ersten Male die in der Spätgotik verbreitete Form, einen sechspafsförmigen Fufs und am Knaufe sechs rhombische Felder. Auf den Flächen des Fufses wurden Heiligenbildnisse dargestellt, zwischen diesen ein Kruzifix oder Christus im offenen Grabe stehend[4]); auch wurden die Flächen in ornamentaler Weise sehr gern mit Mafswerk gefüllt. Auf den Feldern des Knaufes wurden die Namen Jhesus und Maria oder die Sprüche: „Hilf Got" und „Maria berat" angebracht, mitunter nochmals darüber und darunter am Schafte wiederholt. Die Tremessener Kirche allein besitzt noch drei Kelche dieser Art[5]). Den schönsten, reich mit Blattwerk überfangenen spätgotischen Kelch besitzt die katholische Pfarrkirche in Fraustadt; er wurde 1486, gewifs in einer deutschen Werkstatt gefertigt[6]). Auf ihn folgen die Kelche der katholischen Pfarrkirchen in Wongrowitz (1496), Dembno (1498 und 1515, der zweite an den Posener Dom abgegeben), Kröben (1509), Wytomischel (1516), Fraustadt (zwei Stück von 1517), der Johannes-Kirche bei Posen (1518), in Skalmirschütz (1538), Radomitz (1550) und Witkowo (1561). Neben diesen stehen, ohne dafs das Jahr der Anfertigung oder der Schenkung bekannt wäre, die Kelche in Skoraszewice, Kosten, Schrimm, Duschnik, Czarnikau, Schwarzenau, Marzenin und Maniewo, welche zum

---

[1]) Bd. II, Abb. 24; Bd. III, Abb. 7, 33, 51 und 57; Bd. IV, Abb. 107 und 138.
[2]) Bd. IV, Abb. 44.
[3]) Bd. IV, Abb. 67 und Bd. III, Abb. 187.
[4]) In Erinnerung an die Messe Gregors des Grofsen.
[5]) Bd. IV, Abb. 66.   [6]) Bd. III, Tf. II.

gröfseren Teile als Posener Arbeiten betrachtet werden dürfen. Dagegen sind die beiden spätgotischen Kelche der evangelischen Johannes-Kirche in Lissa, von denen der eine mit Filigran überfangen ist, vermutlich von auswärts eingeführt. Die späte Entstehungszeit der meisten Kelche erklärt es, dafs im Zierrat derselben sich die Formen der Gotik mit denen der Renaissance verbinden, und dafs die Schale oftmals in der Weise der Renaissance geschweift ist[1]).

Sehr selten sind diejenigen Geräte erhalten, welche zur Aufbewahrung der Hostien dienten. Ein Speisekelch gelangte, leider in trümmerhaftem Zustande, aus der katholischen Pfarrkirche in Meseritz in das Provinzial-Museum zu Posen. Eine Oblatenbüchse von 1495 besitzt die katholische Pfarrkirche in Kobylin.

Mehrere gröfsere Kirchen der Provinz sind im Besitze von Reliquiaren, die zur Aufnahme der Köpfe besonders verehrter Heiligen hergestellt wurden. Der Dom in Gnesen besitzt vier Reliquiare dieser Art, aus den Jahren 1481, 1490, 1494 (für das Haupt des h. Adalbert) und 1533; der Dom in Posen zwei, das eine von 1510; die Kirche in Samter eines von 1496; die Kirche in Kosten zwei, das eine von 1482. Sie haben die Gestalt mehrseitiger Kapseln[2]). Die Kirche in Tremessen besitzt ein Kästchen für die Hand des h. Adalbert vom Jahre 1507, sowie eine Nachbildung dieser Hand vom Jahre 1533[3]). Aus der Kirche in Kosten ist die Fassung einer Rippe vom Jahre 1520 zu nennen. Es wurde bereits erwähnt, dafs die beiden Behälter für die Reliquien des h. Adalbert in Gnesen und in Tremessen von Posener Goldschmieden, jenes 1494 von Jakob Barth, dieses 1507 von Peter Gelhor gefertigt wurden. Jenem steht hinsichtlich des gravierten Schmuckwerks die Kapsel in Samter von 1496 so nahe, dafs sie ebenfalls für eine Arbeit Jakob Barths gelten könnte. Die Sitte, die Köpfe der Heiligen in kapselartigen Reliquiaren aufzubewahren, scheint in der Zeit der Spätgotik in Polen sehr beliebt gewesen zu sein. Der Dom in Krakau besitzt zwei Geräte dieser Art für den Kopf des h. Stanislaus, das eine aus der Mitte des 15. Jahrhunderts, das andere vom Jahre 1504; beide sind mit reichem, architektonischem und figürlichem Schmuckwerk bekleidet und vermutlich in Krakau verfertigt worden. Aehnliches Schmuckwerk ziert das um 1490 gefertigte Reliquiar für den Kopf der h. Barbara im Dome zu Gnesen. Vielleicht entstand auch dieses Reliquiar in Krakau; andererseits jedoch könnte die Uebereinstimmung dadurch erklärt werden, dafs der Einflufs von Nürnberg die Formgebung der Geräte in Krakau wie in Posen in gleicher Weise beherrschte[4]).

---

[1]) Bd. III, Abb. 8, 20, 120 und 146; Bd. IV, Abb. 117. — Die spätgotischen Kelche Ostdeutschlands, Oesterreichs und Polens zeigen einen innigen Schulzusammenhang, da das Kunstgewerbe am Ausgange des Mittelalters dort überall in den Händen der eingewanderten deutschen Meister lag. Vgl. A. Essenwein, Die mittelalterlichen Kunstdenkmäler der Stadt Krakau. Leipzig 1869. 4°. S. 160 ff.

[2]) Bd. IV, Tf. V und Abb. 86—87; Bd. III, Abb. 45.

[3]) Bd. IV, Tf. III und Abb. 66.

[4]) Noch im Jahre 1651 erhielt die Kirche in Objezierze ein achteckiges Reliquiar für einen Heiligenkopf, welches unter dem Inventare der Kirche (Bd. III, S. 32) nachzutragen ist.

Gotische Glocken.

Unter den spätgotischen Standkreuzen und Pacificalen[1]) befinden sich einige prächtige Stücke, wie das ein Meter hohe Kreuz in der Kirche zu Tremessen, die drei Kreuze im Gnesener Dome und andere in den Klosterkirchen in Paradies (1524) und Wongrowitz, der Adalberts-Kirche in Posen (1529) und den Pfarrkirchen in Bromberg und Bentschen (1521)[2]). Der Dom in Posen besitzt ein spätgotisches Vortragekreuz; ein bemerkenswertes frühgotisches Vortragekreuz westdeutscher oder französischer Herkunft wurde ihm im Jahre 1885 geschenkt[3]).

Von sonstigen metallenen Altargeräten ist zu nennen ein Aquamanile (Giefsgefäfs) in Gestalt eines Löwen, welches sich in der Sammlung des Towarzystwo przyjaciół nauk in Posen befindet, das einzige Gerät dieser Art, welches sich in der Provinz erhalten hat[4]). Erwähnung verdienen ferner ein Rauchfafs der Klosterkirche in Paradies (1583) sowie ein Weihwasserkessel der Kirche in Objezierze, beide in sehr späten Formen.

Trotzdem die Mehrzahl der mittelalterlichen Glocken umgegossen worden ist, läfst sich jetzt noch eine längere Reihe von spätgotischen Glocken nachweisen, deren Entstehungsjahr inschriftlich bekannt ist:

1363 Kolmar[5]) (aus der Klosterkirche in Lubin),
1387 Gnesen, S. Michaels-Kirche (umgegossen),
1420 Kolmar (aus der Klosterkirche in Lubin),
1444 Snieciska,
1447 Benice,
1448 Czeszewo,
1457 Bargen,
1460 Geiersdorf,
1465 Ober-Pritschen,
1468 Xions,
1470 Gluchowo,
1488 Fraustadt,
1490 Heiersdorf,
1494 Konarzewo,
1495 Mogilno, Libau und Klein-Kreutsch,
1497 Driebitz,
1498 Grofs-Strzelce,
1499 Klein-Kreutsch,
1500 Kutschkau,
1504 Lissa und Brätz,

---

[1]) Das Kreuz enthält unter Glas eine Reliquie, die der Priester dem Gläubigen mit den Worten: „Pax tecum" zum Kusse hinreicht.
[2]) Bd. II, Abb. 24 und Bd. IV. Abb. 66.   [3]) Bd. II, Abb. 9.
[4]) Bd. II, Abb. 67. R. v. Eitelberger setzte dieses Gerät in das 11. oder 12. Jahrhundert. Mitteilungen der k. k. Central-Kommission IV, S. 35 und XII, S. XXIX. Diese Zeitstellung scheint jedoch zu früh; das Gerät ist richtiger in die gotische Periode zu verweisen.
[5]) Die mittelalterlichen Glocken befinden sich an Orten mit Pfarrkirchen beider christlicher Konfessionen, wie es nach der geschichtlichen Entwicklung zu erwarten ist, in der katholischen Pfarrkirche.

1505 Kosten (umgegossen),
1507 Köbnitz,
1508 Fraustadt und Lagowitz,
1509 Xions,
1510 Jarzombkowo,
1511 Sobota und Grunzig,
1512 Oscht,
1515 Grodzisko und Pogorzela,
1516 Brätz und Murke,
1518 Janowitz und Ostrowo bei Pakosch,
1519 Pakoslaw und Usarzewo,
1521 Lobsens und Monschnik,
1522 Wollstein und Poppe,
1523 Neudorf,
1525 Granowo und Lechlin,
1526 Niechanowo,
1527 Wenglewo,
1531 Tarnowo bei Wongrowitz,
1534 Wollstein und Modrze,
1535 Winnagora (umgegossen),
1536 Tulce,
1537 Seehorst,
1539 Koschuty.

Der Gebrauch der Glocken scheint sich, und zwar sowohl diesseit wie jenseit der Alpen, erst seit dem 12. Jahrhundert, gleichzeitig mit der Ausbreitung der Bauthätigkeit, verallgemeinert zu haben. Man stellte anfangs nur kleine Glocken her und verstand es nicht, den Mantel abzuheben, nachdem man das aus Talg gefertigte Modell[1]) ausgeschmolzen hatte[2]). Der nächste Fortschritt bestand darin, dafs man den Mantel abhob, um die Schäden nachzubessern, die beim Ausschmelzen entstanden waren, und dafs man alsdann in den Mantel eine Inschrift eingrub, die nun auf der fertigen Glocke erhaben, aber, da man sie in den Mantel, wie man zu schreiben gewohnt war, von links nach rechts laufend eingegraben hatte, als Spiegelbild erschien. Auf dieser Stufe stehen die ältesten, in der Provinz Posen erhaltenen Glocken, insbesondere die im Jahre 1363 für die Klosterkirche in Lubin gegossene, neuerdings an die katholische Pfarrkirche in Kolmar abgegebene grofse Glocke,

---

[1]) In der Sprache der Glockengiefser die Dicke oder das Hemd genannt.
[2]) Eine frühe Beschreibung des Glockengusses giebt die Schedula diversarum artium des Theophilus Presbyter. Ausgabe von A. Ilg, Quellenschriften für Kunstgeschichte u. s. w., herausgegeben von R. Eitelberger v. Edelberg, VII. Wien 1874. S. 318.
Zur Geschichte der Glockengiefserei vgl.:
H. Otte, Glockenkunde. 2. Auflage. Leipzig 1884.
Zur Glockenkunde, nachgelassenes Bruchstück von H. Otte, herausgegeben von der Historischen Kommission der Provinz Sachsen. Halle 1891.
G. Schönermark, Die Altersbestimmung der Glocken. Z. f. B. 1889.
W. Effmann, Zur Glockenkunde. Zeitschrift für christliche Kunst. Düsseldorf. IV, 1891. S. 59.

welche in der zeitlichen Folge an erster Stelle genannt ist. Spiegelschriften finden sich ferner an zwei Glocken der Provinz, einer Glocke in Dembnica bei Gnesen, welche man wegen der rautenförmigen Musterung der Oberfläche um einige Jahrzehnte älter halten möchte, und einer anderen in Seehorst bei Mogilno. Die zweite der zeitlich gesicherten Glocken, die vom Jahre 1387 in der S. Michaels-Kirche in Gnesen, welche 1820 unter Beibehaltung der alten Inschrift umgegossen wurde, zeigt die Herstellungsweise der Schrift in Wachsbuchstaben, welche auf die Form gelegt wurden, ehe diese mit dem Mantel bedeckt wurde. Dieselbe Herstellungsweise wiederholen einige Glocken, die der Uncialform ihrer Buchstaben wegen ebenfalls in das 14. Jahrhundert zu verweisen sind, in Kruchowo, Tursko, Röhrsdorf (mit Zierrat von Wachsfäden) und Neustadt bei Pinne. An einer um 1400 gegossenen Glocke in Driebitz sind Uncial- und Minuskel-Buchstaben neben einander verwendet. Die 1420 für die Klosterkirche in Lubin gegossene, jetzt in Kolmar befindliche Glocke zeigt zum ersten Male die in der spätgotischen Zeit übliche Minuskelschrift. Seit dem Anfange des 16. Jahrhunderts gelangte die Majuskelschrift wieder zur Herrschaft; aber noch an den Glocken in Kletzko von 1568 und in Schönlanke von 1580 findet man die Schrift aus gotischen Kleinbuchstaben hergestellt.

Das Schmuckwerk der gotischen Glocken beschränkt sich im wesentlichen auf die um den Hals angebrachte Inschrift. Diese wird von einigen Stäbchen umsäumt, welche häufig über natürlichen Bindfäden geformt sind. In der Spätzeit fügte man wohl noch einen Mafswerkkranz hinzu, welcher bis zum Schlusse des 16. Jahrhunderts sich grofser Beliebtheit erfreute. Die Inschriften, deren Sprache gewöhnlich lateinisch, oftmals aber auch deutsch ist, sind meist Gebetformeln oder Anrufungen Christi, der Maria und der Heiligen. Sehr verbreitet ist die Aufschrift des Kreuzes: „Jesus Nazarenus, rex Judeorum", der Grufs des Engels: „Ave Maria gracia plena", sowie der Spruch: „O rex glorie veni cum pace", auf welchen in Geiersdorf (1460), Fraustadt (1488), Heiersdorf (1490), Konarzewo (1494) und Kutschkau (1500) die deutsche Uebersetzung folgt. Selten nur wählte man Bibelstellen[1]). Auf die Bestimmung der Glocken beziehen sich die Sprüche in Domachowo und in Prochy: „Ruffe mit meyme clange den reichen und den armen" und „Bevare alle, di dese gelake horn oder sen, almechtiger". Inschriften von Stiftern oder Giefsern kommen nicht vor. Ausnahmsweise nennen sich auf der kürzlich umgegossenen grofsen Glocke von 1505 in der katholischen Pfarrkirche in Kosten der Pfarrer (?) und die Pfleger der Kirche. Ein Giefserzeichen kehrt auf einigen Glocken in der Gegend von Meseritz und Schwerin wieder[2]).

Der Bestand der liturgischen Gewänder des Mittelalters ist bis auf einige wenige Stücke der spätgotischen Zeit zerstört oder zerstreut worden. Die besten von diesen sind die Kaseln (Mefsgewänder) der Pfarrkirchen in

---

[1]) Glocken in Weifsensee, Evang. Matth. 11, 28 und in Xions, Ep. Philipp. 2, 10. — Dazu die Inschrift der Monstranz in Kainscht, Evang. Lucae 22, 14.

[2]) Bd. III, Abb. 69.

Schrimm, Posen und Kwieciszewo. Auf den senkrechten Streifen in der Mitte der Vorder- und der Rückseite sind Heiligengestalten gestickt; die Seitenfelder bestehen aus Sammet mit gewebtem Granatapfelmuster[1]).

Von liturgischen Büchern sind eine Bibel und ein Cantionale im Gnesener Dome zu nennen. Die durch verschiedene Miniaturen sehr kleinen Maſsstabes ausgezeichnete Bibel entstand, wie am Schlusse der Handschrift angegeben, im Jahre 1414, vermutlich in Böhmen[2]). Das Cantionale wurde dagegen im Anfange des 16. Jahrhunderts, wie es scheint, von einheimischen Schreibern und Miniatoren geschrieben und gemalt.

Als eine osteuropäische Arbeit vom Ausgange des Mittelalters ist das kleine gemalte Tryptychon im Schatze des Gnesener Domes zu vermerken.

[1]) Bd. III, Abb. 173.
[2]) Bd. IV, Abb. 99. Eine gewisse Verwandtschaft verbindet diese Bibel mit der in der k. k. Bibliothek in Olmütz.

III.
RENAISSANCE, BAROCK UND NEUZEIT.

1. Einleitendes.

Die Entwicklung der mittelalterlichen Kunst vom romanischen zum früh- und zum spätgotischen Stile bewegte sich innerhalb einer fest begrenzten Bahn gleichsam einem bestimmten Ziele zu. Die Kirche stellte die Aufgaben, und was gebaut, gebildet und gemalt wurde, das schufen, von wenigen Ausnahmen abgesehen, deutsche Künstler, die in denselben Schulen ihre Bildung empfangen hatten. Gegenüber diesem einheitlich geschlossenen Bilde gewähren die späteren Stilepochen eine gröfsere Mannigfaltigkeit. Die Kirche selber spaltete sich, und neben ihr nahmen der Adel und das Bürgertum kräftiger als früher an dem Kunstschaffen teil. Die Aufgaben gestalteten sich jetzt verschiedenartiger, und nicht weniger verschieden an Bildung und Wert waren die Künstler, die zu ihrer Lösung berufen wurden. Dabei trieben die politischen Schicksale des Polenreiches die Entwicklung der Kunst in eine bald auf-, bald absteigende Bahn.

Als die gotische Kunst zu Anfang des 16. Jahrhunderts ihren Gipfel erreicht hatte, machten sich auch die ersten Zeichen der Renaissance bemerkbar, der in Italien wiedererstandenen antiken Kunst. Ihre ersten Aeufserungen diesseits der Alpen sind in den Städten Augsburg und Nürnberg zu beobachten, welche mit Italien durch einen regen Handel verbunden waren; durch deren Vermittelung gelangte sie nach dem Posener Lande[1]). Die Messinggrabplatten aus der Werkstatt Peter Vischers geben den Stilwechsel zu erkennen. Schüchtern noch sind die Regungen der neuen Kunstweise auf

---

[1]) Eines der ersten und bedeutsamsten Denkmäler der Renaissance in Deutschland ist das 1508 entworfene und 1511 in Nürnberg aufgestellte Allerheiligenbild Albrecht Dürers, insbesondere der Rahmen, den Dürer mit dem Bilde entwurf und dessen Ausführung er auch geleitet zu haben scheint. Das Bild befindet sich in den k. k. Kunstsammlungen in Wien, der Rahmen im Germanischen Museum in Nürnberg. K. Schäfer, Albrecht Dürer und der Rahmen des Allerheiligenbildes. Mitteilungen aus dem Germanischen Nationalmuseum. Nürnberg 1896, S. 53.

der kurz nach 1499 gefertigten Grabplatte für Bernhard Lubranski im Posener Dome. Offener tritt sie zu Tage auf der in der Kirche in Samter befindlichen Grabplatte des Andreas Szamotulski, welche unmittelbar nach dessen Tode 1511 entstand und mithin den ältesten Werken der Renaissance auf deutschem Boden beigezählt werden mufs. Entschieden ist ihr Sieg auf der 1524 für Nikolaus Tomicki gefertigten Platte in der Kirche in Tomice[1]). Auf den kirchlichen Geräten zeigen sich die Zierformen der Renaissance neben denen der Gotik zum ersten Male auf dem prächtigen Kelche vom Jahre 1518 in der S. Johannes-Kirche bei Posen. Immer gröfseren Umfang nehmen sie seitdem auf den Geräten ein, bis die Gotik zuletzt nur noch die tektonische Gestalt derselben bestimmt. Auch das grofse gemalte Altarwerk vom Jahre 1521 in der Pfarrkirche in Samter ist in seiner Auffassung als ein Werk der Renaissance zu bezeichnen. Allmählich eigneten sich die in der Hauptstadt Posen ansässigen Künstler die neuen Formen an; schwerer wurde es den Künstlern in den kleinen Städten der Provinz, sich von den hergebrachten Formen der Gotik loszusagen.

Aber auch unmittelbar aus der italienischen Quelle wurde die Renaissance nach Posen übertragen. Italien hatte Ueberschufs an Künstlern, welche es daheim nicht zu beschäftigen vermochte. Diese wandten sich nach Deutschland und Frankreich, besonders aber nach den während des Mittelalters von Deutschland versorgten östlichen Ländern, Ungarn, Böhmen und Polen. Gefördert wurde der Zuzug italienischer Künstler nach Polen, als Bona Sforza, Prinzessin von Mailand, dem verwitweten Könige Sigismund I. von Polen im Jahre 1518 die Hand zum Ehebunde reichte. Als Sigismund darauf zu Ehren seiner ersten Gemahlin eine Grabkapelle am Dome in Krakau errichten liefs, wurde der Bau einem italienischen Architekten, Bartolomeo Berecci von Florenz, übertragen; er schuf ein Werk, welches an künstlerischem Adel hinter den besten Denkmälern Italiens nicht zurückbleibt[2]). Wenige Jahre zuvor, 1516 bis 17, fertigte ein italienischer Bildhauer, Johannes von Florenz, damals in Gran in Ungarn ansässig, im Auftrage des Erzbischofs Johannes Laski mehrere Grabplatten für den Gnesener Dom, darunter die des Erzbischofs selbst. Das Werk eines aus der florentinischen Schule hervorgegangenen Bildhauers ist auch das Grabmal für den 1537 gestorbenen Erzbischof Andreas Krzycki im Gnesener Dome. Nachhaltiger wurde der italienische Einflufs, als ein Architekt aus dem Mailändischen, Giovanni Battista von Lugano, in den Jahren 1550—55 das Rathaus in Posen umbaute und sich daselbst als Stadtbaumeister niederliefs, eine grofse Zahl von Bauleuten aus seiner Heimat nach sich ziehend[3]).

Jedoch war es nicht allein der Wettbewerb mit den Italienern, welcher die deutschen Künstler aus der innegehabten Stellung zurückdrängte. Mit der Ausbreitung des polnischen Reiches war das polnische Nationalbewufst-

---

[1]) Vgl. S. 77 dieses Bandes.
[2]) M. Sokolowski, Die italienischen Künstler der Renaissance in Krakau. Repertorium für Kunstwissenschaft. Berlin und Stuttgart. VIII, 1885. S. 411.
[3]) Ehrenberg, Geschichte der Kunst, Urkundliche Beilagen No. 27 und 29.

sein gewachsen. Noch vor der Mitte des 16. Jahrhunderts wurde der bis dahin in deutscher Sprache abgehaltene Gottesdienst der städtischen Pfarrkirchen in Krakau und Posen in polnischen umgewandelt. Die Klöster, welche bis dahin fast nur deutsche Insassen gehabt hatten, erhielten adelige Polen als Aebte vorgesetzt. Die Reformation suchte man gewaltsam zu unterdrücken. Die kirchliche Baukunst schied sich jetzt nach den beiden Bekenntnissen. Mit Vorliebe bediente sich die katholische Kirche der italienischen Architekten und Bildhauer, deren Zuzug fast bis zur Auflösung des polnischen Reiches fortdauerte. Deutsches Gepräge wahrten dagegen die Kirchenbauten des Protestantismus, und deutsch blieb allezeit auch, von italienischen Einflüssen unberührt, das Kunsthandwerk.

Trotz der glänzenden Leistungen der Italiener folgte daher die Entwicklung der Stilgeschichte seit der Mitte des 16. Jahrhunderts derjenigen Deutschlands, von der Hoch- zur Spätrenaissance und weiter zum Barock und Rokoko. Wie schon im Mittelalter, so zeigten auch während dieser Stilepochen die aus Deutschland bezogenen Werke den Wechsel der Formen stets früher als die einheimischen Arbeiten. Der Klassizismus gewann seit der preufsischen Herrschaft an Boden, und zwar in der zum Hellenismus neigenden Färbung des Stiles, die sich gerade in Berlin ausbildete. Die auf den Massenbetrieb sich gründende Schaffensart der neuesten Zeit vernichtete aber die selbständige Kunstpflege im Lande, so dafs die Untersuchungen dieses Werkes, bei der Mitte des 19. Jahrhunderts angelangt, abgebrochen werden durften.

2. Die Renaissance-Bauwerke des 16. Jahrhunderts.

Im Jahre 1535 wurde vor dem Rathause in Posen ein steinerner Pranger errichtet, eine schlanke achteckige Säule, welche ein kleines Standbild eines geharnischten Ritters, vielleicht eines Rolands, trägt[1]). Von der horizontalen Gliederung des Stufensockels und des Kapitäls abgesehen, erinnert noch nichts an die Renaissance. Das erste ausgesprochene Werk derselben in der Stadt Posen ist ein Thürgewände vom Jahre 1544 im Erdgeschofs des Rathauses. Von gröfserer Bedeutung sind die noch erhaltenen Steinmetzarbeiten am Górka-Hause in Posen. Das Portal an der Wasser-Strafse trägt die Jahreszahl 1548; die Säule im Hofe[2]) erinnert in ihren derben Formen an die Säulen des 1533 hergestellten Thorgebäudes am Schlosse in Liegnitz, so dafs man vermuten möchte, dafs auch in Posen schlesische Bauleute thätig

---

[1]) Bd. II, Abb. 59. Daselbst weiteres zur Literatur über die Rolande.
Eine ähnliche Figur, welche, in der Tracht um 1700 dargestellt, ehemals auf einer Säule vor dem Rathause in Fraustadt stand, befindet sich jetzt im Provinzial-Museum in Posen. Erinnert sei an die 1492 errichtete Staupsäule vor dem Rathause in Breslau, welche die kleine Figur eines Scharfrichters trägt.
[2]) Bd. II, Abb. 58.

waren¹). Von verwandter Art wie die eben genannten sind die Steinmetzarbeiten vom abgebrochenen Stadtwagegebäude in Posen.

Das bedeutendste Bauwerk der Renaissance des 16. Jahrhunderts auszuführen, war ein Italiener berufen. Im Jahre 1550 übertrug der Rat der Stadt Posen dem Architekten Giovanni Battista di Quadro aus Lugano den Umbau des Rathauses. Das Gebäude erhielt aufsen eine völlig veränderte Gestalt. Eine neue Hauptfront mit einladenden offenen Bogenhallen wurde dem gotischen Baukörper vorgelegt; die Fenster wurden dem neuen Stile entsprechend umgestaltet und die Dächer hinter hohen Mauern verdeckt, denen ein Palmettenkranz von zinnenartiger Wirkung aufgesetzt wurde. Unberührt blieben nur der Turm und einige Einzelheiten des Inneren. Hier konnte sich das Geschick des Architekten in der Anlage eines grofsen Prachtsaales entfalten. Im Jahre 1555 scheint der Bau fertiggestellt gewesen zu sein²). Giovanni Battista darf in seiner Bedeutung als Architekt nicht mit dem am Königshofe in Krakau beschäftigten Bartolomeo Berecci verglichen werden; sein Können ging nicht über ein gewisses handwerkliches Mafs hinaus, wie es zur Blütezeit der Renaissance in Italien allgemein anzutreffen war. Zwar wird von den Derbheiten, welche sowohl die Front als auch der Saal in den Einzelheiten aufweisen, vieles auf die Mitwirkung von ungeübten einheimischen Handwerkern zurückzuführen sein. Aber die mangelhafte Verbindung der Front mit dem Körper des Gebäudes, manche unschönen Verhältnisse und die ungefügen Profile der Gesimse sind doch Fehler, welche dem Architekten zur Last fallen und auf eine nur geringe Schulung desselben schliefsen lassen. Merkwürdig ist, wie er versuchte, sich der nordischen Auffassungsweise anzubequemen. Die Mauern des Dachgeschosses bereicherte er mit Türmchen und schlanken Endigungen; die Bögen der Front zeichnete er nicht nach italienischer Art als Halbkreise, sondern nach deutscher Art als Stichbögen. Es gelang ihm in unbefangenem Schaffen, dem Posener Rathause eine eigenartige Gestalt zu geben, so dafs es unter den geschichtlichen Rathäusern Deutschlands und Italiens, nicht weniger unter den Renaissancebauten Deutschlands und Polens mit Ehren genannt werden darf. Nächst der Jagellonen-Kapelle am Krakauer Dome und den Fuggerschen Badezimmern in Augsburg trägt diesseits der Alpen wohl kein Innenraum so treu den Charakter der italienischen Hochrenaissance wie der grofse Saal des Posener Rathauses.

Mehr als drei Jahrzehnte blieb Giovanni Battista in Posen ansässig. Dennoch sind weitere beglaubigte Arbeiten von ihm nicht bekannt. Gewifs geht auf ihn das Wohnhaus Breslauer-Strafse 7 zurück, wie das Stuckwerk am Gewölbe des Erdgeschosses vermuten läfst. Ein anderer Bau, der ihm zugeschrieben werden darf, ist die Kapelle an der Kirche in Kościelec, welche, wie das daselbst aufgestellte Grabmal bekundet, 1559 vollendet war³). Auch hier findet sich die Anordnung hoher, in einem zinnenartigen Palmettenkranze

---

¹) In Schlesien fand die Renaissance unter der Führung einheimischer Meister frühzeitig Eingang. Ihr erstes bedeutenderes Denkmal ist das Sakristeiportal von 1517 im Breslauer Dome.
²) Bd. II, Abb. 47—55.   ³) Bd. IV, Abb. 34—35.

endender Dachmauern, welche überhaupt eine Eigenart der Renaissance-Bauwerke im ehemaligen Polen darstellt und innerhalb der Provinz Posen an der südlichen Sakristei der Nonnenkirche in Bromberg[1]), in Westpreufsen am Rathause in Kulm und am Schlosse in Gollub, in Krakau an der Tuchhalle wiederkehrt. Am Rathause in Posen sowie an der Kapelle in Kościelec sind die Putzflächen der Fronten mit Sgrafittoschmuck, einer Nachahmung von Quaderwerk, überzogen.

In die Mitte des 16. Jahrhunderts möchte wohl auch der Chor der alten Pfarrkirche in Labischin zu setzen sein, ein Kuppelbau, welcher in seiner Ausstattung zwar bescheiden gehalten ist, in seiner architektonischen Gestalt die italienische Abkunft aber nicht verleugnet; die halbkugelförmige Kuppel ruht auf einer von vier Zwickeln getragenen, von Fenstern durchbrochenen Trommel[2]). Aus den letzten Jahren des 16. Jahrhunderts stammen die beiden Grabkapellen an den Kirchen in Radlin und in Schroda, jene für die Familie Opalinski, diese für die Familie Gostomski errichtet; sie haben achteckigen Grundrifs und sind mit einer durch den Scheitel beleuchteten Walmkuppel überdeckt, deren Gewölbeflächen gefälliges Stuckwerk ziert[3]). Ihre Architekten waren ohne Zweifel Italiener.

3. Die katholischen Kirchen.

Von den wenigen, im vorigen Abschnitte genannten Kapellen abgesehen, hatte die Renaissance auf die Entwicklung der kirchlichen Baukunst zunächst gar keinen Einflufs geübt. Die zahlreichen spätgotischen Bauten, deren Ausführung sich vielfach bis zum Ende des 16. Jahrhunderts hinzog, hatten dem kirchlichen Bedürfnisse genüge gethan. Erst im 17. Jahrhundert wurde die Errichtung von Kirchengebäuden unter der Führung italienischer Meister von neuem aufgenommen.

Leon Battista Alberti, der grofse Theoretiker der italienischen Renaissance, hatte an die Stelle der mittelalterlichen Rippengewölbe mit kühner That die majestätische Form des Tonnengewölbes, wie sie die Römerbauten zeigten, gesetzt; der von ihm entworfene Bau der Kirche S. Andrea in Mantua wies der Entwicklung der Kirchenbaukunst des 16. und 17. Jahrhunderts die Bahnen. Aber die Schwierigkeit, das Tonnengewölbe des Mittelschiffes angemessen zu beleuchten und für seinen gewaltigen Seitenschub ausreichende Widerlager zu schaffen, zwang zu einer Abänderung des Bausystems. Man beliefs das Hauptgesims in der Höhe des Kämpfers, ordnete oberhalb desselben die Fenster an und durchschnitt um ihretwillen die grofse Fläche des Tonnengewölbes mit Stichkappen. Zwischen den Widerlagern, welche nunmehr wie die Strebepfeiler der gotischen Kirchen sich wieder auf die Knotenpunkte des Baues beschränkten, legte man Kapellen zur Aufstellung von Seitenaltären an. Die Vierung wurde durch eine Kuppel ausgezeichnet; die Kreuzarme

---
[1]) Bd. IV, Abb. 13.   [3]) Bd. IV, Abb. 137.
[2]) Bd. III, Abb. 182 und Abb. 191—194.

liefs man in der Flucht der Seitenschiffe enden oder doch nur wenig über dieselbe hinaustreten. Diese Gestalt des Kirchengebäudes wurde durch die Bauten der Spätrenaissance in Rom festgestellt; sie zeigen sowohl die grofsen Ordenskirchen Il Gesù, S. Ignazio und S. Andrea della Valle als auch kleinere Kirchen wie S. Maria ai Monti[1]). Von Rom aus wurde sie nach den übrigen katholischen Ländern übertragen, welche den Sieg der Gegenreformation mit Errichtung neuer katholischer Kirchengebäude feierten. In Polen stellt die S. Peters-Kirche in Krakau den bedeutendsten Bau dieser Gattung dar.

Im Gebiete der Provinz Posen wurde die in Italien vollzogene Umgestaltung des Kirchengebäudes mit dem Neubau der Kirche in Radlin eingeführt. Dieser trat in der ersten Hälfte des 17. Jahrhunderts an die Stelle eines älteren Holzbaues, neben welchem die Grabkapelle der Familie Opalinski kurze Zeit zuvor errichtet worden war. Die Kirche in Radlin ist ein kleiner einschiffiger Bau, mit einem Tonnengewölbe bedeckt, welches auf beiden Seiten von Fenstern durchbrochen und zu diesem Zwecke mit Stichkappen angeschnitten ist; die Ostseite schliefst eine Halbkuppelnische. Die breit gelagerten Verhältnisse, das mafsvolle Schmuckwerk geben dem Bau noch das Gepräge der Hochrenaissance[2]).

Im Jahre 1651 wurde der Grundstein zum Neubau der Cistercienser-Klosterkirche in Priment gelegt; durch den in den nächsten Jahren entbrannten schwedischen Krieg wurde der Bau verzögert, so dafs er erst 1696 vollendet werden konnte. In Priment wurde das beschriebene römische Bausystem auf eine dreischiffige, kreuzförmige Basilika übertragen[3]). Mittelschiff und Querschiff haben Tonnengewölbe mit seitlicher Beleuchtung; die Vierung ist jedoch mit einer flachen Stutzkuppel überwölbt, welche aussen nicht sichtbar wird. Der Chorraum ist, vielleicht, weil er nach Cistercienserart schon am alten Bau so gestaltet war, geradlinig geschlossen. Die Vorschrift, welche den Cisterciensern verbot, ihre Kirchen mit Türmen auszustatten, und welche während des Mittelalters streng beobachtet worden war, wurde abgestreift in der Gegenreformation, der eine Prachtentfaltung Bedürfnis war; der Neubau der Kirche in Priment erhielt eine Westfront mit zwei stattlichen Türmen. Die gelungene vornehme Anlage des Bauwerks und die Einheit des Stilcharakters erheben die Kirche zur schönsten der Provinz Posen; um so mehr bleibt es zu bedauern, dafs über die Person ihres Erbauers nichts bekannt ist.

Der Klosterkirche in Priment ist die katholische Pfarrkirche in Lissa nahe verwandt. Ihr Bau wurde unter dem Grafen Boguslaus Leszczynski, Bischof von Łuck, um 1690 begonnen und in den ersten Jahren des 18. Jahrhunderts vollendet. Freilich scheint von dem ursprünglichen Entwurfe nur das Langhaus zur Ausführung gekommen zu sein, der östliche Abschlufs aber eine Vereinfachung erlitten zu haben. Die Seitenschiffe haben die gleiche

---

[1]) P. Letarouilly, Edifices de Rome moderne. Paris 1840—57. 3 Bde. Fol. u. 4°. Tf. 27, 173, 198 und 278.
J. Burckhardt, Geschichte der Renaissance in Italien. 2. Aufl. Stuttgart 1878. § 76—77.
C. Gurlitt, Geschichte des Barockstils in Italien. Stuttgart 1887. Abb. 23—25, 85—86, 140—141.
[2]) Bd. III, Abb. 191—193. [3]) Bd. III, Abb. 93—96.

Höhe wie das Mittelschiff; sie sind mit Tonnengewölben überdeckt, deren Achse quer zur Hauptachse der Kirche gestellt ist, so dafs das Licht durch die seitlichen Stirnmauern eingeführt wird[1]). Die grofsartige Wirkung, welche der Innenraum auf diese Weise gewinnt, mag nicht unbeeinflufst sein durch das edle Vorbild der Kirche S. Giustina in Padua. Die zweitürmigen Westfronten der Kirchen in Priment und Lissa, sowie die beiden unteren Geschosse der Westfront der Bernhardiner-Kirche in Posen bekunden einen gewissen Schulzusammenhang[2]).

Neben den Neubauten in Priment und Lissa entstanden zahlreiche katholische Kirchen, besonders für die in der Gegenreformation begründeten geistlichen Orden, Bauwerke, welche zwar den mächtigen Einflufs der italienischen Vorbilder erkennen lassen, zur künstlerischen Bedeutung der beiden genannten sich jedoch nicht erheben. Die Kirche der barfüfsigen Karmeliter in Posen, jetzt evangelische Garnisonkirche, wiederholt die Anlage der Kirche in Priment; doch ist die Ausstattung einfacher und die Hauptfront turmlos[3]). Dieselbe Anlage zeigt ferner die Jesuiten-Kirche in Posen, deren Bau im Jahre 1651 unter der Leitung des Bartholomäus Wąsowski, späteren Rektors des Kollegiums, begonnen wurde. Wie in Priment, so hemmte auch hier der erste schwedische Krieg den Fortgang der Bauarbeiten. Die Vollendung erfolgte erst im Anfange des 18. Jahrhunderts, so dafs der Ausbau der Kirche ganz dem Barockstile angehört; die im Grundrisse vorgesehenen beiden Türme an der Hauptfront sowie die Kuppel über der Vierung wurden wieder aufgegeben[4]). Welchen Anteil Wąsowski an dem Entwurfe des Baues gehabt hat, entzieht sich somit der Beurteilung. Als einer der wenigen Künstler polnischer Nationalität verdient er jedoch vermerkt zu werden. Für den architektonischen Unterricht am Posener Jesuiten-Kollegium verfafste er ein Lehrbuch[5]), welches er nach den Lehrbüchern der italienischen Theoretiker, besonders des Vincenzo Scamozzi zusammenstellte[6]). Wie weit man in der Wertschätzung der italienischen Vorbilder ging, beweist die Kirche des Philippiner-Klosters bei Gostyn[7]), ein Centralbau, welcher um 1670 in enger Anlehnung an die Kirche S. Maria della salute in Venedig begonnen wurde. Der um dieselbe Zeit bewirkte Umbau der Pfarrkirche in Grätz[8]) entstand offenbar unter dem Eindrucke der mit mehreren, aufsen sichtbaren Kuppeln überwölbten Kirchen in Venedig und Padua. Der halbrunde Schlufs des Chores und der Kreuzarme der Dominikaner-Kirche in Wronke scheint lombardischen Kirchen nachgebildet zu sein. Ein letzter Abglanz der italienischen Vorbilder erscheint in den einschiffigen, nach der Art der Kirche in Radlin angelegten Kirchenbauten in Luschwitz (1660), Alt-Bialtsch (1696) und Zerkow (1718), ferner in den von dem Architekten Pompeo Ferrari ausgeführten Kuppel-

---

[1]) Bd. III, Abb. 141.-144. [2]) Bd. II, Abb. 36 und Bd. III, Abb. 95.
[3]) Bd. II, Abb. 40—41, [4]) Bd. II, Abb. 38—39.
[5]) Bartholomaeus Nathanael Wąsowski, Callitectonicorum seu de pulchro architecturae sacrae et civilis compendio collectorum liber unicus. Posen 1678. Fol.
[6]) Vincenzo Scamozzi, L'idea della architettura universale. Venedig 1615.
[7]) Bd. III, Abb. 163. [8]) Bd. III, Abb. 55.

bauten in Obersitzko (1714), Owinsk (1720) und der Potockischen Kapelle am Dome in Gnesen (1728)[1].

So prächtig auch manche Leistungen der italienischen Architekten gelungen waren, so waren es doch nur einzelne Reiser, die man dem Baume aufgepfropft hatte. Die deutsche Gotik hatte im Lande zu tiefe Wurzeln gefaſst, als daſs aus ihnen, nachdem der Baum selbst entlaubt und abgestorben war, nicht kräftige Schöſslinge zu neuer Entwicklung hätten aufspriefsen können. Bis zum Ausgange des 16. Jahrhunderts hatte die Nachblüte des gotischen Ziegelbaues gedauert. Allmählich gingen die Formen der Gotik in die der Renaissance über. An Stelle des Spitzbogens traten der Flach- und der Rundbogen; die schlanken Pfosten wichen kräftigeren, im Sinne der antiken Ordnungen gegliederten Pfeilern; das Maſswerk, welches sich in der Provinz Posen nur in vereinzelten Beispielen zu reicheren Formen entwickelt hatte, starb gänzlich aus. Die strenge Gestalt der gotischen Giebel löste sich zu einem gefälligen, der Technik des Ziegelbaues freilich wenig entsprechenden Schneckenwerk auf. Der Ziegelverband und der Fugenverstrich wurden vernachlässigt; in der ersten Hälfte des 17. Jahrhunderts bildete sich der moderne Ziegelverband heraus, welcher die Binder und Läufer nicht mehr wie in der früh- und der spätgotischen Zeit innerhalb jeder Schicht, sondern eine Schicht um die andere wechseln läfst[2]. Meist wurden die Flächen der Fronten mit Putz überzogen. Bauwerke wie die Klosterkirche in Fraustadt und die evangelische S. Johannes-Kirche in Lissa, deren Fronten noch um die Mitte des 17. Jahrhunderts in sichtbarem Ziegelwerk hergestellt wurden, gehören zu den Ausnahmen. Aber die Nachwirkung der langen Pflege des Ziegelbaues dürfte sich darin zu erkennen geben, daſs mehrere Kirchen der Spätrenaissance und des Barocks, deren Fronten nach den Vorbildern des Werksteinbaues hergestellt und verputzt werden sollten, dennoch die beabsichtigte Verputzung nicht erhielten; so wurde an der Klosterkirche in Priment, an der evangelischen Kreuz-Kirche in Lissa und an den katholischen Kirchen in Betsche, Altkloster, Fehlen, Alt-Bialtsch, Gluchowo und Schwetzkau das Ziegelwerk der Flächen und Gliederungen im Rohbau belassen.

Die Stadt Bromberg, welche in der Pfarr- und der Bernhardiner-Kirche zwei Denkmäler vom Ausgange des gotischen Ziegelbaues besitzt, bietet auch zwei Beispiele von der Umgestaltung des Ziegelbaues im Sinne der deutschen Renaissance, die Klarissinnen-Kirche und den neuerdings abgebrochenen Turm des Karmeliter-Klosters[3]. An den Pfarrkirchen in Runowo (1606) und Smoguletz (1617—18) im Netzegau äufsert sich das gotische Element noch in der spitzbogigen Gestalt der Fenster; die Kunstteile sind jedoch aus Sandstein, zum Teil in ansprechenden Formen unter dem Einflusse westpreuſsischer Bauwerke hergestellt[4]. Eine bescheidenere Ausbildung zeigen die Pfarrkirchen in Krone a. B., Byschewo[5], Fordon, Goluchow (1612), Filehne (1615),

[1] Bd. III, Abb. 14, 31—32 und Bd. IV, Abb. 70.
[2] Vgl. Abb. 4 auf S. 67 dieses Bandes.
[3] Bd. IV, Abb. 13—19.
[4] Bd. IV, Abb. 132.   [5] Bd. IV, Abb. 20.

Exin (1631), Nietrzanowo, Benice und Rozdrażewo (beide 1644 geweiht). Die Grundform dieser Kirchen ist einschiffig, mit eingezogenem, dreiseitig geschlossenem Chore; die Fronten sind mit Strebepfeilern besetzt. Das Innere hat Tonnengewölbe mit Stichkappen oder rippenlose Kreuzgewölbe; die Klarissinnen-Kirche in Bromberg hat dagegen über dem Schiffe eine gemusterte flache Bretterdecke. Der Einflufs der westpreufsischen Renaissance-Bauwerke äufsert sich auch in dem 1652 erneuerten Westgiebel des Domes in Gnesen, dessen Architekturteile aus Sandstein gefertigt sind, so dafs das Ziegelwerk auf die Mauerflächen beschränkt bleibt[1]).

Die Entwicklung dieser neuen Anfänge einer volkstümlichen Auffassung der kirchlichen Baukunst wurde erstickt in den Unruhen, welche seit der Mitte des 17. Jahrhunderts das polnische Reich seinem Untergange zuführten. Am Schlusse des 17. Jahrhunderts vollzog sich auf dem Gebiete des katholischen Kirchenbaues ein Ausgleich zwischen der italienischen und der deutschen Renaissance. Zahlreiche Bauten errichteten die geistlichen Orden, namentlich die Reformaten, welche das Land mit einem Netze von Niederlassungen überzogen. Gewöhnlich wurden jene Bauten wiederum einschiffig angelegt, mit einem halbrund, dreiseitig oder geradlinig geschlossenen Chore; manche erhielten auch einfach rechteckige Grundform. Das Innere wurde gewölbt, so dafs es bei der meist stattlich bemessenen Spannweite einen vornehmen Eindruck selten verfehlt. Die Himmelsrichtung wurde beliebig gewählt, wie sie sich aus den örtlichen Verhältnissen zweckmäfsig ergab. Genannt seien die Jesuiten-Kirche in Bromberg, die Kirchen der Bernhardiner in Fraustadt, Zirke und Grätz, dazu die Kirchen der Reformaten in Posen, Storchnest, Samter, Woschnik bei Grätz und Gorka bei Lobsens[2]). Die ihnen sich anschliefsende Pfarrkirche in Lopienno wurde von einem geistlichen Grundherrn erbaut. Eine dreischiffige basilikale Gestalt zeigen die Franziskaner-Kirche in Posen und die Philippiner-Kirche in Zdziesz.

Auch im 18. Jahrhundert behielten die geistlichen Orden die Führerschaft, wenngleich neben ihnen auch städtische und ländliche Gemeinden, von der Grundherrschaft unterstützt, sich wieder in regerem Mafse mit der Errichtung kirchlicher Neubauten bethätigten. Mittlere und kleinere Kirchen wurden einschiffig erbaut, fast immer mit besonderem Chorraume; in solcher Gestalt entstanden die Klosterkirche in Obra[3]), die Kirchen auf den Gütern der Cistercienser in Altkloster, Fehlen, Althöfchen und Hochwalde, weiter die Pfarrkirchen in Zduny, Gluchowo, Kwiltsch, Grofs-Luttom, Lubasch und Sadke. Gröfsere Kirchen erhielten dreischiffige Gestalt, teils mit überhöhtem Mittelschiff, wie die in Bomst und Kröben, teils mit gleich hohen Schiffen, wie die in Rokitten[4]), Wollstein, Margonin, Seide und die Klosterkirche in Wongrowitz. Bei der Ueberwölbung bediente man sich gern der aus der Kugelfläche geschnittenen Stutzkappen. Oft wurden die Gewölbe, namentlich, wenn die Spannweite Schwierigkeiten bereitete, aus Holz hergestellt. Die Längsachse der Kirche wurde mit einem bald mehr, bald minder

[1]) Bd. IV, Abb. 79.
[2]) Bd. III, Abb. 92.
[3]) Bd. III, Abb. 60 und 70.
[4]) Bd. III, Abb. 121.

entwickelten Querschiffe unterbrochen und das Gewölbe über der Kreuzung etwas höher als die der übrigen Joche entwickelt. Die Vorliebe für weite Räume führte zur Aufnahme des Centralbaues. Wie bereits erwähnt, wurden die Centralkirchen in Owinsk und Obersitzko von einem italienischen Architekten ausgeführt[1]); ihr Vorbild wirkte weiter in den Neubauten zu Neu-Kramzig, Racot und Parkowo. An anderen Orten versuchte man den Centralbau mit dem Langbau zu verschmelzen. Beim Umbau der Pfarrkirche in Fraustadt erweiterte man das Mittelschiff nach beiden Seiten, so dafs es die Gestalt eines gestreckten Achtecks erhielt[2]). Das Schiff der Kirche in Hinzendorf bei Fraustadt erhielt ovale Gestalt. In sehr glücklicher Weise wurde die Verbindung des Central- und des Langbaues in den Pfarrkirchen in Reisen und Bentschen, sowie in der Klosterkirche in Krotoschin versucht, welche in der Anlage des Inneren eine so merkwürdige Uebereinstimmung zeigen, dafs derselbe Entwurf dreimal wiederholt erscheint[3]). Beim Neubau der Abteikirche in Tremessen wurde eine geräumige, von einem Kapellenkranze umschlossene Kuppel mit einem dreischiffigen Langhause verbunden; doch ist das Ganze eine mehr aufwandvolle als künstlerisch befriedigende Nachbildung italienischer Bauwerke. Im allgemeinen stehen die Kirchen des 18. Jahrhunderts hinsichtlich ihrer künstlerischen Durchbildung hinter denen des Mittelalters und der Spätrenaissance zurück. Als eine Eigenart jener Bauten ist zu bemerken, dafs neben dem Hochaltare mit Vorliebe zwei symmetrische Sakristeien und über denselben zwei Emporen angelegt sind[4]). Ein vereinzeltes Beispiel für die kecken Grundrifsbildungen des Rokoko bietet die Hauptfront der Kirche in Lubasch; wie nüchtern die künstlerische Auffassung am Schlusse des Jahrhunderts geworden war, lehrt die Hauptfront des Domes in Posen. Dem 18. Jahrhundert gehören fast durchweg die teils mit Schindeln, teils mit Kupfer gedeckten Turmbauten an, welche, mit gefällig geschweifter Umrifslinie in mehreren oftmals durchbrochenen Geschossen aufsteigend, ein Merkmal der Posener Landschaft sind.

Von den katholischen Kirchen des 19. Jahrhunderts verdienen die im klassizistischen Stile ausgeführten Kirchen in Buk und Brzostkow[5]) genannt zu werden. Die meisten derselben wurden als anspruchslose Nutzbauten behandelt, bis die neueste Zeit einen Wandel zum Besseren herbeiführte.

Für die bauliche Unterhaltung der mittelalterlichen Kirchen geschah während des 17. und 18. Jahrhunderts sehr wenig; viele wurden von den Kriegstürmen hart mitgenommen. Die Instandsetzungen beschränkten sich meist auf das Mafs des Notwendigen; wo die Mittel aber reichlicher zur Verfügung standen, ging man daran, das Kirchengebäude dem veränderten Geschmacke gemäfs umzugestalten. Meist waren die Gewölbe zu erneuern. Im Sinne der Spätrenaissance wurden die Pfarrkirchen in Grätz und Koschmin, die Fronleichnams-Kirche in Posen, die Klosterkirche in Krone a. B. und von

---

[1]) Vgl. S. 91—92.   [2]) Bd. III, Abb. 119.
[3]) Bd. III, Abb. 74.
[4]) Bd. III, Abb. 74 und 77. Die eine der Sakristeien ist oftmals als Kapelle ausgebaut.
[5]) Bd. III, Abb. 190.

kleineren Kirchen die des Dorfes Czacz bei Schmiegel umgestaltet und neu gewölbt. Einen gediegenen barocken Umbau erfuhr das Innere des Domes in Gnesen; sonst kann den zahlreichen Wiederherstellungen des 18. Jahrhunderts nur geringe kunstgeschichtliche Bedeutung beigemessen werden[1]). Oftmals galt es, die Kirchen des Mittelalters, welche wohl nur, weil zu jener Zeit der Steinbau sehr kostspielig war, in so beschränkten Abmessungen hergestellt worden waren, dem vermehrten Bedürfnisse entsprechend zu erweitern. Schon in spätgotischer Zeit hatte man die kleine romanische Dorfkirche in Lubin mit einem Schiffe in westlicher Richtung verlängert, so dafs der alte Bau fortan als Chorraum diente und als geschichtliches Denkmal erhalten blieb[2]). Gerade so verfuhr man nunmehr bei der Erweiterung der Kirchen in Alt-Laube, Rotdorf und Tulce. In Pawlowitz erweiterte man die alte Kirche an den Langseiten mit zwei symmetrischen Kapellen; in Konarzewo wurde sie ostwärts verlängert; zugleich wurden beide Bauwerke nicht übel im Barockstile umgebaut[3]). In Storchnest wurde die spätgotische Hallenkirche unter Beseitigung der Pfeiler zu einem Centralbau verändert[4]).

Ein Zubehör der gröfseren katholischen Kirchen sind die in deren Nachbarschaft errichteten Heiligen-Standbilder in Posen, Paradies, Storchnest, Kwiltsch und Grätz, welche in den bewegten Formen des 18. Jahrhunderts aus Sandstein hergestellt sind.

Es erübrigt, noch der zahlreichen Holzkirchen zu gedenken, welche in vereinzelten Beispielen in das 16. Jahrhundert zurückgehen, der grofsen Mehrzahl nach aber erst dem 17. und 18. Jahrhundert angehören. Die Einführung des Steinbaues im 12. und 13., seine Ausbreitung seit dem 15. Jahrhundert hatte den Holzbau nicht zu verdrängen vermocht. In den Kreisen Samter und Fraustadt bestehen seit dem Schlusse des 18. Jahrhunderts zwar nur noch einige katholische Filialkirchen als Holzbauten[5]). Je weiter aber nach Osten hin, desto mehr nimmt die Zahl der Holzbauten zu; ältere Steinkirchen bilden dort die Ausnahmen, und im Kreise Kempen geht sogar keine Steinkirche über den Anfang des 19. Jahrhunderts zurück. Die ältesten Holzkirchen wurden als Blockholzbauten aus kräftigen Baumstämmen errichtet. Mit der fortschreitenden Ausrodung der Wälder verringerten sich die Abmessungen der Hölzer, bis man im 18. Jahrhundert zum Fachwerk überging und dieses auf der Innenseite mit wagerechten Bohlen aussetzte und auf der Aufsenseite mit senkrechten Brettern verkleidete[6]) oder mit Lehm ausstakte oder auch

---

[1]) Als Beispiele für die Umgestaltung der mittelalterlichen Kirchen im 18. Jahrhundert sei auf die Abbildungen der Pfarrkirche in Punitz und der Franziskaner-Kirche in Gnesen, Bd. III, Abb. 167 und Bd. IV, Abb. 110—111, verwiesen.
[2]) Bd. III, Abb. 112. [3]) Bd. III, Abb. 17.
[4]) Der Grundsatz, das geschichtliche Bauwerk, sobald ein gröfserer Neubau erforderlich geworden ist, nicht niederzureifsen, sondern es zu erhalten und mit dem Neubau zu einem Ganzen zu verbinden, verdient auch in der Gegenwart beherzigt zu werden. — L. Arntz, Ueber die Erhaltung und Erweiterung unserer Landkirchen. Düsseldorf 1895. Sonderabdruck der Zeitschrift für christliche Kunst.
[5]) Im Kreise Samter die Kirche in Slopanowo bei Obersitzko, im Kreise Fraustadt die Kirchen in Jeseritz und Nicheln.
[6]) Bd. III, Abb. 54.

mit Ziegeln ausmauerte. An die Spitze der Entwicklung mufs die Blockholzkirche des Dorfes Bauchwitz bei Meseritz gestellt werden, welche inschriftlich 1550 erbaut wurde, und mit ihr ihre ehemalige Tochterkirche, die Kirche des benachbarten Dorfes Lagowitz[1]). Obgleich beide, wie es scheint, von Anfang her für den evangelischen Gottesdienst bestimmt waren, so verraten sie doch in dem rechteckigen tonnengewölbten Chore eine bemerkenswerte Verwandtschaft mit den katholischen Holzkirchen in Grzybowo, Graboszewo und Skarboszewo bei Wreschen, sowie mit der in Tarnowo bei Wongrowitz, welche alle vermutlich in die zweite Hälfte des 16. oder die erste Hälfte des 17. Jahrhunderts zu setzen sind. Sonst ist der Chorraum der Holzkirchen im allgemeinen dreiseitig geschlossen, wohl aus mittelalterlicher Ueberlieferung. Diesen Abschlufs zeigt zuerst das 1554 errichtete Kirchlein in Schwirle bei Schwerin; ihn zeigen weiter die aus dem 17. Jahrhundert stammenden Kirchen in Schulitz bei Bromberg und in Mikorzyn bei Kempen, deren von schmalen Abseiten begleitetes Innere mit einem in den Dachraum steigenden Tonnengewölbe überdeckt ist[2]). Auffallend lange erhielt sich in den Holzkirchen der Triumphbalken, welcher hier zugleich den statischen Zweck erfüllte, die beiden Längswände zu verankern; ein trefflich gelungenes Beispiel eines solchen Triumphbalkens bietet die 1640 errichtete Kirche in Oporowo[3]). Fast ohne Ausnahme sind die Holzkirchen nach Osten gerichtet. Die Westfront nimmt ein aus Fachwerk hergestellter Turm ein, welcher bei den besseren Kirchen mit einer geschweiften Haube ausgezeichnet ist. Zwei symmetrische Kapellen an den Langseiten dienen oftmals, die Anlage des Kirchengebäudes malerisch reicher zu gestalten. Was die Behandlung des Holzwerks im einzelnen angeht, so erhalten sich die Formen des Mittelalters ungeachtet der stilistischen Wandlungen des Steinbaues. Aus der grofsen Zahl der Holzkirchen des 18. Jahrhunderts erheben sich zu einer gewissen Vollendung die Kirchen in Siedlec, Gnin, Granowo, Welna, Grofs-Sickierki, Modliszewko und Opatow[4]). Die Kirchen in Ostrowo und Wilatowen haben bedeutendere Abmessungen als die übrigen und sind deshalb dreischiffig angelegt. Den Centralbau vertritt die Kreuz-Kapelle in Buk[5]). Die in der Neuzeit erhobenen Forderungen einer feuersicheren Bauweise wurden die Ursache, dafs im Anfange des 19. Jahrhunderts die Pflege des Holzbaues erlosch und mit ihr eine vom Volke selbst geübte Bauweise verloren ging.

[1]) Bd. III, Abb. 73 und 80. [2]) Bd. III, Abb. 205.
[3]) Bd. III, Abb. 154.
[4]) Bd. III, Abb. 29, 100 und 206–207. Die Bd. III, Abb. 15 dargestellte Kirche in Wierzenica bietet das Beispiel eines später angefügten, in abgesetzten Geschossen hergestellten Turmes, wie man ihn besonders an den evangelischen Holzkirchen in der Gegend von Filehne sieht.
[5]) Bd. III, Abb. 52–53.

4. Die evangelischen Kirchen.

Eine grofse Zahl der mittelalterlichen Kirchen war mit der Einführung der Reformation in evangelischen, lutherischen wie reformierten, Besitz übergegangen. Aber während der Gegenreformation mufsten die Evangelischen unter dem Zwange der polnischen Staats- und Kirchenbehörden diese Gebäude an die Katholiken wieder herausgeben. Von den mittelalterlichen Ziegelkirchen blieb nur eine einzige ununterbrochen in evangelischem Besitze, die Kirche in Heiersdorf bei Fraustadt, am Wege nach Glogau. So sahen sich die Evangelischen gezwungen, den Bau von Gotteshäusern aus eigener Kraft zu unternehmen und sich auch ihrerseits an der Lösung der Frage nach der zweckmäfsigsten Gestalt des protestantischen Gotteshauses in Anschlufs an die gleichzeitigen Bestrebungen in Deutschland zu beteiligen. Es galt, einen Raum zu schaffen, welcher der Einheit der evangelischen, eine Trennung von der Priesterschaft nicht kennenden Gemeinde künstlerisch Ausdruck gab und es gestattete, dem Gottesdienste am Altare und auf der Kanzel ungehindert zu folgen. An den Altar mufste die gesamte Gemeinde bei der Abendmahlsfeier herantreten können; durch die vermehrte Bedeutung der Predigt wurde die Kanzel in den Mittelpunkt des Gottesdienstes gerückt. Die Erfüllung dieser Bedingungen in baulicher Hinsicht erschwerend, trat die Einführung eines festen Gestühles hinzu, auf welchem die Gemeinde während des Gottesdienstes Platz nahm. Da das reformierte Bekenntnis seit der Gegenreformation im wesentlichen auf die Lissaer Gemeinde beschränkt blieb, so gehören die evangelischen Kirchen der Provinz Posen fast sämtlich dem lutherischen Bekenntnisse an, welches, im Gegensatze zum reformierten, dem Altare eine bevorzugte Aufstellung einräumte und den Bilderschmuck in der Kirche gestattete[1]).

Langsamen Schrittes nur gewannen diese Grundsätze bei den Neubauten Geltung. Die Holzkirchen in Bauchwitz und Lagowitz bei Meseritz, welche beide in die Zeit der Einführung der Reformation zurückgehen, unterscheiden sich noch in keiner Weise von den gleichzeitigen katholischen Holzkirchen[2]). Auch die 1637 erneuerte Kirche in Chlastawe erinnert in der einschiffigen, im Osten dreiseitig geschlossenen Gestalt an mittelalterliche Bauwerke; sie ist ein Fachwerkbau, dessen offener Dachstuhl von einer in der Mitte des Kirchenraumes stehenden Holzsäule gestützt wird[3]). Eine ähnliche Gestalt hatten die gleichaltrigen, neuerdings abgebrochenen Kirchen in Kranz und Ulbersdorf. Die 1606—9 erbaute Kirche in Waschke bei Punitz ist ein Steinbau von einfach rechteckiger Grundform. Erst mit den unter dem Drucke

---
[1]) Der Kirchenbau des Protestantismus von der Reformation bis zur Gegenwart. Herausgegeben von der Vereinigung Berliner Architekten. Berlin 1893. 4°. Daselbst Aufnahmen aller wichtigeren Kirchen.
J. Kohte, Geschichte d. protestantischen Kirchenbaues in d. Provinz Posen. Z. B. Ges. XII, S. 1.
[2]) Vgl. S. 96.   [3]) Bd. III, Abb. 76.

der Gegenreformation entstandenen Bauten wurde der Faden der Ueberlieferung gewaltsam zerrissen. Ein derartiger, auf beschränktem Bauplatze ausgeführter Notbau ist die Kirche zum Kripplein Christi in Fraustadt, 1604 nach dem Verluste der mittelalterlichen Pfarrkirche in Eile hergerichtet und nach den Bränden von 1644 und 1685 wiederhergestellt, das erste Beispiel jener saalartigen, von mehrfachen Emporen umschlossenen Anlage[1]), welche die nüchternen Fachwerkbauten des 17. und 18. Jahrhunderts so oft, bis zum Ueberdrusse wiederholen. Wie bei den aus einheimischer Kunstpflege entsprossenen katholischen Kirchen, so macht sich auch bei den von schlichten Handwerkern ausgeführten evangelischen Kirchen ein auffallend langes Festhalten der mittelalterlichen Formen bemerkbar. In Waschke und Fraustadt begegnet man Spitzbögen und Bogenfriesen; die Hölzer sind nach mittelalterlicher Art gezimmert und geschnitzt[2]); in Kobylin und in Ostrowo behielt der evangelische Kultus noch den Triumphbalken bei.

Einige architektonisch bessere Kirchen entstanden längs der Südgrenze der Provinz, seitdem sich hier mit der Einwanderung deutscher Protestanten im mittleren Drittel des 17. Jahrhunderts eine Reihe kräftiger evangelischer Gemeinden gebildet hatte. Ein nicht ungefälliger kreuzförmiger Bau ist die um jene Zeit, zwar nur aus Fachwerk errichtete Kirche in Schlichtingsheim. Die 1652—54 als Ziegelbau hergestellte S. Johannes-Kirche in Lissa, die Pfarrkirche der ehemaligen reformierten Gemeinde, ist ein Langbau, im Osten polygon geschlossen und ringsum mit Strebepfeilern besetzt, so dafs sie das Vorbild mittelalterlicher Kirchen nicht verleugnet[3]). Von bedeutender schöpferischer Thatkraft zeugt dagegen die 1709 begonnene Kreuz-Kirche in Lissa, die Pfarrkirche der ehemaligen lutherischen Gemeinde, in den Abmessungen die gröfste evangelische Kirche der Provinz[4]); der innere, in Gestalt eines gestreckten Achtecks angelegte Raum ist von überraschender Wirkung und erhebt die Kirche zu einem Vorläufer der bekannten Musterleistungen des protestantischen Kirchenbaues, der Frauen-Kirche und der Kreuz-Kirche in Dresden und der Michaelis-Kirche in Hamburg, von denen die letztere ihr in der Plananlage gleicht. Woher sich die Gemeinde einen so reifen Bauplan beschafft hatte, ist leider nicht überliefert.

Im Jahre 1768 erlangten die Evangelischen in Polen Freiheit für die Ausübung ihres Bekenntnisses. Von den zahlreichen, seit jenem Zeitpunkte ausgeführten Kirchen verdient die Kreuz-Kirche in Posen, mit deren Ausführung 1776 begonnen wurde, besondere Beachtung. Ihr Inneres zeigt eine glückliche Centralanlage, welche gewifs unter dem Eindrucke der Dresdener Frauen-Kirche entstanden zu denken ist, aber erst durch eine nachträglich vorgenommene Verbesserung des Bauentwurfs gewonnen wurde[5]). Einen elliptischen Innenraum, als Fortbildung des in der Lissaer Kreuz-Kirche gegebenen

---

[1]) Bd. III, Abb. 122. [2]) In der Kirche in Stieglitz noch 1780.
[3]) Bd. III, Abb. 145.
[4]) Bd. III, Abb. 148—151. Ueber die unter der Mitwirkung des Verfassers im Jahre 1896 ausgeführte Wiederherstellung des Inneren der Kirche vgl. Z. H. Ges. XI, S. 429.
[5]) Bd. II, Abb. 42—44.

Baugedankens, zeigt die Kirche in Rawitsch, welche nach einem 1802 von K. G. Langhans in Berlin verfafsten Entwurfe in den Jahren 1803—8 ausgeführt wurde[1]); dieselbe Anlage vertreten in bescheidener Ausstattung die Kirchen in Reisen und Zduny. Aus der Schar der übrigen Kirchen seien genannt der einfache Centralbau in Krotoschin und die Langbauten in Bromberg, in Neustadt bei Pinne und in Bomst. In der ersten Hälfte des 19. Jahrhunderts wurden viele der älteren Fachwerkbauten, wie in Meseritz, Birnbaum und Kolmar, durch geputzte Ziegelbauten nach Entwürfen der preufsischen Ober-Baudeputation ersetzt; die von Emporen umschlossene Langform wurde damals beibehalten. Mit dem Bau der Petri-Kirche in Posen 1838 und der evangelischen Kirche in Gnesen 1843 wurde der unverputzte Ziegelbau wiederhergestellt. Der persönlichen Anteilnahme König Friedrich Wilhelms IV. verdankt die 1847—54 ausgeführte Kirche in Schwerin a. W. ihre gefällige Gestalt und den nach italienischer Art abgesondert stehenden Glockenturm; sie leitet zu den Bauten der neuesten Zeit hinüber, für welche das Studium der geschichtlichen Stilformen, besonders derer des Mittelalters mafsgebend wurde.

5. Die weltlichen Bauwerke des 17. und 18. Jahrhunderts.

Die Bauten des Adels, welche im Mittelalter wesentlich kriegerischen Bestimmungen zu dienen hatten, wurden seit dem 17. Jahrhundert wohnlicher gestaltet. Wenig ist freilich von den Schlofsbauten in Goluchow, Bentschen, Gollantsch und Radlin erhalten geblieben. Ein achtunggebietender Bau ist das von den Grafen Sulkowski vor der Mitte des 18. Jahrhunderts erneuerte Schlofs Reisen, welches in seiner trotzigen quadratischen Gestalt, an den Ecken mit turmartigen Risaliten besetzt, noch den kriegerischen Eindruck der älteren Bauten wiederspiegelt[2]); nach Vollendung des Schlosses wurde vor der Hauptfront ein geräumiger Vorplatz, von Nebengebäuden umschlossen, angelegt. Einen derartigen, im 18. Jahrhundert besonders beliebten Vorplatz oder Ehrenhof zeigen auch das Jesuiten-Kollegium, jetzt Regierungsgebäude, in Posen sowie die Schlösser in Rogalin und Pawlowitz, hier in ländlich-freier, dort in einer dem geistlichen Charakter angemessenen ernsten Auffassung. Mit geringerem Aufwande hergestellt sind die zahlreichen Landsitze des Adels, wie das 1697 erbaute Herrenhaus in Konarzewo bei Posen. Nach Schinkels Plänen wurde der Holzbau des Jagdschlosses Antonin errichtet[3]).

Der Wunsch, das Leben behaglicher zu gestalten, äufserte sich auch in der Anlage der seit der Mitte des 16. Jahrhunderts gegründeten Städte. Zwar

---
[1]) Bd. III, Abb. 159—160. Die Kirche in Rawitsch schliefst sich den ebenfalls von K. G. Langhans entworfenen Kirchen in Waldenburg und Reichenbach, Regierungs-bezirk Breslau, an. Vgl. H. Lutsch, Verzeichnis der Kunstdenkmäler der Provinz Schlesien. II, S. 165 und 259.
[2]) Bd. III, Abb. 156—158.
[3]) Einige Ansichten von älteren und neueren Schlössern der Provinz Posen giebt in Farbendrucken: A. Duncker, Die ländlichen Wohnsitze, Schlösser und Residenzen der ritterschaftlichen Grundbesitzer in der preufsischen Monarchie. Berlin 1860. Qufol.

umschliefsen auch sie, gleich den im 13. und 14. Jahrhundert gegründeten Städten, einen quadratischen Marktplatz, von dem aus sich ein regelmäfsiges Strafsennetz verbreitet. Aber der Marktplatz wird selbst bei mittleren und kleinen Städten auffallend weiträumig bemessen. Mufste man im Mittelalter bei den nur auf kurze Entfernungen tragenden Waffen bedacht sein, die Länge der Stadtmauer auf ein möglichst geringes Mafs einzuschränken, so gestattete die Einführung der Feuerwaffen und der aus Erde aufgeworfenen Wälle, auch mit einer geringen Besatzung einen gröfseren Umkreis zu beherrschen und damit das Weichbild der Stadt weiter auszudehnen. Freilich waren nur gröfsere Städte wie Lissa und Rawitsch im stande, sich mit einer Umwallung zu schützen.

Auf dem Markte wurde wie früher das Rathaus, oftmals jetzt aber auch die evangelische Kirche errichtet. In Lissa[1]), Rawitsch und Krotoschin wurde dem Rathause eine architektonische Ausbildung zu teil, so dafs es sich als Sitz der städtischen Behörden zu erkennen gab. Ausnahmsweise steht in Reisen das Rathaus in der Flucht der Wohnhäuser. Am Rathause in Posen wurde 1783 der Turm in seiner heutigen Gestalt hergestellt[2]). Sonst sind von öffentlichen Gebäuden jener Zeit nur die Stadtwache und das alte Stadttheater in Posen[3]), von kleineren weltlichen Architekturwerken nur der Brunnen auf dem Marktplatze in Posen zu nennen.

Die städtischen Wohnhäuser des 17. und 18. Jahrhunderts schliefsen in ihrer Anlage sich denen des Mittelalters an; gleich diesen sind sie auf schmalen Grundflächen erbaut, den Giebel nach der Strafse gekehrt. Die Häuser der Hauptstadt Posen fallen gegenwärtig einer nicht aufzuhaltenden Verstümmelung und Zerstörung anheim. Dagegen besitzt Fraustadt einige Häuser in der Prediger-Strafse, die glücklicherweise sowohl die Giebelfront als auch die innere Anlage noch wohlerhalten zeigen[4]). Das Erdgeschofs ist meist gewölbt, oftmals auch nur der Hausflur; die übrigen Räume haben gewöhnlich hölzerne Decken, deren Balken sichtbar gelassen und an den Kanten gefast oder profiliert sind, ganz in der Art der deutschen Holzbauten der Spätgotik und der Renaissance. Bis zum Ausgange der polnischen Herrschaft war, nur von den wohlhabenderen Städten Posen, Lissa und Fraustadt abgesehen, weitaus der gröfste Teil der Häuser noch aus Holz hergestellt, gewöhnlich aus Verbindungen des Block- und des Fachwerkbaues[5]). Gern liefs man im Erdgeschosse an der Giebelfront eine von Pfosten getragene Halle frei, besonders am Markte, wo sich dann ringsum ein Laubengang ergab. Leider sterben diese schlichten, gefälligen Häuser mehr und mehr aus. Nur der Marktplatz in Rakwitz hat das ursprüngliche Bild noch einigermafsen bewahrt[6]). Am Marktplatze in

---

[1]) Bd. III, Abb. 152.
[2]) Bd. II, Abb. 49 und 55.
[3]) Bd. II, Abb. 61.
[4]) Bd. III, Abb. 129—131.
[5]) Das Jahr 1793, Urkunden u. s. w. Tabelle S. 487—490.
[6]) Bd. III, Abb. 99. Abbildungen gleichartiger Laubenhäuser aus Ostbrandenburg und Schlesien veröffentlichen R. Bergau, Bau- und Kunstdenkmäler der Provinz Brandenburg, Fig. 256 und H. Lutsch, Wanderungen durch Ostdeutschland, C. d. B. 1887, S. 359. In Städten wie Hirschberg, Görlitz und Marienburg sind die hölzernen Lauben durch steinerne ersetzt.

Lissa sind einige steinerne Laubenhäuser als Erinnerung an die ursprüngliche Anlage geblieben. Bis zur Mitte des 19. Jahrhunderts scheinen hölzerne Laubenhäuser allgemein verbreitet gewesen zu sein; vereinzelt finden sie sich jetzt noch, wie in Krotoschin und in Stenschewo. Auch die Bauernhäuser sind, soweit sie ein geschichtliches Interesse darbieten, als Holzbauten in der beschriebenen Art hergestellt und manchmal mit einer Laube unter dem Giebel ausgestattet; sie finden sich besonders in den Dörfern und Hauländereien, die von Einwanderern aus den deutschen Nachbarprovinzen im 17. Jahrhundert angelegt wurden. Da man so allgemein beim Holzbau beharrte, wird es begreiflich, wie die im Mittelalter herausgebildete, gesunde Art der Behandlung des Holzwerks an weltlichen und kirchlichen Bauwerken bis zum Beginne des 19. Jahrhunderts in Uebung bleiben konnte.

6. Der innere Ausbau.

Mit der Einführung der Renaissance war eine neue Dekorationsweise in Aufnahme gekommen, welche die Gotik nicht gekannt hatte, das Stuckwerk. In der römischen Antike bereits geübt, war es mit der Wiedergeburt der antiken Baukunst zu neuem Leben erwacht, und zur Herstellung wirkungsvoller Flächendekorationen besonders geeignet, machte es alle Phasen des Ornaments durch, die der Entwicklungsgang des Renaissance- und des Barockstils zeitigte. Von geschäftigen oberitalienischen Stuccatoren wurde die Technik nach Deutschland übertragen[1]). Nach Posen brachte sie der Luganese Giovanni Battista, der Erbauer des Posener Rathauses; er verwendete das Stuckwerk in weitgehendem Mafse, sogar in kräftigem Hochrelief[2]). Mafsvoller tritt das Stuckwerk an den Bauten um 1600 auf, teils in italienischer, teils in deutscher Fassung (Schroda 1598, Radlin[3]), Franziskaner-Kirche in Gnesen 1614). Die Gewölbe der Kirchen in Radlin, Priment und Lissa und anderen aus der zweiten Hälfte des 17. Jahrhunderts sind vermittelst eines gefälligen Leistenwerks in Felder geteilt. Einen besonderen Aufschwung nahm die Stucktechnik seit dem Schlusse des 17. Jahrhunderts unter einem neuen Zustrome italienischer Künstler, auf welche die durch hohe Vollendung ausgezeichneten, ornamentalen und figürlichen Dekorationen in den Klosterkirchen in Priment und Gostyn, in der Pfarrkirche in Lissa und der Jesuiten-Kirche in Posen[4]), sowie die Decken des Schlosses in Reisen zurückgehen. Meist aber rührt das Stuckwerk der zahlreichen Kirchen der ersten Hälfte des 18. Jahrhunderts von deutschen Handwerkern her[5]), welche den

---

[1]) In den Schriftstücken sind die Bezeichnungen ars cementaria und cementarius seit der Mitte des 16. Jahrhunderts sehr geläufig.
[2]) Die figürlichen Darstellungen am Gewölbe des grofsen Saales und in den Bogenzwickeln der Ostfront des Posener Rathauses sind auch für die Geschichte der Ikonographie zu vermerken.
[3]) Bd. III, Abb. 194.
[4]) Bd. II, Abb. 39; Bd. III, Abb. 96 und 143-144.
[5]) Die Stuccatoren aus Wessobrunn in Oberbaiern scheinen auch in Posen thätig gewesen zu sein. Im Jahre 1731 erlangte „Simon Baytinier (polnische Verstümmlung des Namens Peutinger).

von Paris aus gegebenen Anregungen folgten und bald das Riemenwerk des Bérain, bald die vollen naturalistischen Formen des Lepautre und Marot zum Muster nahmen. Unter den ungünstigen Verhältnissen des Landes während der zweiten Hälfte des 18. Jahrhunderts nahm diese heitere Zierweise ein rasches Ende.

Einen gediegenen farbigen Schmuck erhielten die Kirchen des 17. und 18. Jahrhunderts aus Mangel an Geldmitteln nur selten. Eine vollständige Bemalung des Innern zeigen überraschender Weise einige Holzkirchen, aus dem 17. Jahrhundert die evangelische Kirche in Chlastawe und die katholische in Tarnowo (bei Wongrowitz), aus dem 18. Jahrhundert die katholischen Kirchen in Welna und Freytagsheim. Bemalte Bretterdecken finden sich in der Klarissinnen-Kirche in Bromberg[1]) und in der h. Geist-Kapelle in Kosten. Eine reiche Bemalung der Gewölbe bieten die Klosterkirche in Fraustadt, sowie die Kirchen in Rokitten und in Tremessen; die der letzteren führte F. Smuglewicz aus[2]). Die Jesuiten-Kirche in Posen zeigt, welch prächtiger Eindruck sich durch die Verwendung von farbigem Stuckmarmor gewinnen liefs.

Von kunstvollen Thüren sind zu nennen die von Christoph Oldendorf in Danzig 1598 gegossene Bronzethür in der katholischen Pfarrkirche in Schroda[3]), sowie die teils aus dem 17., teils aus dem 18. Jahrhundert stammenden geschmiedeten Gitterthüren vor den Kapellen des Gnesener Domes[4]).

Die gottesdienstliche Ausstattung der Kirchen folgte im 16. Jahrhundert, ungeachtet des Stilwechsels, den Bahnen des Mittelalters. Die Altäre der Hochrenaissance wurden zum Teil noch in spätgotischer Art als verschliefsbare Flügelaltäre hergestellt, wie in Opalenitza[5]), Bauchwitz und Olobok (1600). Die meisten bilden ein architektonisches, von schlanken Pfosten getragenes Gerüst, welches den Anblick der geöffneten Flügelaltäre in mehr oder minder freier Weise wiedergiebt, so die Altäre der S. Johannes-Kirche bei Posen, in Olszowa (1595), Kletzko (1596), Wongrowitz und Chlastawe. Auf dem Hochaltare der Kirche in Kwieciszewo befindet sich noch ein Renaissance-Schrein aus Sandstein. Die Kirche in Kostschin besitzt einen steinernen Wandschrein zur Aufbewahrung des Sakraments, in einfachen Renaissanceformen, das einzige Beispiel eines derartigen Gegenstandes innerhalb der Provinz Posen. Aus der zweiten Hälfte des 16. Jahrhunderts sind ferner einige bemalte Tischlerarbeiten in Wongrowitz und Graboszewo zu nennen.

In der Spätrenaissance verloren die Altäre den zarten Reiz der mittelalterlichen Werke. Sie wollten nicht mehr durch die dargestellten figürlichen Gegenstände das Interesse des Beschauers gewinnen; sie wurden fortan Prachtstücke, die den Eindruck des Inneren der Kirche beherrschten. Die Gröfse

---

artis sculptoriae socius, catholicus, in Bavaria Visilbrunni oriundus," in Posen Bürgerrecht. St. A. Posen, Dep. Posen. E. 58. — Ueber die Wessobrunner Stuccatoren vgl. G. Hager im Oberbaierischen Archiv für vaterländische Geschichte. Bd. 48, München 1893—94. S. 195.

[1]) Bd. IV, Abb. 15.   [2]) Bd. III, S. 70 und 121.
[3]) Bd. III, Abb. 189.   [4]) Bd. IV, Abb. 80—81.
[5]) Bei einem nach der Drucklegung des Verzeichnisses stattgehabten Besuche der Kirche konnte der Verfasser auf dem oberen Rahmen des Sockelbildes die verblafste Stiftungsinschrift feststellen: *Anna s Gostinia Opalinska dala uczinicz te obrazi. Anno Dom. 1585.*

und der Mafsstab der Altäre wurden gesteigert; die figürlichen Darstellungen traten in ihrer Bedeutung zurück, um wuchtigen Architekturformen Platz zu machen[1]). Dieser Wechsel im Aufbau der Altäre verbreitete sich sowohl im katholischen wie im evangelischen Kultus und machte seinen Einflufs auch auf die übrigen Ausstattungsstücke geltend. Fast alle gröfseren Kirchen der Provinz besitzen derartige Arbeiten des 17. und 18. Jahrhunderts. Dieselben sind meist mit erheblichem Aufwande und beachtenswerter Geschicklichkeit hergestellt; oftmals ist die gesamte Ausstattung nach einem einheitlichen Plane beschafft. Aus der Mitte des 17. Jahrhunderts ist hervorzuheben der Ausbau der Kirche in Zirke, namentlich das mit vortrefflichen Intarsien ausgelegte Chorgestühl[2]), als dessen Verfertiger sich der Mönch Hilarion aus Posen nennt. Ob man in ihm einen Künstler nach der Art der als Intarsiatoren bekannten italienischen Ordensleute, eines Fra Giovanni da Verona und eines Fra Damiano da Bergamo, zu erblicken hat? Auch wenn diese Frage zu bejahen wäre, so bliebe doch die Benutzung süddeutscher Vorlagen, wenn nicht gar die Mitwirkung geübter süddeutscher Schreiner als feststehend zu betrachten[3]). Nach dem Vorbilde des von dem Berninischen Tabernakel überragten Hochaltares von S. Peter in Rom sind der S. Adalberts-Altar im Gnesener Dome[4]) und der Hochaltar der Kirche in Grofs-Luttom hergestellt. Der Gnesener Dom besitzt ein Chorgestühl in mafsvollen Barockformen[5]). Ebenso reich wie gediegen ist die barocke Ausstattung der Klosterkirche in Priment[6]), bescheidener die der Kirche des dem Kloster Paradies gehörigen Dorfes Hochwalde. Die Kirche in Paradies selbst besitzt einen stattlichen barocken Hochaltar, während der übrige Ausbau bereits dem Klassizismus angehört. Den Rokokostil vertritt der Ausbau der Klosterkirchen in Olobok und Fraustadt sowie der Kirchen in Hinzendorf und Lubasch. Als eine Besonderheit ist zu bemerken, dafs die Taufbecken, welche bis zum 17. Jahrhundert die mittelalterliche kesselartige Gestalt behielten (Samter, Gonsawa, Janowitz, Luschwitz), im 18. Jahrhundert in den katholischen Kirchen mit gröfserem Aufwande hergestellt wurden und am Eingange zum Chore, der Kanzel gegenüber, ihren Platz empfingen (Kwiltsch, Zduny); in den evangelischen Kirchen bürgerte sich dagegen der Gebrauch der Taufengel ein (Waschke, Grätz). Die Namen der Künstler, welche den inneren Ausbau schufen, sind nur in seltenen Fällen überliefert; der Stilcharakter ihrer Werke weist aber allemal auf deutschen Ursprung, auch dort, wo wie in Priment das Bauwerk selbst von Italienern hergestellt wurde.

[1]) Beispiele, wie die mittelalterlichen Gemälde und Schnitzwerke bei der Erneuerung der Altäre manchmal wieder verwendet wurden, gewähren die Hochaltäre in Samter und Koschmin, Bd. III, Abb. 44 und 197.
[2]) Bd. III, Abb. 66--67. Eine sehr verwandte Sitzbank befindet sich in der Kirche in Rokitten.
[3]) Intarsien, welche denen in Zirke gleichen, trägt die aus Wyl in der Schweiz erworbene Truhe No. 73,548 im Kunstgewerbe-Museum in Berlin.
[4]) Bd. IV, Abb. 76.   [5]) Bd. IV, Abb. 82.
[6]) Bd. III, Abb. 96 -98.

7. Grabdenkmäler.

Die beiden Arten der Hochrenaissance, die deutsche und die italienische, schieden sich am schärfsten von einander bei der Herstellung der Grabdenkmäler, an denen allein, da es an anderen Aufgaben gebrach, die figürliche Plastik sich entfalten konnte. Die deutsche Auffassungsweise hielt an dem im Mittelalter gepflegten Grabtypus fest; das Grab wurde mitten im Fufsboden der Kirche angelegt und mit einer Steinplatte zugedeckt, auf welcher der Verstorbene in Hochrelief, in ernster Haltung stehend, dargestellt wurde. Die schönsten Platten sind die zweier Bischöfe im Posener Dome, aus rotem Marmor um das Jahr 1550 gefertigt, in denen man noch einen Nachklang der Schule des Veit Stofs verspürt[1]. Dieser Typus erhielt sich in zahlreichen Platten von geringerem Werte bis in das 17. Jahrhundert[2]; er äufserte sich zum letzten Male, zugleich durch eine freiere Auffassung in seiner Herbheit gemildert, in der marmornen Grabplatte für den 1689 gestorbenen Christoph v. Unruh in der evangelischen Kirche in Birnbaum[3]. Eigenartig ist die Messingplatte von 1602 in der katholischen Kirche in Czarnikau, welche in eingegrabener Zeichnung drei Ahnherren der Familie Czarnkowski darstellt und zugleich durch die Angabe des Künstlers Valentin Kunink aus Posen beachtenswert ist. Der Ersparnis halber wurden manchmal glatte Steinplatten mit eingelegten Messingstücken verwendet; zu dieser Gattung gehören die Platten im Posener Dome von 1552 und in der katholischen Kirche in Lobsens von 1596.

Auch die ersten Grabdenkmäler im Stile der italienischen Renaissance waren Platten, welche im Fufsboden zu liegen bestimmt waren, jene vier Grabplatten aus rotem Marmor, welche Erzbischof Johannes Laski von Gnesen für sich, seinen Bruder und zwei seiner Amtsvorgänger durch den Bildhauer Johannes von Florenz in den Jahren 1516—17 fertigen liefs und welche wohl die ersten monumentalen Aeufserungen der italienischen Renaissance im Gebiete des ehemaligen polnischen Reiches darstellen. Es scheint, dafs das gesunde Gefühl des Italieners sich sträubte, auf den Platten menschliche Gestalten darzustellen, die von den Füfsen der Kirchgänger betreten werden sollten; er beschränkte sich daher auf einen gefällig angeordneten, ornamentalen und heraldischen Zierrat[4]. Noch zwei andere Platten des Gnesener Domes sind nach dem Vorbilde der Laskischen Platten hergestellt; sonst haben diese keine rechte Nachfolge gefunden.

Die Fufsbodengräber waren in Italien wenig gebräuchlich; sie beschränken sich meist auf die Kirchen der Dominikaner und Franziskaner, welche ja für

---

[1] Bd. II, Abb. 13.
[2] In den Domen in Gnesen und Posen, in den Kirchen in Ceradz kościelny, Sobota, Tulce, Grätz, Geiersdorf, Röhrsdorf, Kröben, Benice, Radenz und Sadke. Vgl. Bd. III, Abb. 59.
[3] Bd. III, Abb. 61. [4] Bd. IV, Abb. 104.

die Ausbreitung des gotischen Stiles dort sehr thätig waren[1]). Die Italiener zogen die Form des Wandgrabes vor, welche der Erfindungskraft der Künstler einen gröfseren Raum liefs und dem heiteren dekorativen Sinne der Renaissance besser entsprach. Man stellte den Toten auf einem Prachtsarge aufgebahrt dar; der Sarg wurde in einer Nische aufgestellt, aus welcher die Madonna auf den Toten schützend herabblickte. In jenen Wandgräbern erhob sich die Skulptur der florentinischen Frührenaissance zu ihren schönsten Leistungen[2]); den Abschlufs der Entwicklung erreichte die Hochrenaissance zu Anfang des 16. Jahrhunderts in den beiden Kardinalsgräbern des Andrea Sansovino im Chore von S. Maria del popolo in Rom[3]). Da der Sarg gewöhnlich über der Augenhöhe des Beschauers stand, so mufste man den Körper des Toten, um ihn besser sichtbar zu machen, auf eine geneigte Ebene legen oder ihn etwas nach vorn wenden; Andrea Sansovino stellte die Toten in friedlichem Schlummer dar, das leicht emporgehobene Haupt auf einen Arm gestützt. Merkwürdig, dafs der italienische Grabtypus des 15. Jahrhunderts nach Polen übertragen und daselbst bis zum Ermüden wiederholt wurde, während in Rom der gewaltige Neuerer Michelangelo die Ausbildung des Grabdenkmals in völlig andere Bahnen lenkte.

Die Wandgräber der Erzbischöfe Andreas Krzycki † 1537 und Nikolaus Dzierzgowski † 1559 im Gnesener Dome, von denen das des letzteren noch zu seinen Lebzeiten 1554 errichtet wurde, scheinen von Künstlern, die in der florentinischen Schule ihre Bildung empfangen hatten, ausgeführt zu sein. Die liegenden Gestalten der Verstorbenen sind, wie fast an allen besseren Gräbern, aus rotem Marmor gefertigt; beide Male fehlt auch nicht das Madonnenrelief, welches an dem Krzyckischen Grabe sich durch grofsen Reiz auszeichnet[4]). Das Wandgrab des Bischofs Benedikt Izbienski † 1553 im Posener Dome ist laut Inschrift das Werk eines Johann Michalowicz aus Urzędow, eines polnischen Künstlers, welcher sich wohl unter den eingewanderten Italienern gebildet hatte. Zu den rührigsten der letzteren zählte Hieronymus Canavesi aus Mailand, welcher in Krakau eine reiche Thätigkeit entfaltete. Im Dome zu Posen schuf er 1574 das Wandgrab der gräflichen Familie Górka und 1577 das des Bischofs Adam Konarski, einige Jahre später in der Kirche in Samter das des Oberschatzkämmerers Jakob Rokossowski † 1580; das Architektonische ist an seinen Werken bedeutender als das Figürliche und läfst die strenge Schule der italienischen Hochrenaissance erkennen[5]). Gleichwohl zeigt das Górka-Denkmal die wenig glückliche und in Italien unbekannte An-

---
[1]) Der Dominikaner Fra Angelico da Fiesole, welcher als Maler die fromme Befangenheit der gotischen Kunst am meisten zum Ausdruck brachte, erhielt, als er 1455 im Dominikaner-Kloster zu Rom starb, einen Grabstein, der ihn, nach nordischer Art, stehend in Hochrelief darstellt. Der Stein, einer der besten dieser Art in Italien, ist in der Klosterkirche S. Maria sopra Minerva noch erhalten, der einzigen gotischen Kirche der Stadt Rom.
[2]) Die Gräber des Bernardo Rossellino und des Desiderio da Stettignano in S. Croce; das herrliche Grab des Kardinals Jakob von Portugal † 1459 in S. Miniato, von Antonio Rossellino; die Gräber des Mino da Fiesole in der Badia in Florenz.
[3]) Letarouilly, Edifices de Rome. Tf. 239—242.
[4]) Bd. IV, Abb. 105.   [5]) Bd. II, Abb. 14 und Bd. III, Abb. 46.

ordnung zweier Grabplatten über einander (derer des Ehepaares), welche auch an den Familiengräbern in Kosten[1]), Kościelec (1559), Czarnikau, Schroda und Radlin (um 1600) wiederkehrt. Mögen auch an diesen Gräbern noch italienische Künstler thätig gewesen sein, so ist doch die grofse Zahl der in italienischer Auffassungsweise bis zur ersten Hälfte des 17. Jahrhunderts hergestellten Grabdenkmäler kaum anders als auf einheimische Handwerker zurückzuführen, welche das gegebene Motiv mit gröfserer oder geringerer Geschicklichkeit wiederholten[2]). Für diese Annahme spricht, dafs die italienischen Bau- und Ornamentformen sich nach und nach mit deutschen Elementen vermischten[3]).

In den ersten Jahren des 16. Jahrhunderts waren in Rom auch einfachere Wandgräber gebräuchlich geworden, welche, meist für zwei Personen bestimmt, nach antiker Art die Büsten derselben innerhalb einer kreisförmigen Nische darstellten[4]). Schwächliche Nachbildungen dieser Gattung sind die Gräber einiger geistlicher Würdenträger im Dome in Gnesen und in der Klosterkirche in Lubin sowie das Grab eines adeligen Ehepaares in der Pfarrkirche in Kosten.

In der ersten Hälfte des 17. Jahrhunderts machten sowohl die deutsche wie die italienische Art der Renaissance-Gräber einem neuen Typus Platz, welcher als der der Spätrenaissance bezeichnet werden kann. Wohl nach dem Vorbilde von Michelangelos ursprünglichem Entwurfe zum Grabmal des Papstes Julius II. wurden die Gräber geistlicher und adeliger Würdenträger als ein Katafalk hergestellt, auf welchem die Gestalt des Verstorbenen im Gebete kniete. Dieser Art sind die Gräber der Erzbischöfe Adalbert Baranowski, Lorenz Gembicki (um 1640) und Andreas Olszowski (1678) im Gnesener Dome sowie einige andere im Posener Dome. Meist begnügte man sich jedoch mit einem geringeren Aufwande und stellte die Verstorbenen in Hochrelief vor dem Kruzifixe kniecend dar; der das Relief umschliefsende architektonische Rahmen wurde aus verschiedenfarbigem Gestein gefertigt. Ein vorzügliches Beispiel bietet das 1612 ausgeführte Doppelgrab der Doktoren Th. Lossicius und V. Oczko im Gnesener Dome[5]); daselbst befinden sich auch zwei kleinere

---
[1]) Bd. III, Abb. 107.

[2]) Beispiele in den Domen in Posen und Gnesen, sowie in den Kirchen in Chojnica, Sobota, Goslin, Objezierze, Lussowo, Biezdrowo, Lekno, Lubin, Polnisch-Wilke, Kurnik, Emchen, Schrimm, Punitz, Pempowo, Krotoschin, Zerkow und Radlin.

Von italienischen Gräbern aus den übrigen Gebieten des damaligen polnischen Reiches seien genannt die Gräber der Jagellonen-Kapelle am Dome in Krakau sowie das Grab des Bischofs Peter Kostka † 1595 im Dome in Kulmsee bei Thorn, letzteres abgebildet bei Heise, Bau- und Kunstdenkmäler der Provinz Westpreufsen, Heft VI—VII, Beilage 1.

[3]) Selbst ein begabter Künstler wie Canavesi vermochte sich den deutschen Einflüssen nicht ganz zu entziehen. Die Relieftafel der neben einander knieenden Kinder am Górka-Grabe ist deutschen Denkmälern nachgebildet, und an der neben dem Grabe angebrachten Schrifttafel treten die schmiedeartigen Formen der deutschen Hochrenaissance auf. Aehnliche Vergleiche zwischen nordischer und südlicher Anffassung versuchte Giovanni Battista, der Architekt des Posener Rathauses. Vgl. S. 88.

[4]) In S. Gregorio, S. Pietro in Vincoli, S. Maria in Araceli und S. Maria della Pace.

[5]) Bd. IV, Abb. 106.

ähnliche Wandgräber aus Messingguſs. Ein sehr spätes Beispiel bietet der Grabstein eines Geistlichen aus der Mitte des 18. Jahrhunderts in der Klosterkirche in Fraustadt, aus Sandstein gefertigt und farbig bemalt. Die übrigen aus dem 17. und 18. Jahrhundert, namentlich in den Domkirchen in Gnesen und Posen erhaltenen Grabmäler sind Denktafeln, welche oftmals mit der Büste oder dem gemalten Bildnisse des Verstorbenen ausgezeichnet sind, sonst aber eines individuellen Interesses entbehren.

Während so die Ausführung besonderer Prachtgräber für geistliche und weltliche Groſse nachlieſs, wuchs andererseits in den deutschen Städten längs der Süd- und Westgrenze der Provinz der Bedarf an Grabmälern mittlerer Art, mit denen ein wohlhabender Bürgerstand das Andenken seiner Toten ehrte. Dort nahm man das Motiv der mittelalterlichen Grabplatten wieder auf; nur wurden die Platten nicht wie vormals in den Fuſsböden der Kirchen verlegt, sondern an den Umfassungsmauern der landschaftlich bepflanzten Friedhöfe neben einander aufgestellt. Am reichsten an derartigen Platten ist der um 1609 angelegte evangelische Friedhof in Fraustadt[1]); zahlreichen anderen begegnet man auf den Friedhöfen in Lissa, Rawitsch, Schmiegel und Meseritz. Die Platten sind aus Sandstein gefertigt, mit ornamentalem und figürlichem Zierwerk breit umrahmt und meist farbig bemalt. Ueber ihre Herkunft, ob sie etwa aus Schlesien bezogen oder ob sie am Orte verfertigt wurden, ist nichts bekannt. Ihr Stilcharakter ist aber so einheitlich geschlossen und entwickelt sich durch alle Wandlungen des 17. und 18. Jahrhunderts hindurch so stetig, daſs man nicht umhin kann, in ihnen Erzeugnisse einheimischer Werkstätten zu erblicken[2]). Freistehende Grabdenkmäler finden sich seltener auf den genannten Friedhöfen; meist sind es Obelisken oder Vasen aus der zweiten Hälfte des 18. Jahrhunderts. Ein anmutiges, wenn auch bescheidenes Beispiel für die architektonische Gestaltung eines Friedhofs bietet der evangelische Friedhof in Robaczyn bei Schmiegel.

Dem Andenken adeliger Personen sind die in evangelischen Kirchen oft zahlreich sich findenden Blechtafeln mit gemalten Bildnissen oder getriebenen Wappen gewidmet[3]). Zwei groſse, aus Blech hergestellte Wandgräber vom Anfange des 18. Jahrhunderts befinden sich im Gnesener Dome.

Das 19. Jahrhundert bediente sich zur Herstellung von Grabdenkmälern mit Vorliebe der Plastik. Das bedeutendste Werk ist die Doppelgruppe der Fürsten Mieczyslaus und Boleslaus, der beiden ersten christlichen Herrscher Polens, in der Goldenen Kapelle des Posener Domes, gegossen nach dem Mo-

---

[1]) Bd. III, Abb. 126—128.
[2]) Der Bildhauer Konrad Rot, welcher sich als Verfertiger der Grabplatte des Valerius Herberger † 1627 nennt, wird deshalb in Fraustadt ansässig und wohl das Haupt der einheimischen Meister gewesen sein. Bei der nach der Veröffentlichung des Inventars erfolgten Freilegung mehrerer der Grabsteine fand sich sein Name auch auf dem Grabstein des Georg Vechner † 1627, dessen Anlage auf dem der Ehefrau Marie Vechner geb. Menzel † 1635 fast genau wiederholt ist; beiden ist die Platte des Matthias Vechner † 1630 sehr verwandt, so daſs diese drei ebenfalls als gesicherte Arbeiten K. Rots zu betrachten sind.
[3]) Zwei der besten Beispiele im Provinzial-Museum in Posen, aus der Kirche in Wuschke stammend.

delle von Ch. Rauch in Berlin[1]). Sein Schüler L. W. Wichmann fertigte das Modell zum Grabmale des Erzbischofs Ignaz Raczynski in der katholischen Pfarrkirche in Obersitzko. Das Wandgrab des Oberpräsidenten J. v. Zerboni di Sposetti in der Kirche in Lekno ziert ein von E. Rietschel in Dresden modellierter Reliefkopf. Die von A. Wolff in Berlin modellierte weibliche Gestalt auf dem Grabe des Grafen E. Raczynski in Santomischel war ursprünglich für einen Brunnen in Posen bestimmt.

8. Die kirchlichen Geräte.

Die Herstellung der kirchlichen Geräte beschäftigte wie schon im Mittelalter hauptsächlich die Goldschmiedekunst. Das einheimische Gewerbe, welches am Schlusse des Mittelalters in einigen tüchtigen Leistungen Beweise seines Könnens gegeben hatte, entwickelte sich rege weiter in der Renaissance- und der Barockzeit. In der ersten Hälfte des 17. Jahrhunderts wurde zur Feststellung des Feingehaltes auch im Posener Lande die Stempelung der Silbergeräte gebräuchlich, welche nun der heutigen Forschung ein sicheres Mittel bietet, um den Ursprung der Arbeiten zurückzuverfolgen. Wie in Deutschland, so schlug man den Stempel der Stadt, den des Meisters und mitunter auch wohl die Lotzahl des Silbers ein. Freilich wurden nicht alle Geräte gestempelt, und der Gebrauch des städtischen Stempels scheint sehr geschwankt zu haben, so dafs die Meisterstempel sich bald allein, bald mit dem städtischen Stempel zusammen finden[2]). Der Hauptsitz des einheimischen Goldschmiedegewerbes war die Landeshauptstadt Posen; mit ihr eiferten im Wettstreite die Städte Lissa und Fraustadt, und auch aus Rawitsch ist ein Goldschmied in Stempeln nachweisbar. Dank der aus Posen und Fraustadt noch ziemlich vollständig erhaltenen Innungsarchivalien läfst sich ein grofser Teil der Meisterstempel jener beiden Städte auf die Namen bestimmter Goldschmiede zurückführen[3]). Diese waren ihrer Nationalität nach meist Deutsche; nur im 17. Jahrhundert finden sich in Posen mehrere polnische Namen, von denen es jedoch dahingestellt bleiben mufs, ob ihre Träger wirklich polnischer Abstammung oder nur polonisierte deutsche Katholiken waren. Die deutsche Abstammung der Goldschmiede erklärt es, dafs die Geräte durchweg deutschen Stilcharakter tragen. Die Leistungen der einheimischen Kunstthätigkeit erhoben sich freilich nicht über ein gewisses Mittelmafs. Zahlreiche und gerade die besseren Geräte wurden aus Deutschland bezogen, aus den süddeutschen

---

[1]) Bd. II, Tf. V.

[2]) Die doppelte Stempelung mit Stadt- und Meisterzeichen wurde in den gröfseren Städten Deutschlands strenger gehandhabt: sie war dort auch früher eingeführt worden, in Strafsburg schon 1363, in Nürnberg 1541, in Berlin 1555. M. Rosenberg, Der Goldschmiede Merkzeichen. F. Sarre, Die Berliner Goldschmiedezunft.

[3]) St. A. Posen. Dep. Posen, Varia 64—73 und Dep. Fraustadt, D. 301—303. Die Lissaer Innungsbücher sind vermutlich bei dem Stadtbrande 1790 vernichtet worden. Hinsichtlich der Stadt Posen kommen sowohl für die Goldschmiede wie für die übrigen Künstler auch die Bürgeraufnahmen in Betracht. Vgl. das Verzeichnis der Künstler und ihrer Werke.

Hauptstädten Nürnberg und Augsburg, sodann aus Berlin und Breslau. Der Nordosten der Provinz, in dem es an einer selbständigen Kunstpflege gebrach, wurde von den westpreufsischen Städten Danzig und Thorn versorgt. In vereinzelten Fällen wandte man sich auch, um besondere Prachtgeräte zu erlangen, sogar nach Frankreich und Italien. Einige wenige Geräte russischen Ursprungs sind wohl nur durch Zufall in die Provinz geführt worden.

Welches Mafs künstlerischer Bildung die Posener Goldschmiede besafsen und woher sie die Vorbilder für ihre Arbeiten entnahmen, darüber geben einige Erzeugnisse des 16. Jahrhunderts lehrreiche Aufschlüsse. Mit der Ausbreitung des Kupferstichs gelangten die begabteren deutschen Künstler, wie Peter Flötner, Heinrich Aldegrever, Virgil Solis, Jost Amman u. a. dazu, ihre kunstgewerblichen Entwürfe zu vervielfältigen, so dafs sie allgemein als Vorlagen benutzt werden konnten. Daneben wurde es Sitte, figürliche Reliefdarstellungen in Abgüssen (Plaketten) zu verbreiten, die besonders den Goldschmieden als Modelle erwünscht waren. In welcher Weise man von derartigen Abgüssen Gebrauch machte, zeigt der vermutlich von einem Posener Goldschmied um die Mitte des 16. Jahrhunderts ausgeführte Silberbeschlag des Evangeliars I im Gnesener Dome[1]). Die auf den acht Eckstücken dargestellten Evangelisten und Heiligen sind nach einer süddeutschen Folge der acht Haupttugenden modelliert, deren Köpfe und Attribute in wenig geschickter Weise der neuen Bestimmung der Figuren entsprechend verändert wurden, und da vermutlich nicht die ganze Folge im Besitze des Goldschmieds war, so wiederholte er schlichtweg dieselben Modelle für mehrere der Figuren[2]). Dafs man aber auch in Posen selbst sich mit der Herstellung von Vorlagenwerken befafste, beweist das Musterbuch des Erasmus Kamyn, welcher in der zweiten Hälfte des 16. Jahrhunderts mehrmals das Amt eines Innungsältesten der Goldschmiede bekleidete. Es ist freilich nicht erwiesen, ob er mit dem Meister E. K. identisch sei, welcher im Jahre 1552 einige Vorlagenhefte erscheinen liefs, von denen eines, einen Spruch in polnischer Sprache tragend, jedenfalls für polnische Abnehmer bestimmt war. Dagegen nennt er sich mit Namen und Monogramm auf dem Titelblatte einer 1592 in Posen erschienenen Folge von zwölf Blatt Ornamentstichen; wenn er sich dort der polnischen Sprache bediente, so stammte er doch nachweislich aus einer deutschen Familie, die nach Nürnberg hin in verwandtschaftlichen Beziehungen stand[3]). Sowohl die Ausgaben von 1552 als auch die von 1592 schliefsen sich in ihrem Stilcharakter den Entwürfen der gleichzeitigen Nürnberger Kleinmeister an, so innig, dafs sie sogar dem Wechsel des Stilcharakters, der sich innerhalb

---
[1]) Bd. IV, Abb. 90.
[2]) Man hat jene Folge neuerdings als Plaketten des Peter Flötner von Nürnberg .(† 1546) erkannt. K. Lange, Peter Flötner, ein Bahnbrecher der deutschen Renaissance. Berlin 1897. 4°. S. 144. — Bleiabgüsse der Folge im Kunstgewerbe-Museum in Berlin. Saal XXXIII, Schrank 338.
[3]) A. Warschauer, Die Posener Goldschmiedfamilie Kamyn. Z. H. Ges. IX, S. 1 und XI, S. 181.
   H. Bösch, Erasmus Kamyn oder Erasmus Kosler. Mitteilungen aus dem germanischen Nationalmuseum. Nürnberg 1895, S. 1.
   Katalog der Ornamentstich-Sammlung des Kunstgewerbe-Museums zu Berlin. Leipzig 1894. No. 406 und 421.

jener vier Jahrzehnte in Nürnberg vollzog, getreu folgen. Ausgeführte Goldschmiedegeräte des Erasmus Kamyn sind bisher nicht bekannt geworden.

Mit dem Uebergange von der Gotik zur Renaissance änderte sich auch die Gestalt der kirchlichen Geräte. Die Monstranz behielt zunächst die Gestalt eines Spitzbaues; jedoch wurden die gotischen Wimperge in Ornamente des neuen Stiles umgebildet, oder der Bau wurde überhaupt aus Elementen des neuen Stiles, Säulen und Gebälken, zusammengesetzt. Die Renaissance-Monstranzen halten sich ihrem künstlerischen Werte nach innerhalb mittlerer Grenzen; sie sind gewöhnlich im Lande selbst angefertigt[1]). In der Barockzeit wurde es Brauch, der Monstranz die Gestalt einer die Hostienbüchse umschliefsenden, grofsen Strahlensonne zu geben. Zahlreiche Monstranzen des 18. Jahrhunderts sind Breslauer Ware. Eine Gruppe von vortrefflichen Monstranzen im Rokokostile lieferte Augsburg[2]) Ein spätes Beispiel einer Monstranz in Sonnenform bietet die Monstranz der Kirche in Trebisch bei Schwerin a. W., aus der Mitte des 19. Jahrhunderts, die letzte hervorragende Leistung der Posener Goldschmiede.

Die Kelche in den evangelischen Kirchen in Heiersdorf (1595), Fraustadt (1605 und 1647) und Waschke (1630), welche die spätgotische Grundform mit der Einzelbildung der Hochrenaissance verbinden, wurden, wie es von dem letzteren inschriftlich bezeugt ist, in Fraustadt gefertigt; der Kelch der evangelischen Kirche in Pieske (1644) entstand gewifs ebenfalls in der brandenburgisch-posenschen Grenzlandschaft[3]). Die Renaissance ersetzte die strengen geometrischen Formen der Gotik durch gefällige Ornamente; am meisten zeigt sich der Unterschied am Knaufe; die rhombischen Felder verschwinden, und an ihre Stelle treten Blattwerk und Engelgestalten. Die Johannes-Kirche in Lissa und die Adalberts-Kirche in Posen besitzen zwei vorzügliche, mit farbigem Schmelzwerk überzogene Kelche im Stile der Hochrenaissance (von 1564 und 1576), deren Ursprung in den bedeutendsten Werkstätten Süddeutschlands gesucht werden mufs[4]). Ueberaus zahlreich sind die Kelche der Spätrenaissance und des Barocks, welche nach den Mustern der künstlerischen Mittelpunkte Deutschlands in der Provinz Posen und den angrenzenden Landschaften der Nachbarprovinzen in fabrikmäfsigem Betriebe erzeugt wurden[5]). Einige Prachtkelche der späteren Stilarten besitzt der Dom in Gnesen, fünf Kelche im Barock- und Rokokostile, von denen der älteste

---

[1]) Da die besseren Goldschmiedegeräte des 17. und 18. Jahrhunderts mit Meisterstempeln versehen sind, so sei auf die Aufzählung im chronologischen Meister-Verzeichnisse verwiesen. Beispiele von Renaissance-Monstranzen ohne Stempel finden sich in Paradies, Tremessen und Czarnikau. Bd. IV, Abb. 64.
[2]) Monstranz der Franziskaner-Kirche in Gnesen. Bd. IV, Abb. 108.
[3]) Abbildung des Heiersdorfer Kelches, Bd. III, Abb. 133. Mit diesem ist der Kelch von 1594 in der Klosterkirche in Sorau, vermutlich am Orte selbst verfertigt, zu vergleichen. Bergau, Bau- und Kunstdenkmäler der Provinz Brandenburg, Fig. 262. — Dafs in der stilistischen Entwicklung zurückgebliebene Kelche vereinzelt auch aus Nürnberg und Breslau nach der Provinz Posen geliefert wurden, lehren die Kelche in Domachowo und Sarne.
[4]) Bd. III, Abb. 147 und Bd. II, Abb. 24.
[5]) Bd. II, Abb. 21; Bd. III, Abb. 124 und 166.

inschriftlich 1690 in Rom angefertigt wurde[1]); zu diesen treten zwei Kelche im neuklassischen Stile, der eine im Posener, der andere wieder im Gnesener Dome, jener in Warschau, dieser in Berlin angefertigt. Die Speisekelche des 17. und 18. Jahrhunderts schliefsen sich in ihrer Form den Weinkelchen an und sind wie diese meist einheimische Arbeit[2]); eine etwas abweichende Form zeigt der in Nürnberg verfertigte Speisekelch der evangelischen Pfarrkirche in Meseritz[3]). Von den in den evangelischen Kirchen gebrauchten Weinkannen sind die einfacheren einheimische Ware, die reicheren von auswärts bezogen; besondere Beachtung verdient die in Nürnberg gefertigte Renaissaucekanne im Kripplein Christi in Fraustadt[4]).

Ein bedeutsames Werk des ostdeutschen Kunstfleifses ist der silberne Sarg des h. Adalbert im Gnesener Dome, welchen, wie Stempel und Inschrift angeben, Peter von der Rennen in Danzig 1662 arbeitete[5]). Prunkvoll sind die aus der zweiten Hälfte des 18. Jahrhunderts stammenden Tabernakel der Hochaltäre des Domes in Posen und der Kirchen in Tremessen und Reisen. Das Kreuz, die Leuchter und die Heiligenköpfe für den Hochaltar des Domes in Gnesen, sämtlich in Paris auf besondere Bestellung gefertigt, sind hervorragende Erzeugnisse der französischen Barockkunst, neben welchen die Altarleuchter der katholischen Pfarrkirche in Kolmar und der altstädtischen evangelischen Pfarrkirche in Fraustadt, jene aus Posen, diese aus Augsburg als fertige Ware bezogen, bescheidener zurücktreten[6]). Der zahlreichen übrigen Goldschmiedearbeiten, der Oblatenbüchsen, der Mefskännchen zum Mischen des Weines und der Schüsseln, auf denen diese ihren Platz fanden, der Oelbehälter, Weihrauchgefäfse, Lampen, Reliquiare, Pacificale, Processionsgeräte, der Bekleidungen von Altargemälden (besonders der Nachbildungen der Maria von Czenstochau), der Votivtäfelchen und der Buchbeschläge, kann an dieser Stelle nur im ganzen gedacht werden; wenn diese Arbeiten auch nicht hergestellt wurden, um für sich allein die Aufmerksamkeit zu gewinnen, so bekunden sie doch, welches Mafs von gesundem Können dem Handwerk im 17. und 18. Jahrhundert innewohnte. Für jüdische Kultusgeräte scheinen Berlin und Lissa die Hauptbezugsorte gewesen zu sein[7]).

Unter den Arbeiten in unedlem Metall erregen die getriebenen Messingschüsseln des 16. und 17. Jahrhunderts ein lebhaftes Interesse. Sie wurden von den gewerbthätigen Hauptstädten Deutschlands aus in grofser Zahl verbreitet und als Tauf- oder Waschbecken verwendet. Zu ihrer Herstellung bediente man sich stereotyper Modelle. Die vertiefte Mitte nimmt

---

[1]) Bd. IV, Abb 83—85.
[2]) Einige reichere Beispiele in Gostyn, Rokitten und Strelno.
[3]) Bd. III, Abb. 86.
[4]) Bd. III, Abb. 123. Andere Beispiele Bd. III, Abb. 85 und 124.
[5]) Bd. IV, Abb. 88.
[6]) Bd. IV, Abb. 89 und Bd. III, Abb. 124.
[7]) Vom jüdischen Kultus sind fast nur die Geräte zu bemerken. Die jetzt meist erneuerten Synagogen waren, von denen der Hauptstadt Posen abgesehen, ursprünglich als schlichte Holzbauten hergestellt, wie noch die in Kurnik. Am Thoraschrank findet man bisweilen barockes Schnitzwerk mit den von zwei Löwen gehaltenen Gesetzestafeln.

meist eine figürliche Darstellung ein, von Friesen und Schriftbändern umschlossen. Die Schriftbänder setzen sich aus mehrmals wiederkehrenden Legenden zusammen. Die aus Minuskeln gebildeten Schriftbänder sind wegen der stark ornamentalen Umbildung der Buchstaben schwer verständlich; sie zeigen in mehrmaliger Wiederholung eine typische Legende, welche am glaubwürdigsten wohl als eine Abkürzung des Spruches: „Nomen Christi benedictum in eternum" zu deuten ist. Die leichter lesbaren Majuskel-Schriftbänder ergeben Sprüche wie: „Aus Not hilf Got" oder „Wart Geluk alzeich". Beliebte figürliche Darstellungen sind: Adam und Eva unter dem Baume (Margareten-Kirche in Posen, Unruhstadt, Górka duchowna, Bnin, Michaels-Kirche in Gnesen, Czarnikau, Ascherbude), die beiden Kundschafter, die grofse Traube aus dem gelobten Lande tragend (Lubosch, katholische Pfarrkirche in Fraustadt), Simson, den Löwen bezwingend (Kapelle zum Blute Christi in Posen), die Verkündigung Mariä (Rogasen, Gostyn, Schrimm, Wreschen, Jarotschin, Kletzko, Revier, Schokken, Schubin), Maria mit dem Kinde (Kriewen), der h. Christophorus (Lutherische Kirche in Posen). Es findet sich der österreichische Adler (Synagoge in Kurnik); oftmals ist das Mittelfeld mit einer ornamentalen Komposition gefüllt (Provinzial-Museum in Posen, Psarskie, Olobok, Kostschin, Schwarzenau, Grünfier). Auf den umrahmenden Friesen ist ein gewundenes Blattwerk von noch spätgotischer Zeichnung dargestellt, einige Male auch in mehrfacher Wiederholung ein vom Hunde gehetzter Hirsch, das Abbild der vom Bösen verfolgten Seele (Wreschen und Kurnik).

Ueber den Ursprung der Schüsseln[1]) ist nichts vermerkt; nur zwei tragen die Schenkungsjahre 1644 und 1670 (Górka duchowna und Unruhstadt). Aufserhalb der Reihe der aufgeführten Schüsseln scheinen einige etwas ältere Schüsseln zu stehen, als deren Gegenstände im Mittelfelde einmal die Ermordung Abels (Trinitatis-Kirche in Gnesen), zwei andere Male allegorische Gestalten (Kruschwitz, Kurnik) gewählt sind. Eine Schüssel von mehr individuellem Charakter ist die der Klosterkirche in Exin, auf welcher die Taufe Christi in mittelalterlicher Auffassung dargestellt ist.

Neben der Goldschmiedekunst entwickelte sich im Lande auch die Zinngiefserei, welche die gottesdienstlichen Geräte für die ärmeren evangelischen Gemeinden sowie die Geräte für den bürgerlichen Hausbedarf lieferte. Die Sitze dieses Gewerbes waren wiederum die Städte Posen, Lissa, Fraustadt und Rawitsch; nach deutscher Sitte wurden die Zinngeräte mit dem Landes-, dem Stadt- und dem Meisterstempel versehen. Oftmals finden sich Erzeugnisse aus den benachbarten deutschen Provinzen. Das künstlerisch beste Zinngerät ist die Taufschüssel der evangelischen Kirche in Lafswitz, eine Posener Arbeit von 1569[2]). Im übrigen besitzen die zinnernen Kelche, Wein-

---

[1]) Die Messingschüssel der Lutherischen Kirche in Posen ist als eine der am besten erhaltenen Bd. II, Abb. 45 wiedergegeben. — An der Hand dieser Schüssel hat Superintendent H. Kleinwächter die oben mitgeteilte Erklärung des Minuskel-Schriftbandes gegeben, Z. H. Ges. XII, S. 324. J. Kohte, Repertorium für Kunstwissenschaft XXI, S. 327. An beiden Orten eine Abbildung der Legende in gröfserem Mafsstabe.

[2]) Bd. II, Abb. 62.

kannen, Leuchter, Schüsseln und Innungshumpen im einzelnen nur bescheidenen Wert; ihre Bedeutung liegt mehr in den Beiträgen, welche sie in ihrer Gesamtheit für die Geschichte des einheimischen Kunsthandwerks liefern. Künstlerisch beachtenswerte Zinngeräte wie die der Schweizer Briot und Enderlein kommen in der Provinz Posen nicht vor.

Die sehr verbreiteten Kronleuchter aus Messinggufs bekunden ihre deutsche Herkunft in dem auf der Spitze der Spindel angebrachten deutschen Reichsadler; die besten Beispiele finden sich in der katholischen Pfarrkirche in Grätz und in der altstädtischen evangelischen Pfarrkirche in Fraustadt[1]), sowie in der alten Synagoge in Posen, in welcher ein Leuchter mit dem polnischen Adler als eine einheimische Arbeit zu betrachten ist. Auch Standleuchter sind häufig aus Messinggufs hergestellt. Zwei Lesepulte, in neuklassischen Formen gegossen, gelangten aus dem Kloster Obra in den Dom in Posen. Die Tauf- und Weihwassergefäfse der katholischen Kirchen wurden in gefälliger Weise aus Kupfer getrieben.

Ein anschauliches Bild von der Entwicklung des Kunsthandwerks gewähren die Glocken. Seit dem 16. Jahrhundert wurde es Sitte, dafs die Giefser nicht nur die Jahreszahl, sondern auch ihren Namen und ihren Wohnort auf den Glocken anbrachten, so dafs wir über den Ursprung der Glocken meist zuverlässig unterrichtet sind. Die technische Herstellung der Gestalt, namentlich auch der der Schrift und des Zierrats der Glocken blieb bis zur Gegenwart dieselbe, wie sie sich zur spätgotischen Zeit herausgebildet hatte; nur wurden Schrift und Zierrat reichlicher verwendet. Renaissanceschmuck zeigen zum ersten Male einige Glocken, welche um die Mitte des 16. Jahrhunderts, von 1539 an, von einem unbekannten, vermutlich in Posen ansässigen Meister gegossen wurden[2]). Die ältesten vorkommenden Giefsernamen entbehren noch der Angabe des Wohnsitzes; das Gewerbe wurde im Umherziehen betrieben, und die Glocken wurden in Ermangelung bequemer Verkehrswege am Orte des Bedarfs gegossen. Die Giefser stammten teils aus der Provinz selbst, teils aus den deutschen Nachbargebieten; im 17. Jahrhundert kamen viele aus Lothringen[3]). Besonders wurden grofse Glocken am Orte gegossen, so im Jahre 1693 die Glocke der evangelischen Kirche in Birnbaum durch W. Hampel aus Posen, 1726 die S. Adalberts-Glocke des Gnesener Domes, die gröfste der Provinz, durch M. Wittwerk aus Danzig und noch 1760—61 das Turmgeläute des Gnesener Domes durch J. Z. Neuberdt aus Posen; im Jahre 1713 gofs Chr. Demminger aus Liegnitz in Lissa eine Glocke für die Kirche in Nieder-Heiersdorf. Die ersten Glocken aus ständigen Giefsereien lieferten nachweisbar zu Anfang des 17. Jahrhunderts Danzig und Stettin. Die Grenzlandschaften der Provinz bezogen seitdem einen grofsen Teil ihrer Glocken aus westpreufsischen, pommerschen, brandenburgischen und schlesischen Giefsereien.

---

[1]) Bd. III, Abb. 58 und 125.
[2]) Vgl. im Verzeichnis der Erzgiefser, S. 147 dieses Bandes.
[3]) E. Wernicke, Lothringische Glockengiefser in Deutschland. Jahrbuch der Gesellschaft für lothringische Geschichte und Altertumskunde. Metz. III, 1891. S. 401.

Allmählich bildeten sich auch in der Provinz Posen ständige Giefsereien. Als erster Giefser aus der Stadt Posen nennt sich in den sechziger Jahren des 17. Jahrhunderts der aus Lübeck gebürtige J. Witarns, in Gemeinschaft mit ihm Simon Koysche, ein Angehöriger einer wandernden Giefserfamilie, welche sich vorzugsweise im Gebiete der Provinz Posen bethätigt zu haben scheint. Das 18. Jahrhundert hindurch bildet die Zahl der Posener Glockengiefser und ihrer Werke eine ununterbrochene Kette, welche erst nach der Mitte des 19. Jahrhunderts abbricht. Neben Posen blühte die Glockengiefserei in Lissa; zeitweilig wurde sie auch in Meseritz und Schwersenz betrieben. Die Meister waren sämtlich Deutsche und meist aus den evangelischen Gemeinden hervorgegangen, welche, dank ihrer ununterbrochenen Beziehungen zu Deutschland, die alleinigen Pflegstätten kunstgewerblicher Thätigkeit im Lande darstellten. In der stilistischen Entwicklung blieben die einheimischen Meister stets um einige Zeit hinter den auswärtigen zurück; sehr bezeichnend in dieser Hinsicht ist, dafs die zahlreichen Glocken, welche von J. F. Schlenkermann in Posen um die Wende des 18. Jahrhunderts und von der Familie Kalliefe in Lissa bis zur Mitte des 19. Jahrhunderts hergestellt wurden, noch Rokoko-Zierrat zeigen, während die im Ausgange des 18. Jahrhunderts aus Berlin und Stettin bezogenen Glocken streng im neuklassischen Stile modelliert sind.

Auf den Glocken des 16. Jahrhunderts wurden die mittelalterlichen Sprüche[1]) noch oftmals wiederholt. Mit der Ausbreitung der Reformation wurde es mehr und mehr Brauch, Bibelsprüche auf den Glocken anzubringen, wie „Sit nomen domini benedictum ex hoc nunc et usque in saeculum" (Psalm 112, 2), „Laudate dominum in cymbalis bene sonantibus" (Psalm 150, 5), „Gloria in excelsis deo" (Gesang der himmlischen Heerschaaren, Evang. Lucae 2, 14), „Vigilate et orate, quia nescitis diem" (Evang. Matth. 25, 13 und 26, 41), „Verbum domini manet in eternum" (I. Ep. Petri 1, 25), um nur die bekanntesten anzuführen. Meist stammen die Glocken mit derartigen Bibelstellen aus der Zeit, da die Kirchen in protestantischem Besitze waren. Auch aus den protestantischen Chorälen wurden die Sprüche entnommen, wie andererseits aus den katholischen Lob- und Bittgesängen. Eine Gruppe von Sprüchen ist im Hinblick auf die Aufgaben, welche die Glocke erfüllen soll, gewählt oder eigens verfafst. Von lateinischen Sprüchen dieser Art ist der in Zedlitz (1715) einem mittelalterlichen Glockenspruche nachgebildet, derjenige in Exchen (1624) aus der Vulgata (Psalm 101, 23) entnommen. Die deutschen Sprüche sind für den besonderen Zweck gedichtet, so die in Rombin (1630), Hansfelde (1723), Gramsdorf (1739)[2]), Tillendorf (1768) und Budsin (1775). Joachim Karstede hat seinen Glocken in Kletzko (1588) und Grofs-Drensen (1608) einige selbst gedichtete Verse gewidmet[3]). Gern gedenken die Giefser des Beistandes Gottes beim Gufs der Glocke; sehr beliebt ist der Spruch:

---

[1]) Vgl. S. 83.
[2]) Die Sprüche in Hansfelde und Gramsdorf in alexandrinischem Versmafs.
[3]) Bei dieser Gelegenheit sei auch an den Spruch des Bildhauers A. Besin auf dem Taufsteine von 1580 in Klein-Kreutsch erinnert.

„Durch Feuer bin ich geflossen, . . . hat mich gegossen"[1]); im 18. Jahrhundert wird oftmals sogar der Tag des Gusses angegeben. Die Inschriften beschränken sich nicht mehr, wie im Mittelalter, auf den Hals; sie umziehen auch den Kranz und bedecken die Ansichten. Man benutzte die Glockeninschriften, um Begebenheiten aus der Geschichte der Kirche oder der Glocke selbst mitzuteilen[2]), oder um die Namen der Stifter, des Pfarrers, der Kirchväter oder der weltlichen und geistlichen Oberen anzubringen, und stellte die Jahreszahl wohl nochmals in einem Chronogramm zusammen; daneben wurde heraldisches Schmuckwerk nicht vergessen[3]).

Priestergewänder und Altarbekleidungen, aus gewebten und gestickten Stoffen hergestellt, sind aus dem 17. und 18. Jahrhundert in katholischen wie evangelischen Kirchen in stattlicher Zahl erhalten. Die besseren Gewebe wurden aus deutschen, mitunter auch aus französischen und italienischen Fabriken bezogen. Die Muster folgen dem Entwicklungsgange der Weberei. Muster der Renaissance, die das spätgotische Granatapfelmuster weiterbilden, sind nur wenig vertreten. Die grofse Mehrzahl der Muster gehört den seit dem Ende des 17. Jahrhunderts auftretenden Stilarten an, dem Barock, welches schwere, prächtige Blumensträufse liebt, die den Einflufs der holländischen Blumenzucht wiederspiegeln, und dem Rokoko und Klassizismus, welche sich wieder in leichten Blütenzweigen und zarten Streublümchen ergehen[4]). Die in den deutschen Städten der Provinz Posen ehemals gepflegte Leinenweberei erhob sich nur selten zu künstlerischen Leistungen; das beste Erzeugnis, welches von ihr bekannt geworden ist, ist eine 1728 in Lissa hergestellte Altardecke, von der sich zwei Exemplare, das eine in der evangelischen Kreuz-Kirche in Lissa, das andere in der evangelischen Kirche in Zaborowo bei Lissa, erhalten haben[5]).

Neben den abendländischen Stoffen kommen in geringerer Zahl auch Stoffe morgenländischer Herkunft vor. Es sind dies namentlich die Seidengürtel (Pässe, poln. Pasy), welche seit dem 17. Jahrhundert in Polen als Bestandteil der Kleidung vornehmer Personen sehr beliebt waren, oft aber auch zur Herstellung von Priestergewändern benutzt wurden. Sie wurden aus der Türkei und Persien bezogen, seit der Mitte des 18. Jahrhunderts aber auch in Polen selbst durch orientalische Weber angefertigt. Fürst Michael Kasimir Radziwill eröffnete 1758 in Sluck in Littauen eine Weberei, als deren Leiter er einen gewissen Johann Madzarski aus Konstantinopel anstellte.

---

[1]) Auf den Glocken des 17. und 18. Jahrhunderts. K. Kalliefe in Lissa gebrauchte diesen Spruch noch 1816 für seine Glocken in Neutomischel.

[2]) Auf der Glocke in Kutschkau von 1635 wird ein Brand des Klosters Paradies gemeldet. Auf der Glocke der evangelischen Kirche in Obersitzko von 1768 wird der Freigebung des evangelischen Bekenntnisses gedacht.

[3]) Als Beispiel für die langatmigen Inschriften der Spätzeit sei auf die grofse Glocke der Bernhardiner-Kirche in Posen verwiesen.

[4]) Als besonders wertvoll seien die Ausstattungen eines Priesters in der S. Maria-Magdalena-Kirche in Posen und in der katholischen Pfarrkirche in Bentschen hervorgehoben.

[5]) Abbildung der letzteren, jetzt im Provinzial-Museum in Posen aufbewahrten Decke Bd. II, Abb. 63.

Aehnliche Webereien entstanden in Kobylka bei Warschau, Grodno, Krakau, Lemberg, Schidlitz bei Danzig u. a. O.; zur bedeutendsten scheint sich die Fabrik in Sluck entwickelt zu haben, welche sich bis in das 19. Jahrhundert hinein erhielt, und deren Erzeugnisse durch die eingewebte Ortsmarke leicht kenntlich sind[1]). Die Muster dieser Gürtel, besonders die zierlichen Blumensträufse der Endstücke sind dem persischen Pflanzenornament entlehnt[2]). Einige Stoffe mit streng stilisierten Mustern, Gewändern, Altarbekleidungen und Decken[3]) sind vermutlich ebenfalls orientalischer Abkunft, sei es, dass sie von auswärts bezogen, sei es, dass sie wie die Gürtel durch fremde Arbeiter im Lande selbst verfertigt wurden. Vereinzelt finden sich orientalische Teppiche[4]). Die künstlerische Unselbständigkeit Polens erklärt es, dass die Formenkreise des Abend- und des Morgenlandes in Abgeschiedenheit neben einander bestanden und nur in seltenen Fällen sich durchdrangen.

Einen mehr örtlichen Charakter tragen die Aufnäharbeiten und die verschiedenen Arten der Stickereien. Die gestickte Bekleidung einer Thorarolle aus Schwersenz, jetzt im Provinzial-Museum in Posen befindlich, stammt als das älteste datierte Stück vom Jahre 1613. Sehr fleifsig wurde die Nadelkunst in den Nonnenklöstern in Owinsk, Olobok und Strelno gepflegt, welche noch beachtenswerte Bestände von Stickereien des 17. und 18. Jahrhunderts besitzen. Die Stickereien in den beiden evangelischen Kirchen der Stadt Lissa wurden wohl innerhalb der Gemeinden angefertigt.

[1]) M. Heiden, Orientalische oder polnische Seidenstoffe. Kunstgewerbeblatt. Leipzig. Neue Folge. II, 1891, S. 1.
A. Römer, Pasy polskie, ich fabriki i znaki S. h. s. V, S. 162. A. Jelski, Windomość historyczna o pasiarni Radziwiłłowskiej w Słucku. S. h. s. V, S. 193. — Berichte über diese beiden Arbeiten im Anzeiger der Akademie der Wissenschaften in Krakau 1893, S. 216 und 1895, S. 238.
[2]) Bd. II, Abb. 64 – 66.
[3]) In Buk, Grätz, Ilgen, Stralkowo, Olobok und Gostyczyn.
[4]) Der beste ist der aus der evangelischen Kreuz-Kirche in Posen, im Provinzial-Museum aufbewahrt.

VERZEICHNIS

DER

KÜNSTLER UND IHRER WERKE.

Literatur.

G. K. Nagler, Neues allgemeines Künstler-Lexikon. München 1835–52. 22 Bde.
— Die Monogrammisten. München 1858–79. 5 Bde.
J. Meyer, Allgemeines Künstler-Lexikon. Zweite gänzlich neubearbeitete (unvollendete) Auflage von Naglers Künstler-Lexikon. Leipzig 1872–85. 3 Bde.
A. Seubert, Allgemeines Künstler-Lexikon. Frankfurt a. M. 1882. 3 Bde.
M. Rosenberg, Der Goldschmiede Merkzeichen. 2000 Stempel auf älteren Goldschmiedearbeiten, in Facsimile herausgegeben und erklärt. Frankfurt a. M. 1890.
F. Sarre, Die Berliner Goldschmiede-Zunft von ihrem Entstehen bis zum Jahre 1800. Berlin 1895. 4°.
Seb. Ciampi, Bibliografia critica delle antiche reciproche corrispondenze politiche, ecclesiastiche, scientifiche, letterarie, artistiche dell' Italia colla Russia, colla Polonie ed altre parti settentrionali. Florenz 1834–42. 3 Bde. Dieses Werk berücksichtigt auch die früheren Arbeiten des Verfassers, Notizie di medici ecc. italiani in Polonia e polacchi in Italia, Lucca 1830, und Viaggio in Polonia nella state del 1830, Florenz 1831.
E. Rastawiecki, Słownik malarzów polskich tudzież obcych w Polsce osiadłych lub czasowo w niej przebywających (Verzeichnis der polnischen sowie der fremden, in Polen thätigen Maler). Warschau 1850–57. 3 Bde.

A. Architekten.

Bauhütte des Heinrich Brunsberg von Stettin, welcher 1401 den Bau der
S. Katharinen-Kirche in Brandenburg a. H. begann.
   1433 S. Marien-Kirche in Posen.
   1437 Kath. Pfarrkirche in Kurnik.

Giovanni Battista di Quadro aus Lugano, 1552 zum Stadtbaumeister von
Posen ernannt.
   1550—55 Rathaus in Posen.
   Um 1550 am bischöflichen Schlosse in Kröben thätig.
   1559 Kapelle an der kath. Pfarrkirche in Kościelec.
   Ohne Jahr Haus Breslauer Str. 7 in Posen.

Bartholomäus Wąsowski, Rektor des Jesuiten-Kollegiums in Posen.
   Seit 1651 Jesuiten-Kirche in Posen.
   1678 Veröffentlichung eines architektonischen Lehrbuches[1].

Pompeo Ferrari.
   1714 Kath. Pfarrkirche in Obersitzko.
   1720 Ehem. Klosterkirche in Owinsk.
   1728—30 Potocklsche Kapelle am Dome in Gnesen.

v. Hornburg, Oberbaudirektor der Neumark[2]).
   1731 Evang. Pfarrkirche in Meseritz.

Johann Steiner, Lissa.
   1730—33 Vollendung der Turmfront der chem. Bernhardiner-Kirche in Posen.

Karl Martin Frantz, Lissa.
   Seit 1742 am Schlosse Reisen thätig.
   1743 Entwurf für den Turm der evang. Kreuz-Kirche in Lissa.

Ignaz Graf.
   Seit 1766 am Schlosse Reisen thätig.

Belotto, Angehöriger einer in Polen ansässigen Künstlerfamilie.
   1761 Wiederherstellung des Domes in Gnesen.

Schreger, Warschau.
   1772 Wiederherstellung des Domes in Posen.
   1779 Turmhelme des Domes in Gnesen.

---
[1] Vgl. S. 91.
[2] Nach seinem Entwurfe wurde 1728—29 der Turm der Pfarrkirche in Krossen ausgeführt. G. Matthias, Chronica der Stadt Krossen. Krossen 1849, S. 325. H. Licht, C. d. B. 1892, S. 114.

Greth und Böthke, preufsische Landbaumeister.
  1784—87 Evangelische Pfarrkirche in Bromberg.
Solari, Warschau (Ciampi, Bibliografia II, S. 253).
  1789 Westfront des Domes in Posen.
Heermann, bautechnisches Mitglied der Posener Kammer.
  1796 Entwurf zum Stadttheater in Posen, ausgeführt 1802—4.
David Gilly, 1748—1808, Oberbaurat und Direktor der Bauschule in Berlin[1]).
  1801 Entwurf zum Stadttheater in Posen, nicht ausgeführt.
Karl Gotthard Langhans, 1732—1808, Breslau und Berlin.
  1802 Entwurf zur evang. Pfarrkirche in Rawitsch.
Krause, Bauinspektor in Posen.
  1803—8 Ausführung der evang. Pfarrkirche in Rawitsch.
Koch, Hofbauamts-Assessor[2]).
  1802—4 Ausführung des Stadttheaters in Posen.
Triest, Oberbaudirektor in Posen.
  1804 Entwurf zur Wiederherstellung der ehem. Dominikaner-Kirche in Posen.
Karl Friedrich Schinkel, 1781—1841, Berlin[3]).
  1822—24 Entwurf und Bau des Schlosses Antonin.
  1825 (?) Entwurf zum Schlosse Krzeszkowice, Kreis Samter.
  1833 Entwurf zum Denkmal der beiden ersten christlichen Herrscher Polens auf dem Domplatze in Posen.
  1834—35 Entwurf zum Umbau des Schlosses Kurnik.
Francesco Maria Lanci, Rom und Krakau.
  1830 Umbau der kath. Pfarrkirche in Pempowo.
  1836—40 Goldene Kapelle am Dome in Posen.
Friedrich August Stüler, 1800—1865, Berlin[4]).
  1856—59 Schlofs in Grofs-Dammer.
  1862 Wiederherstellung der kath. Pfarrkirche in Gembitz.
  Schlofs Kobylepole.
  Evang. S. Pauli-Kirche in Posen, nach seinem Tode ausgeführt.
Friedrich Adler, Berlin.
  1872—76 Evang. S. Pauls-Kirche in Bromberg.
Bernhard Below, Köln.
  1885—86 Lutherische Kirche in Posen.

---

[1]) Nachruf, verfafst von W. Kohlhoff. Berlin 1809. Vgl. auch: Das Jahr 1793, Urkunden und Aktenstücke, S. 418.
[2]) Weitere Nachrichten über seine Bauthätigkeit Z. B. Ges. X, S. 122.
[3]) Schinkel, Sammlung architektonischer Entwürfe. Berlin 1820 ff. Fol. A. v. Wolzogen, Aus Schinkels Nachlafs. Berlin 1862—64. 4 Bde.
[4]) Ein Lebensbild Stülers, verfafst von R. Lucae, Z. f. B. 1865, S. 272.

B. Bauhandwerker.

Nikolaus, Zimmermeister, Posen.
    1426 Schlofs Kurnik.
Peter, Maurermeister, Samter.
    Um 1550 Langhaus der kath. Pfarrkirche in Wongrowitz.
Bartosch, Maurermeister, Posen.
    1594—95 Einwölbung der kath. Pfarrkirche in Wongrowitz.
Hans Grantz, Röhrsdorf bei Fraustadt.
    1604 Altstädt. evang. Pfarrkirche in Fraustadt.
Anton Lamsit, † 1622.
    Vermutlich beim Bau des Schlosses und der Kirche in Goluchow thätig.
Hans Lindener, Bojanowo.
    1692 Evang. Pfarrkirche in Birnbaum.
Kaspar Frantz, Frankstein.
    1726 Turm der kath. Pfarrkirche in Fraustadt.
George Koebel, Krossen.
    1731 Evang. Pfarrkirche in Mescritz.
Merker, † 1753, Neustettin.
    1749—53 Kath. Pfarrkirche in Sadke.
Paul Pilgram, † 1758.
    Einwölbung der kath. Pfarrkirche in Sadke.
David Fetzel, Konitz.
    1758 Kath. Pfarrkirchen in Lindenwald und Sadke. Vermutlich auch an den kath. Pfarrkirchen in Bysehewo und Grofs-Lonsk thätig.
Gottfried Oberreich, Konitz.
    Um 1760 Vollendung der kath. Pfarrkirche in Sadke.
Thomas, Zimmermeister, Zirke.
    1778—79 Evang. Pfarrkirche in Neustadt bei Pinne.
Theodor Romanowski und Anton Herlitze.
    1780—81 Evang. Pfarrkirche in Tirschtiegel.
Gottlieb Werchan.
    1782—85 Evang. Pfarrkirche in Zirke.
Anton Höhne, Maurermeister, Posen.
    1777—86 Evang. Kreuz-Kirche in Posen.
    1778—89 Evang. Pfarrkirche in Neustadt bei Pinne.
    1783 Turm des Rathauses in Posen.

Johann Nerger, Zimmermeister, Posen.
> 1783 Turm des Rathauses in Posen.

Georg Konrad Markus, Kupferschmied, Posen. Aus Schokken gebürtig, erlangte in Posen 1760 Bürgerrecht.
> 1779 Eindeckung der Turmhelme des Domes in Gnesen.
> 1783 Eindeckung des Rathaus-Turmes in Posen.

Johann Friedrich Hansen, Breslau.
> 1791—92 Evang. Pfarrkirche in Zduny.

C. Bildhauer.

Veit Stofs, um 1450—1533, Nürnberg; 1477—1496 in Krakau ansässig[1]).
> Grabplatte des Erzbischofs Sbigneus Oleśnicki † 1493, Dom in Gnesen.

Zwei unbekannte Meister, vielleicht aus der Umgebung des Veit Stofs in Krakau.
> Grabplatte eines unbekannten Erzbischofs, Dom in Gnesen.
> Hochaltar, kath. Pfarrkirche in Koschmin.

Peter Vischer. Vgl. Verzeichnis der Erzgiefser.

Unbekannter Meister, um 1500.
> Bildwerke, kath. Pfarrkirchen in Chwalkowo und Jaratschewo.

M. P.
> 1501 Zwei Taufsteine, kath. Pfarrkirchen in Punitz und Pawlowitz.

Johannes, aus Florenz, in Gran (Ungarn) thätig[2]).
> 1516—17 Vier Grabplatten im Dome zu Gnesen, im Auftrage des Erzbischofs Johannes Laski gefertigt.

H. W., Marke ℍℍ.
> 1555 Am Rathause in Posen beschäftigt.

Hieronymus (Geronimo) Canavesi, aus Mailand, in Krakau ansässig und dort 1582 gestorben[3]).
> 1574 Wandgrab der Familie Górka, Dom in Posen. Daneben die Widmungstafel.
> 1577 Wandgrab des Bischofs Adam Konarski † 1564, Dom in Posen.
> o. J. Wandgrab des J. Rokossowski † 1580, kath. Pfarrkirche in Samter.

---

[1]) Dohme, Kunst und Künstler, I, 2. XXXVI, S. 7. R. Bergau, Veit Stofs.
[2]) Ehrenberg, Geschichte der Kunst, S. 63.
[3]) Seine Grabschrift in der Franziskaner-Kirche in Krakau, Ciampi I, S. 169. Einige der Nachprüfung und Vervollständigung bedürftige Angaben über ihn und seinen gleichnamigen Sohn bei Ciampi II, S. 245 und Wdowiszewski, S. h. s., IV, S. LXIII und LXX.

Johann Michalowicz, aus Urzędow, 1570 Meister in Krakau[1]).
o. J. Wandgrab des Bischofs Benedikt Izbienski † 1553, Dom in Posen.

Albert Besin.
1580 Taufstein, kath. Pfarrkirche in Klein-Kreutsch.

Konrad Rot, Fraustadt (?).
Grabsteine, auf dem evang. Friedhof in Fraustadt, für Valerius Herberger † 1627, Georg Vechner † 1627, dessen Ehefrau Maria geb. Menzel † 1635 und Matthias Vechner † 1630.

Unbekannter Meister, vermutlich aus Rawitsch, in der ersten Hälfte des 18. Jahrhunderts.
Zwei geschnitzte Taufbecken, evang. Pfarrkirchen in Rawitsch und Sarne.

Stühl, Lissa (?).
1744 Hochaltar, kath. Pfarrkirche in Lissa.

Ephraim Gerlach, Kulm (Westpreufsen).
1758—67 Ausbau der kath. Pfarrkirche in Sadke.

Christian Daniel Rauch, 1777—1857, Berlin[2]).
1828—37 Standbilder der beiden ersten christlichen Herrscher Polens, in der Goldenen Kapelle am Dome in Posen.

Gustav Bläser, 1813—74, Berlin.
1837 am Modelle des vorgenannten Denkmals thätig.

Albert Wolff, 1814—92, Berlin.
1837 am Modelle des vorgenannten Denkmals thätig.
Um 1845 Statue einer Hygieia, an der kath. Pfarrkirche in Santomischel.

Ludwig Wilhelm Wichmann, 1784—1859, Berlin.
1833 Büste des Fürsten Anton von Radziwill, Schlofs Antonin.
1841 Modell des Grabmals für Erzbischof Ignaz Raczynski, kath. Pfarrkirche in Obersitzko.

Andreas Friedrich, 1798—1877, Strafsburg.
1846 Standbild des Erzbischofs Martin Dunin † 1842, Dom in Posen.

Ernst Rietschel, 1804—61, Dresden.
1847 Bildnis des Oberpräsidenten Zerboni di Sposetti † 1831, kath. Pfarrkirche in Lekno.

---
[1]) S. h. s. V, S. 4, Anm. 8.
[2]) Zur Literatur vgl. Bd. II, S. 31.

D. Maler.

C. R.
1499 Flügelaltar, ehemals in der evang. Pfarrkirche in Züllichau, jetzt in der kath. Pfarrkirche in Bomst.

Unbekannter Meister, Marke 🝊 (Michael Lenz aus Kissingen?).
1507 Oelbild, Dom in Posen.

Lukas Jakobsz gen. Lukas von Leyden, 1494—1533.
Oelbild, Sammlung des Towarzystwo przyjaciol nauk in Posen.

Schule Raphaels († 1520 in Rom).
Oelskizze, vorgenannte Sammlung.

M. B., vielleicht aus der Provinz Posen. Die Buchstaben zum Monogramm an einander gezogen.
1595 Altar, kath. Pfarrkirche in Olszowa.

Matthäus Kossyor, Posen.
1596 Altar, kath. Pfarrkirche in Kletzko.

Unbekannter Meister, vielleicht aus der Provinz Posen. Marke 𝓢.
1600 Altar, Friedhof-Kapelle in Olobok.

Eugenio Caxes, 1577—1642, Madrid.
1609 Oelbild, ehemals im Hieronymiten-Kloster in Guadelupe, jetzt in der kath. Pfarrkirche in Obersitzko.

Domenico Zampieri gen. Domenichino (?), Bologna, Rom und Neapel, 1581—1641.
Oelbild, Sammlung des Towarzystwo przyjaciol nauk in Posen.

Peter Paul Rubens, 1577—1640, Antwerpen.
Oelskizze, vorgenannte Sammlung.

Adam Elsheimer, 1578—1620, Frankfurt a. M. und Rom.
Oelbild, vorgenannte Sammlung.

Balthasar Strobel, ein Angehöriger der verbreiteten Künstlerfamilie dieses Namens (Nagler, Künstler-Lexikon, XVII, S. 489.[1]).
1622 Altarbild, kath. Pfarrkirche in Pempowo.

Christoph Petzelins, vermutlich aus der Provinz Posen.
1651 Kanzel, evang. Pfarrkirche in Chlastawe.

Gerhard Terburg oder Ter Borch (?), 1617—81, Haarlem und Deventer.
Oelbild, Sammlung des Towarzystwo przyjaciol nauk in Posen.

Nikolas Berchem, 1620—83, Haarlem und Amsterdam.
Oelbild, vorgenannte Sammlung.

---
[1] Ein Maler Abraham Strobell aus Baiern erhielt 1639 Bürgerrecht in Posen.

Johannes van der Bent, 1650—90, Amsterdam.
: Oelbild, vorgenannte Sammlung.

Nicolas Laucret, 1690—1743, Paris.
: Oelbild, vorgenannte Sammlung.

Daniel Chodowiecki, 1726—1801, Berlin.
: Ein Oelbild und mehrere Zeichnungen, vorgenannte Sammlung.

Marcello Bacciarelli, 1731—1818, Rom, Dresden und Warschau (Ciampi II, S. 238. Rastawiecki II, S. 18).
: Oelbilder im Dome sowie in der vorgenannten Sammlung in Posen.

Franz (Franciszek) Smuglewicz, 1745—1807, Warschau und Wilna (Rastawiecki II, S. 171).
: Oelbilder und Skizzen, vorgenannte Sammlung.
: Gewölbemalereien, ehem. Abteikirche in Tremessen.

G. Knoefvell.
: 1780 Oelbild, Rathaus in Rawitsch.

Franz Cielecki, Posen.
: 1783 Erneuerung der Malereien an der Ostfront des Rathauses in Posen.

E. Brzozowski.
: 1840 Wandbild, Goldene Kapelle am Dome in Posen.

Januarius Suchodolski, 1797—1875.
: 1840 Wandbild ebendaselbst. Mehrere Oelbilder in der Sammlung des Towarzystwo przyjaciol nauk in Posen.

Andreas Müller, 1811—90, Düsseldorf.
: 1840 Dekorative Ausmalung der Goldenen Kapelle am Dome in Posen.

Julius Rudolf Hübner, 1806—82, Dresden.
: 1835 Altarbild, evang. Pfarrkirche in Meseritz.

A. Steinach.
: 1847 Oelbild, Dom in Gnesen.

Franz Schubert, Dessau.
: Karton, evang. Garnisonkirche in Posen, entworfen für das 1848 vollendete Oelbild in der S. Nikolai-Kirche in Zerbst.

E. Goldschmiede.

Provinz Posen.

Posen.

Stempel: Zwei gekreuzte Schlüssel, darüber oftmals eine Krone.
Vgl. Band II, Abb. 2—3.

Jakob Barth.
1494 Reliquiar für den Kopf des h. Adalbert im Dome zu Gnesen.

Peter Gelhor.
1507 Reliquiar für die Hand des h. Adalbert in der ehem. Abteikirche in Tremessen.

Erasmus Kamyn.
1592 Veröffentlichung von Vorlageblättern für Goldschmiede[1]).

Tobias Jaslowski. Rechteckiger Stempel, TJ über einem Kleeblatt.
Um 1630 Altarkreuz, kath. Pfarrkirche in Siedlec.
o. J. Zwei Mefskännchen nebst Schüssel, S. Adalberts-Kirche in Posen.

Unbekannter Meister. Stempel †M̂.
o. J. Pacificale, kath. Pfarrkirche in Konarzewo.

Johann Brozek (Brosiek). Stempel ⌐B [2]).
1648 Kelch, kath. Pfarrkirche in Pogorzela.
1651—54 Acht Altarleuchter, kath. Pfarrkirche in Kobuar.
o. J. Zwei Mefskännchen nebst Schüssel, kath. Pfarrkirche in Tulce.

Stanislaus Schwarz erlangte, aus Krakau kommend, in Posen 1634 Bürgerrecht. Schildartiger Stempel, SS über einer Lilie.
1643 Kelch, kath. Pfarrkirche in Zirke.
1660 Speisekelch, ehem. Klosterkirche in Olobok.
o. J. Speisekelch, kath. Pfarrkirche in Gostyn.

Franz Walther, um die Mitte des 17. Jahrhunderts genannt, Stempel FW.
Monstranz, kath. Pfarrkirche in Kurnik.
Kelch, ehem. Klosterkirche in Lubin.

Woiciech (Adalbert) Budziniewicz, seit der Mitte des 17. Jahrhunderts wiederholt genannt. Im Stempel die Buchstaben WB, zum Monogramm an einander gezogen.

---

[1]) Vgl. S. 109.

[2]) Ein 88 cm hohes Pacificale, angeblich einen Zahn der h. Hedwig enthaltend, im Schatze der ehemaligen Cistercienserinnen-Kirche in Trebnitz bei Breslau, zeigt denselben Meisterstempel neben dem Stempel der Stadt Posen (zwei Schlüssel unter einer Krone).

1655 Kelch, kath. Pfarrkirche in Lache.
o. J. Monstranz und Pacificale, kath. Pfarrkirche in Lopienno.
Vortragekreuz, kath. Pfarrkirche in Pakosch.
Zwei Reliquiare, kath. Pfarrkirche in Czacz.
Sechs Kelche, kath. Pfarrkirchen in Goslin, Golejewko, Pawlowitz und Miloslaw, chem. Klosterkirche in Gorka bei Lobsens, chem. Dominikaner-Kirche (jetzt evang. Pfarrkirche) in Kosten.
Speisekelch, kath. Pfarrkirche in Lubasch.
Zwei Mefskännchen nebst Schüssel, kath. Pfarrkirche in Slupla, Kreis Posen-West.

I. W., Johann Walentynuszíwicz oder Johann Wernheide, von denen der letztere 1656 Bürgerrecht erhielt.
1651 Votivtäfelchen, kath. Pfarrkirche in Lubasch.
1654 Kelch, kath. Pfarrkirche in Czarnikau.
o. J. Zwei Monstranzen, kath. Pfarrkirchen in Sowina und Szczury.
Monstranz und Kelch, kath. Pfarrkirche in Schokken.
Vier Kelche, kath. Pfarrkirchen in Bromberg, Mietschisko, Roschnowo und Tremessen.
Kelch und Patene, ehem. Klosterkirche in Wongrowitz.

Unbekannte Meister, deren Marken fehlen oder unklar sind.
1660 Kelch, kath. Pfarrkirche in Dolzig.
o. J. Zwei Kelche, kath. Pfarrkirche in Dzickanowice und ehem. Klosterkirche in Exin.

Lukas Wrzaskowicz, erlangte Bürgerrecht 1665. Stempel LW in herzförmiger Umrahmung.
1673—74 Zwei Kelche, kath. Pfarrkirche in Lopienno und Zdziesz.
1674 Monstranz, kath. Pfarrkirche in Kletzko.
o. J. Zwei Monstranzen, kath. Pfarrkirchen in Czempin und Welnau.

Unbekannter Meister, vielleicht Johann Wernheide oder Johann Wolniewicz. Stempel W in schildartiger Umrahmung.
1669 Kelch, kath. Pfarrkirche in Schrimm.
1680 Kelch, kath. Pfarrkirche in Mrotschen.
1697 Kelch, kath. Pfarrkirche in Czacz.
o. J. Drei Kelche, Dom in Posen, kath. Pfarrkirchen in Jaratschewo und Kühme.

Unbekannter Meister. Stempel ✥.
1682 Kelch, kath. Pfarrkirche in Pempowo.
o. J. Monstranz, kath. Pfarrkirche in Oporowo.
Zwei Kelche, Dom in Gnesen und kath. Pfarrkirche in Ilgen.
Kreuz, kath. Pfarrkirche in Görchen.

Unbekannter Meister. Stempel GH (Monogramm).
Fufs eines Kelches, kath. Pfarrkirche in Pakosch.

W. S. Schildartiger Stempel, unter den Buchstaben eine Lilie.
Kelch, kath. Pfarrkirche in Wreschen.

Christoph Neumann, erlangte Bürgerrecht 1673. Stempel CN in einem Doppelpasse.
- 1670 Kelch, kath. Pfarrkirche S. Trinitatis in Gnesen.
- 1679 Kelch, kath. Pfarrkirche in Modliszewko.
- 1682 Monstranz, kath. Pfarrkirche in Dubin.
- 1702 Pacificale, kath. Pfarrkirche in Schmiegel.
- o. J. Drei Monstranzen, kath. Pfarrkirchen in Scharfenort, Marzenin u. Glesno.
- Kelch, kath. Pfarrkirche in Birnbaum.
- Sechs Altarleuchter, kath. Pfarrkirche in Exin.
- Votivtäfelchen, kath. Pfarrkirche in Alt-Bialtsch.

Paul Raab. Stempel PR.
- 1705 Monstranz, kath. Pfarrkirche in Skorzewo.
- o. J. Zwei Kelche, S. Adalberts-Kirche u. ehem. Dominikaner-Kirche in Posen.

Michael Meifsner. Schildartiger Stempel, die Buchstaben MM unter einer Krone.
- 1708 Monstranz, kath. Pfarrkirche in Alt-Gostyn.
- 1709 Kelch, kath. Pfarrkirche in Schokken.
- 1718 Monstranz, kath. Pfarrkirche in Witkowo.
- o. J. Drei Kelche, S. Adalberts-Kirche in Posen, kath. Pfarrkirchen in Schokken und Kirchen-Popowo.

Unbekannter Meister. Stempel ⋈.
- o. J. Zwei Monstranzen, kath. Pfarrkirchen in Rokitten und Schrimm.
- Vier Kelche, kath. Pfarrkirche S. Maria Magdalena in Posen, kath. Pfarrkirchen in Gnin, Olobok und Alt-Gostyn.
- Zwei Pacificale, kath. Pfarrkirchen in Alt-Gostyn und Wiltschin.

Gottfried Warnheid (Wernheide), vermutlich ein Sohn des vorgenannten Johann Wernheide. Dreipafsartiger Stempel, GW unter einer Krone.
- 1723 Oblatenbüchse, evang. Pfarrkirche in Schwersenz.
- o. J. Schüssel, S. Adalberts-Kirche in Posen.
- Monstranz, kath. Pfarrkirche in Splawie.
- Zwei Kelche, kath. Pfarrkirchen in Wiry und Biechowo.
- Votivtäfelchen, kath. Pfarrkirche in Lubasch.

Martin Endemann.
- 1732 Monstranz, kath. Pfarrkirche S. Maria Magdalena in Posen.

I. C. Z. (?), Ende des 18. Jahrhunderts.
- Kreuz, kath. Pfarrkirche in Brzostkow.

L. B., Anfang des 19. Jahrhunderts.
- Ostensorium, kath. Pfarrkirche in Bentschen.

C. A. Ahlgreen, 1780—1832[1]).
- 1816 (im Stadtstempel) Kelch und Patene, evang. Pfarrkirche in Neustadt b. P.

C. G. Blatt.
- Um 1850. Monstranz, Kath. Pfarrkirche in Trebisch.

---

[1]) Beigesetzt auf dem alten Friedhofe der evang. Kreuz-Gemeinde in Posen.

Fraustadt.

Im Stempel das kleine Stadtwappen. Vgl. Band III, Abb. 116.

Hans Jordan.
- 1630 Kelch, evang. Pfarrkirche in Waschke.

Unbekannter Meister. Im Stempel ein Stern (?).
- Kelch, evang. Pfarrkirche in Schlichtingsheim.

M. R. Im Stempel beide Buchstaben als Monogramm an einander gezogen.
- 1667 Kelch, evang. Kreuz-Kirche in Lissa. Daselbst auch eine Weinkanne.
- o. J. Drei Kelche, kath. Pfarrkirchen in Alt-Gostyn, Zirke und Pleschen.
- Patene, Dom in Posen.

Johann Georg Tschirske, wird Meister 1693. Stempel IGT.
- 1700 Kelch, kath. Pfarrkirche in Alt-Bialtsch.

Christian Zöller, wird Meister 1693. Stempel CZ.
- 1710 Oblatenbüchse, Evang. Kreuz-Kirche in Lissa.
- 1711 Buchverschlufs, aus Lissa, im Provinzial-Museum in Posen.
- 1719 Weinkanne, evang. Pfarrkirche in Ober-Pritschen.
- 1724 Kelch, Altstädt. evang. Pfarrkirche in Fraustadt.
- o. J. Monstranz, kath. Pfarrkirche in Fraustadt.

Gottlieb Benjamin Zöller, Sohn des vorigen, wird Meister 1733. Stempel GBZ in einem Dreipasse.
- 1735 Kelch, kath. Pfarrkirche in Fraustadt.

I. L. B., zu Anfang des 19. Jahrhunderts.
- Löffel, Privatbesitz in Fraustadt.

T. K.
- 1851 Kette der Schützengilde in Fraustadt.

Lissa.

Im Stempel das Stadtwappen. Vgl. Band III, Abb. 140.

F. G. H. Kleeblattartiger Stempel mit den Buchstaben.
- 1688 Zwei Weinkannen, Evang. S. Johannes-Kirche in Lissa.

Unbekannter Meister. Stempel $.
- 1689 Kelch, kath. Pfarrkirche in Pawlowitz.
- 1694 Weinkanne, evang. S. Johannes-Kirche in Lissa. Daselbst eine zweite Weinkanne sowie zwei Teller ohne Jahresangabe.
- o. J. Weinkanne, evang. Kreuz-Kirche in Lissa.
- Kelch, kath. Pfarrkirche in Lobsens.

Unbekannter Meister.
- o. J. Kelch, evang. Pfarrkirche in Kobylin.

I. C. S. Dreipafsartiger Stempel mit den Buchstaben.
- 1719 Kelch, evang. Pfarrkirche in Birnbaum.

o. J. Monstranz, kath. Pfarrkirche in Retschke.
Weinkanne und Oblatenbüchse, evang. Kreuz-Kirche in Lissa.
Ewige Lampe, kath. Pfarrkirche in Schwetzkau.
Pacificale, kath. Pfarrkirche in Zerkow.
Löffel, evang. Pfarrkirche in Unruhstadt.
Thoraschild und Thorakrone, Synagoge in Lissa.
1750 Kelch, kath. Pfarrkirche in Punitz.

S. O.
1735 Kelch, Dom in Posen. Daselbst ein zweiter Kelch ohne die Stempel und ohne die Jahresangabe.
1736 Kelch, kath. Pfarrkirche in Radlin.
o. J. Oblatenbüchse, evang. Pfarrkirche in Lafswitz.
Pacificale, kath. Pfarrkirche in Schwetzkau.
Fufs einer Monstranz, kath. Pfarrkirche in Golembitz.

I. E. oder I. L.
1745 Kelch, kath. Pfarrkirche in Gollmitz. Ebendaselbst eine etwas spätere Monstranz.
o. J. Thoraschild, Synagoge in Lissa.

A. A. H. Kleeblattartiger Stempel mit den Buchstaben.
1753 Kelch, evang. Kreuz-Kirche in Lissa.

I. I (oder F). C., vermutlich ein Verwandter der in der ersten Hälfte des 18. Jahrhunderts in Fraustadt ansässigen Goldschmiede Johann Jakob und Johann Christian Cundisius. Kleeblattartiger Stempel mit den Buchstaben in Kursivschrift.
1764 Kelch, kath. Pfarrkirche in Alt-Laube.
o. J. Kelche in den evang. Pfarrkirchen in Zaborowo (nebst Patene) und Birnbaum, in den kath. Pfarrkirchen in Lissa, Reisen, Görchen und Schwarzenau.
Zwei Pacificale, kath. Pfarrkirche in Reisen.
Votivtäfelchen, kath. Pfarrkirche in Deutsch-Wilke.
Räucherschiffchen, kath. Pfarrkirche in Kiebel.
Thorakrone, Synagoge in Lissa.

Anton Eiggel, 1801 in die Innung aufgenommen.
Weihrauchschiffchen, S. Adalberts-Kirche in Posen.

Unbekannter Meister. Stempel Q.
1823 Kelch, evang. S. Johannes-Kirche in Lissa.

Rawitsch.

Im Stempel ein nach rechts schreitender Bär, auf demselben sitzend eine Jungfrau.

G. F., zu Anfang des 18. Jahrhunderts.
Vortragekreuz, evang. Pfarrkirche in Rawitsch.
Pacificale, kath. Pfarrkirche in Görchen.

Provinz Schlesien.
Breslau.

Im Stempel gewöhnlich der Kopf S. Johannes des Täufers (für 12 und 13 lötiges Silber), seltener W (Wratislavia, für 14 lötiges Silber).
(Rosenberg No. 442 ff.).

D. H., Ende des 16. Jahrhunderts.
> Kelch, kath. Pfarrkirche in Dziewierzewo.

Jochen Hiller. Stempel IH (Rosenberg No. 467).
> Zwei Mefskännchen, Provinzial-Museum in Posen.

M. (Rosenberg No. 465).
> Weinkanne, Altstädt. evang. Pfarrkirche in Fraustadt.

F. N. T (?). Die Buchstaben im Dreieck gestellt.
> 1643 Kelch, kath. Pfarrkirche in Sarne.

A. S., um 1700.
> Oblatenbüchse, evang. Pfarrkirche in Schlichtingsheim.

G. B.
> Monstranz, kath. Pfarrkirche in Deutsch-Wilke.

G. W. I. (?) Die Buchstaben im Dreieck gestellt.
> Kelch, kath. Pfarrkirche in Dolzig.

C. W. N. Die Buchstaben in herzförmiger Umrahmung.
> Kelch, evang. Pfarrkirche in Rawitsch.

G. G. Die Buchstaben im Doppelpasse.
> Kelch, evang. Pfarrkirche in Rawitsch.

P.
> Monstranz, kath. Pfarrkirche in Goslin.

S. C. L. Die Buchstaben im Dreipasse.
> Monstranz, kath. Pfarrkirche in Mixstadt.

Unbekannter Meister. Im Stempel ein Lamm.
> 1729 Einband eines Mefsbuches, ehem. Klosterkirche in Paradies.

I. G. D. Die Buchstaben in herzförmiger Umrahmung.
> Zwei Monstranzen, kath. Pfarrkirchen in Bukownica und Mikorzyn.

E. oder K. Letzteres in Kursivschrift[1]).
> Monstranz, kath. Pfarrkirche in Kankel.

T. S. (Rosenberg No. 477).
> Zwei Monstranzen, kath. Pfarrkirche in Tirschtiegel und Kirche in Köbnitz.
> Zwei Schüsseln, evang. Pfarrkirchen in Rawitsch und Schlichtingsheim.

---
[1]) Welches von beiden die Jahresmarke und welches der Meisterstempel, bleibt dahingestellt.

B. I.
    Schüssel, evang. Pfarrkirche in Waschke.
I. E. R. Die Buchstaben im Dreipasse.
    1744 Thoraschild, Synagoge in Lissa.
I. G. S. Die Buchstaben im Dreipasse.
    1751 Kelch und Patene, evang. Pfarrkirche in Schlichtingsheim.
    1754 Taufschüssel, evang. Pfarrkirche in Zduny.
I. C.
    1759 Monstranz, kath. Pfarrkirche in Benice.
I. G. G.
    1757 Weinkanne, evang. Pfarrkirche in Zduny.
    1774 Pacificale, kath. Pfarrkirche in Kobylin.
    1790 Altarkreuz, evang. Pfarrkirche in Krotoschin.
I. G.
    Kelch, kath. Pfarrkirche in Schwetzkau.
Haase. Im Stempel der Name.
    Altarkreuz, kath. Pfarrkirche in Zerkow.
Benjamin Hentschel. Stempel B H (Rosenberg No. 482).
    1765 Altarkreuz, evang. Pfarrkirche in Zduny.
M. A.
    Speisekelch, kath. Pfarrkirche in Zerkow.
T. A.
    Zwei Mefskännchen, kath. Pfarrkirche in Tursko.
G. K.
    Kelch, evang. Pfarrkirche in Rawitsch.
    Monstranz, kath. Pfarrkirche in Parkowo.
? G. L. Die Buchstaben im Dreipasse.
    Pacificale, kath. Pfarrkirche in Kröben.
A. M.
    Weinkanne, evang. Pfarrkirche in Rawitsch.
    Monstranz, kath. Pfarrkirche in Kosten.
G. D. N. Die Buchstaben im Dreipasse.
    Zwei Monstranzen, ehem. Klosterkirche in Priment und kath. Pfarrkirche in Dembno.
    Pacificale, kath. Pfarrkirche in Kröben.
N. O.
    Monstranz, kath. Pfarrkirche in Reisen.
G. F. T. Die Buchstaben in herzförmiger Umrahmung.
    Oblatenbüchse, evang. Pfarrkirche in Ulbersdorf.
G. A. W.
    Kelch, kath. Pfarrkirche in Alt-Laube.

I. F. B. (?) Die Buchstaben im Dreipasse.
  Schale, aus Lissa, im Provinzial-Museum in Posen.
Unbekannter Meister.
  Schüssel, evang. Pfarrkirche in Rawitsch.

Glogau.

Im Stempel der Buchstabe G, seltener ein Rabe auf einem Zweige sitzend.

M. E. oder M. F. Die Buchstaben zum Monogramm an einander gezogen.
  1697 Zwei Altarleuchter, kath. Pfarrkirche in Zirke.
  o. J. Monstranz, Kelch, zwei Meßkännchen und Schüssel, kath. Pfarrkirche in Zerkow.
  Schüssel, kath. Pfarrkirche in Dembno.
  Kelch, evang. Pfarrkirche in Alt-Driebitz.
  Oblatenbüchse, evang. Pfarrkirche in Unruhstadt.

G. S.
  Monstranz, kath. Pfarrkirche in Czacz.

I. S.
  1716 Zwei Speisekelche, kath. Pfarrkirchen in Lissa und Schwetzkau.
  o. J. Zwei Kelche, kath. Pfarrkirche in Schwetzkau.

I. G. I. S.
  Kelch, kath. Pfarrkirche in Blesen.

E. L.
  Patene, evang. Pfarrkirche in Schlichtingsheim.

Unbekannter Meister.
  Schale, aus Meseritz, jetzt im Provinzial-Museum in Posen.

Striegau.

Stempel: Ein Schlüssel und ein Schwert über einander gekreuzt.

C. H. R., im 17. Jahrhundert. Im Stempel das Monogramm.
  Kelch und Patene, evang. Pfarrkirche in Brätz.

Provinz Brandenburg.

Berlin.

Im Stempel ein stehender Bär
(Rosenberg No. 385 ff. — Sarre, Berliner Goldschmiedezunft).

Bernhard Weidemann. Im Stempel der Name (Rosenberg No. 420, Sarre No. 27).
  Seine Witwe behielt nach ihrer Wiederverheiratung 1668 den Stempel bei.
  Kelch, evang. Pfarrkirche in Politzig.

Sigismund Meifsner. Stempel SM (Rosenberg No. 414).
    Kelch, evang. Pfarrkirche in Bauchwitz.
Joachim Hübner, um die Mitte des 18. Jahrhunderts. Im Stempel der Name (Sarre No. 42).
    Thoraschild, Alte Synagoge in Posen.
Johann Christian (?) Müller¹). Im Stempel der Name (Rosenberg No. 427—28, Sarre No. 50—51).
    1776 Oblatenbüchse und Patene, evang. S. Petri-Kirche in Posen.
    o. J. Vier Thoraschilde, Synagogen in Meseritz und Kempen.
S. L. P.
    1777 Kelch, evang. Pfarrkirche in Kolmar.
Unbekannte Meister.
    Räucherschiffchen, kath. Pfarrkirche in Zirke.
    Thoraschild, Synagoge in Meseritz.
Gertzmer, Ende des 18. Jahrhunderts.
    Thoraschild, Synagoge in Lissa.
Jean Jacques Godet, 1770—1817. Im Stempel der Name (Sarre No. 41).
    Kelch, Dom in Gnesen.

Guben.

Bascht, inschriftlich genannt.
    1755 Oblatenbüchse, evang. Pfarrkirche in Grünfier.

Züllichau.

Stempel: Eine Mauer mit zwei Türmen, zwischen diesen ein Krieger mit Hellebarde.

S. W. Die Buchstaben in herzförmiger Umrahmung.
    1700 Oblatenbüchse und Patene, evang. Pfarrkirche in Brätz.
    1719 Kelch, evang. Pfarrkirche in Wollstein.
    o. J. Weinkanne, evang. Pfarrkirche in Unruhstadt.
D. I.
    Patene, evang. Pfarrkirche in Rakwitz.
W. I. E. N.
    Kelch, kath. Pfarrkirche in Wollstein.
    Altarkreuz, evang. Pfarrkirche in Birnbaum.

---

¹) Andere in Betracht kommende Goldschmiede des Namens Müller vgl. Sarre S. 64—65.

Provinz Pommern.
Stettin.
Stempel: Ein gekrönter Greifenkopf.

J. F. Timm. Im Stempel der Name (Sarre, Berliner Goldschmiedezunft No. 65).
  1788 Kelch, evang. Pfarrkirche in Czarnikau.

Provinz Westpreußsen.
Danzig.
Stempel: Zwei Kreuze über einander gestellt, über beiden eine Krone (Rosenberg No. 520 ff.).

Peter von der Rennen. Inschrift und Stempel R.
  1662 Sarg des h. Adalbert, Dom in Gnesen.
P. R. (Rosenberg No. 535).
  Zwei Altarleuchter, Dom in Gnesen.
C. S. (Rosenberg No. 540).
  1668 Speisekelch, kath. Pfarrkirche in Lobsens.
I. E. K. Die Buchstaben in Kursivschrift innerhalb eines Dreipasses (Rosenberg No. 532).
  Um 1685 Kelch, kath. Pfarrkirche in Bromberg.
T. F. (?)
  Kelch, kath. Pfarrkirche in Lobsens.
I. G. W.
  Kelch, kath. Pfarrkirche in Glesno.
H. Hof. Im Stempel der Name.
  Kelch, kath. Pfarrkirche in Kruschwitz.
B. D.
  1734 Kelch, kath. Pfarrkirche in Fordon.
I. D.
  1756 Kelch, kath. Pfarrkirche in Sadke.
Haase. Im Stempel der Name.
  1769 Kelch, kath. Pfarrkirche in Exin.
  o. J. Kelch, ehem. Klosterkirche in Strelno.
I. H.
  Kelch und Patene, kath. Pfarrkirche in Lubasch.
L. D. Schlaubitz. Im Stempel der Name.
  Zwei Monstranzen, kath. Pfarrkirche und ehem. Jesuiten-Kirche in Bromberg.
  Zwei Meßkännchen nebst Schüssel, ehem. Klosterkirche in Obra.

Thorn.

Stempel: der Buchstabe T (Rosenberg No. 1614 ff.[1]), seltener ein dreitürmiges Thor.

I. G.
: 1585 Kelch, kath. Pfarrkirche in Fordon.

I. K.
: Kelch, kath. Pfarrkirche in Wierzebaum.

A. W. Die Buchstaben zum Monogramm an einander gezogen.
: 1619 Monstranz, kath. Pfarrkirche in Tuczno.

D. W. Die Buchstaben über einander gestellt.
: 1630 Pacificale, kath. Pfarrkirche in Tuczno. Ebendaselbst o. J. eine Schüssel.

Z. L.
: 1640 Altarkreuz, kath. Pfarrkirche in Kruschwitz. Ebendaselbst ein Reliquiar.
: o. J. Fufs einer Monstranz, kath. Pfarrkirche in Siedlimowo.

I. L.
: 1647 Kelch, kath. Pfarrkirche in Byschewo.
: o. J. Monstranz, Dom in Gnesen.
: Kelch, kath. Pfarrkirche in Kruschwitz.

H. M. Die Buchstaben im Doppelpasse.
: Kelch, kath. Pfarrkirche in Sadke.

H. C. B. Monogramm (Rosenberg No. 1622).
: 1662 Speisekelch, kath. Pfarrkirche in Pakosch.
: 1680 Monstranz, ehem. Klosterkirche in Gorka bei Lobsens.
: o. J. Weihrauchschiffchen, kath. Pfarrkirche in Lopienno.

M. G.[2]
: Kelch, kath. Pfarrkirche in Niechanowo.

I. W.[2]
: 1698 Monstranz, kath. Pfarrkirche in Wtelno.
: o. J. Kelch, kath. Pfarrkirche in Wissek.

W. D.
: Monstranz, kath. Pfarrkirche in Brudnia.

Unbekannter Meister. Stempel I·I (Rosenberg No. 1628).
: Zwei Monstranzen, kath. Pfarrkirchen in Byschewo und Parchanie.

P. D.
: Speisekelch, ehem. Klosterkirche in Gorka bei Lobsens.
: Pacificale, kath. Pfarrkirche in Byschewo.

---

[1] Daselbst irrtümlich auf Torgau bezogen.

[2] Im Besitze der S. Jakobs-Kirche in Thorn befinden sich zwei Monstranzen aus vergoldetem Silber, welche den Stempel der Stadt (Rosenberg No. 1616) und dazu die eine den Meisterstempel MG nebst der Jahreszahl 1694, die andere den Meisterstempel IW nebst der Jahreszahl 1704 tragen. Mitteilung von Herrn Regierungs-Baumeister Cuny.

Goldschmiede.

I. H. Die Buchstaben im Doppelpasse.
1714 Kelch, kath. Pfarrkirche in Wtelno.
o. J. Patene, kath. Pfarrkirche in Pakosch.

C. I. B. Die Buchstaben im Dreipasse (Rosenberg No. 1629).
1723 Speisekelch, ehem. Klosterkirche in Strelno.

N. B. Die Buchstaben zum Monogramm an einander gezogen.
Kelch, kath. Pfarrkirche in Kościelec.

I. I. Die Buchstaben in Kursivschrift.
Drei Monstranzen, kath. Pfarrkirche S. Trinitatis in Gnesen, kath. Pfarrkirchen in Inowrazlaw und Zydowo.

C. L. (Rosenberg No. 1627).
Fufs eines Kelches, kath. Pfarrkirche in Inowrazlaw.

S. M.
Kelch, kath. Pfarrkirche in Ostrowo am Goplo-See.

G. V.
Ewige Lampe, kath. Pfarrkirche in Kruschwitz.

T. F.
Zwei Thorakronen, Alte Synagoge in Posen.

Johann Letenski. Stempel IL; auch inschriftlich genannt.
1744 Monstranz, kath. Pfarrkirche in Zabartowo.
1745 Monstranz, kath. Pfarrkirche in Fordon.
o. J. Monstranz, kath. Pfarrkirche in Jakschitz.

I. G.
Kelch, kath. Pfarrkirche in Kendzierzyn.

M. D. H. Die Buchstaben im Dreipasse.
1763 und 1766 Zwei Monstranzen, ehem. Klosterkirche und kath. Stadtkirche in Mogilno.
o. J. Monstranz, kath. Pfarrkirche in Seehorst.
Kelch, kath. Pfarrkirche in Brudnia.

S. P. Die Buchstaben im Doppelpasse.
Pacificale, ehem. Klosterkirche in Mogilno.

Unbekannter Meister. Stempel)(.
1784 Kelch, kath. Pfarrkirche in Byschewo.
1790 Monstranz, ehem. Klosterkirche in Krone a. B.

Polen.

Krakau.

Unbekannter Meister.
1609 Ewige Lampe, kath. Pfarrkirche in Exin.

Warschau.

J. W. Jacobson, inschriftlich genannt.
1786 Kelch, Dom in Gnesen.

Süddeutschland.

Nürnberg.

Stempel: der Buchstabe N (Rosenberg No. 1182 ff.).

Christoph Straub (?), wird Meister 1572. Im Stempel eine Art Doppelkreuz (Rosenberg No. 1248).
Kelch, kath. Pfarrkirche in Domachowo.

Michel Müller, wird Meister 1612. Stempel MM in herzförmiger Umrahmung (Rosenberg No. 1313).
Weinkanne, Altstädt. evang. Pfarrkirche in Fraustadt.

Jakob Oberlin, wird Meister in Strafsburg 1665. Stempel I innerhalb eines Kreises (Rosenberg No. 1551).
Löffel, Provinzial-Museum in Posen.

I. P.
Um 1680 Speisekelch, evang. Pfarrkirche in Meseritz.

Augsburg.

Stempel: ein Pinienzapfen (Rosenberg No. 27 ff.).

Hans Weinodt (?) † 1594. Stempel D (Rosenberg No. 128?).
Speisekelch, evang. Pfarrkirche in Kempen.

Sebastian Mylius † 1722 oder **Johann Sebastian Milius** † 1727. Im Stempel die Buchstaben S und M vereinigt (Rosenberg No. 291).
Zwei Mefskännchen nebst Schüssel, kath. Pfarrkirche in Kruschwitz.

Unbekannte Meister. Im Stempel des einen ein nach rechts gewandter Schwan. Im Stempel des anderen der Buchstabe E (?).
Weinkanne, evang. Kreuz-Kirche in Lissa.
Kelch, kath. Pfarrkirche in Graboszewo.

M. H.
1705 Kruzifix, evang. Pfarrkirche in Schlichtingsheim.

Abraham Drentwet. Stempel AD (Rosenberg No. 360¹)).
1713 Zwei Altarleuchter, Altstädt. evang. Pfarrkirche in Fraustadt.

---

¹) Der Stempel ist daselbst auf den jüngsten der drei Meister dieses Namens bezogen, scheint aber längere Zeit in der Familie geführt worden zu sein.

H. P.
Weinkanne, Altstädt. evang. Pfarrkirche in Fraustadt.

I. D. S. Die Buchstaben im Dreipasse.
Kelch, kath. Pfarrkirche in Kröben.

T. L. S. Die Buchstaben in herzförmiger Umrahmung.
Kelch, kath. Pfarrkirche in Goluchow.

G. O. T.
Oblatenbüchse, evang. Pfarrkirche in Birnbaum.

S. T.
Kelch, ehem. Klosterkirche in Obra.

Hans Jakob Wildt † 1733. Stempel HW (Rosenberg No. 274.
Monstranz, kath. Pfarrkirche in Kolmar.

Unbekannter Meister.
Monstranz, kath. Pfarrkirche in Goluchow.

F. N. Die Buchstaben im Doppelpasse.
1741—43 Kelch, kath. Pfarrkirche in Birnbaum.

I. R. D. Die Buchstaben im Dreipasse.
1753—55 Monstranz, kath. Pfarrkirche in Jaratschewo.

Franz Thaddäus Lanz † 1773. Die Buchstaben FTL in herzförmiger Umrahmung (Rosenberg No. 358).
1753—55 Kelch, kath. Pfarrkirche in Rokitten.

F. C. M.
1753—55 Monstranz, kath. Pfarrkirche in Xions.

Joseph Tobias Hezebik. Stempel ITH (Rosenberg No. 377).
1757—59 Monstranz, kath. Pfarrkirche in Alt-Laube.

E. D. oder I. D.
1759—63 Zwei Monstranzen, ehem. Klosterkirche bei Gostyn, die zweite an die kath. Pfarrkirche in Dolzig abgegeben.

A. G. W. Die Buchstaben im Dreipasse.
1763—67 Vier Monstranzen, ehem. Franziskaner-Kirche in Gnesen, kath. Pfarrkirchen in Gluchowo, Lutogniew und Olobok.

Italien.
Rom.

Samuel Jacomius, inschriftlich genannt.
1690 Kelch, Dom in Gnesen.

Frankreich.

Paris.

Marken der Steuerpächter (Rosenberg No. 1816 ff.).

G. I., zu Anfang des 18. Jahrhunderts.
Kruzifix und Leuchter des Hochaltares sowie vier Heiligenköpfe, Dom in Gnesen.

Rufsland.

Stempel: S. Georg zu Pferde (Rosenberg No. 2394—96).
1782 Becher, kath. Pfarrkirche in Reisen.
1795 Schüssel, ehem. Bernhardiner-Kirche, jetzt Provinzial-Irrenanstalt in Kosten.
1800 Standkreuz, kath. Pfarrkirche in Mieschkow.
o. J. Patene, kath. Pfarrkirche in Kletzko.

Von unbekannter Herkunft.

Unbekannte Meister.
Stempel ♄.
1517 Kelch, kath. Pfarrkirche in Fraustadt.
Stempel ⚔.
1529 Pacificale, S. Adalberts-Kirche in Posen.
Unklarer Stempel.
Kelch, kath. Pfarrkirche in Murzenin.
Im Stempel der böhmische Löwe.
1583 Räuchergefäfs, ehem. Klosterkirche in Paradies.

I. K. Gravierte Marke nebst den Buchstaben.
1576 Kelch, S. Adalberts-Kirche in Posen.

M. R. Die Buchstaben zum Monogramm an einander gezogen.
1591 Fufs einer Monstranz, kath. Pfarrkirche in Wollstein.

G. Z. D. Die Buchstaben im Dreipasse.
1600 Kelch, kath. Pfarrkirche in Adelnau.

Unbekannter Meister. Hausmarkenartiger Stempel.
1627 Kelch, kath. Pfarrkirche in Schrimm.

I. M.
1631 Kelch, kath. Pfarrkirche in Lobsens.
o. J. Zwei Kelche, kath. Pfarrkirchen in Mrotschen und Kalau.

Goldschmiede.

M. K. und M. R. Die Buchstaben zum Monogramm an einander gezogen. Mit undeutlichen Stadtmarken.
: 1637 Patene, 1647 Kelch, evang. Pfarrkirche in Meseritz.

Unbekannter Meister. Im Meisterstempel eine Krone. Im Stadtstempel ein dreitürmiges Thor (?).
: 1647 Kelch, Dom in Posen.

M. B., vielleicht aus Posen.
: Kelch, kath. Pfarrkirche in Komornik.

G. W. K. Die beiden letzten Buchstaben zum Monogramm an einander gezogen und unter den ersten gestellt. Im Stadtstempel ein heraldischer Adler.
: 1676 Kelch, 1682 Weinkanne, evang. Pfarrkirche in Meseritz.

T. V. N. Die Buchstaben im Kleeblatte.
: Kelch, kath. Pfarrkirche in Exin.

P.
: Zwei Mefskännchen, kath. Pfarrkirche in Buin.

V. W. Neben dem Meisterstempel die Marke K.
: Speisekelch, kath. Pfarrkirche in Adelnau.
: Monstranz, kath. Pfarrkirche in Emeben.

I. Z.
: 1682 Monstranz, kath. Pfarrkirche in Sobotka.

I. R.
: 1688 Zwei Altarleuchter, kath. Pfarrkirche in Zirke.

A. M. Mit unvollständiger Stadtmarke.
: 1689 Kelch, ehem. Klosterkirche in Mogilno.
: o. J. Kelch, kath. Pfarrkirche in Ostrowo am Goplo-See.

S. C. Monogramm.
: Speisekelch, kath. Pfarrkirche in Krotoschin.

B. P. Im Stadtstempel ein Thor.
: 1705 Kelch und Oblatenbüchse, evang. Pfarrkirche in Ober-Pritschen.

C. E.
: 1713 Votivtäfelchen, kath. Pfarrkirche in Lubasch.

I. H.
: 1714 Kelch, kath. Pfarrkirche in Slawsk.

I. G. Die Buchstaben in Kursivschrift. Im Stadtstempel ein nach links gewandter Schwan.
: Kelch, Dom in Gnesen.

M. A.
: Monstranz, kath. Pfarrkirche in Kempen.

C. B. Im Stadtstempel eine Doppellilie.
: 1732 Weinkanne, evang. Pfarrkirche in Birnbaum.

O. M. und C. F. W. Mit unbekanntem Stadtstempel.
  1732 Monstranz, o. J. Kelch, kath. Pfarrkirche in Behle.

M. B.
  1749 Kelch, kath. Pfarrkirche in Lubasch.

I. C. H. Mit unbekanntem Stadtstempel.
  Monstranz, ehem. Klosterkirche in Grabow.

I. I. P.
  Kelch, kath. Pfarrkirche in Lutogniew.

N. S.
  Monstranz, kath. Pfarrkirche in Mieltschin.

A. T.
  Monstranz und Pacificale, kath. Pfarrkirche in Kwiltsch.

G. C. Mit unklarem Stadtstempel.
  1755 Weinkanne, Altstädt. evang. Pfarrkirche in Fraustadt.

Z. Gaab, vermutlich ein Angehöriger der gleichnamigen Augsburger Familie (Rosenberg S. 32).
  1760 Monstranz, kath. Pfarrkirche in Sobialkowo.

B. H. Neben dem Meisterstempel zwei unbekannte Beschaumarken.
  Kelch, kath. Pfarrkirche in Kröben.

I. P. K. Die Buchstaben im Dreipasse.
  Um 1765 Kelch, Dom in Gnesen.

I. C. P. Die Buchstaben im Dreipasse.
  Monstranz, kath. Pfarrkirche in Lukowo.

E. G. W. Die Buchstaben im Dreipasse. Mit unbekanntem Stadtstempel.
  Oblatenbüchse, evang. Pfarrkirche in Kobylin.

I. L. Im Stadtstempel ein nach links springender Löwe.
  Oblatenbüchse, evang. Pfarrkirche in Birnbaum.

I. D. F. Die Buchstaben in herzförmiger Umrahmung. Im Stadtstempel ein nach rechts springender Löwe.
  1781 Monstranz, kath. Pfarrkirche in Lissen.

Unbekannter Meister.
  Monstranz, Mefs- und Speisekelch und Pacificale, kath. Pfarrkirche in Gollantsch. Mefskelch, kath. Pfarrkirche in Smogulctz.

G. K. P.
  1791 Kelch, kath. Pfarrkirche in Znin.

I. G. B.
  1814 Ostensorium, Dom in Posen.

F. Zinngiefser.

Die Stadtstempel sind dieselben wie die der Goldschmiede.

Provinz Posen.

Posen.

M.
- 1569 Taufschüssel, chem. Pfarrkirche in Lafswitz, jetzt im Provinzial-Museum in Posen.

I. K. Stempel ⦀.
- Teller, aus Posen, im Provinzial-Museum.

P. G. Die Buchstaben neben einem Gefäfse.
- 1657 Teller, aus Meseritz, im Provinzial-Museum.

Unbekannter Meister.
- 1731 Altarkreuz, evang. Pfarrkirche in Prittisch.

? G. K.
- Schüssel, Provinzial-Museum in Posen.

J. G. Wolkowitz. Im Stempel der Name oder die Buchstaben JGW über einem Anker.
- 1782 (im Stempel) Schüssel, evang. Pfarrkirche in Zirke.
- o. J. Zwei Teller, evang. Pfarrkirche in Revier.

Lissa.

H. W. Stempel ⦀.
- Oblatenbüchse, evang. Pfarrkirche in Zaborowo, jetzt im Provinzial-Museum in Posen.

I. B. B. Im Stempel die Buchstaben über einem Lamm mit der Kreuzfahne.
- 1748 Teller, aus Posen, im Provinzial-Museum.
- 1750 Weinkanne, evang. Pfarrkirche in Rakwitz.
- 1765 Teller, aus Lissa, im Provinzial-Museum.

I. C. K. Im Stempel die Buchstaben über einem Lamm mit der Kreuzfahne, dazu oftmals die Jahreszahl 1751.
- Weinkanne und Altarkreuz, evang. Pfarrkirche in Zaborowo, im Provinzial-Museum.
- Mehrere Teller, evang. Kreuz-Kirche in Lissa.
- Drei Teller, kath. Pfarrkirche in Schwetzkau.
- Zwei Waschbecken, ehem. Klosterkirche bei Gostyn.

I. M. K. Die Buchstaben über einem böhmischen Löwen.
- Einige Teller, evang. Pfarrkirche in Zaborowo.

Unbekannter Meister. Im Stempel ein Vogel.
    1773 Zwei Teller, evang. S. Johannes-Kirche in Lissa.

S. Friedrich Flies. Im Stempel ein schwebender Engel und der Name.
    Kruzifix und zwei Leuchter, evang. Pfarrkirche in Bauchwitz.
    Zwei Blumengefäfse, evang. Pfarrkirche in Zaborowo, jetzt im Provinzial-Museum in Posen.

I. F. B. Die Buchstaben über einem Pelikan.
    1796 Taufschüssel, evang. Pfarrkirche in Zaborowo, im Provinzial-Museum.
    1802 Weinkanne, evang. Pfarrkirche in Reisen.
    1806 und 1813 Zwei Teller, evang. S. Johannes-Kirche in Lissa.
    1809 Zwei Taufschüsseln, evang. Pfarrkirche in Kobylin.
    1824 Weinkanne, evang. Pfarrkirche in Waschke.
    1830 Taufschüssel, evang. Pfarrkirche in Schmiegel.
    o. J. Schüssel, evang. Pfarrkirche in Lafswitz.
    Zwei Weinkannen, eine Taufschüssel und zwei Bleche, evang. Kreuz-Kirche in Lissa.

G. B. Die Buchstaben über einem Pelikan.
    Taufschüssel und Teller, evang. S. Johannes-Kirche in Lissa.

Fraustadt.

Unbekannter Meister. Im Stempel drei Aehren.
    1703 Innungshumpen aus Fraustadt, im Provinzial-Museum in Posen.

S. T. Z. Die Buchstaben über einem Anker.
    1730 Deckel eines Steinkrugs, aus Fraustadt, im Provinzial-Museum.

C. B. K. Die Buchstaben über dem böhmischen Löwen.
    Weinkanne, evang. Pfarrkirche in Driebitz, im Provinzial-Museum.
    Taufschüssel, evang. Pfarrkirche in Grätz, im Provinzial-Museum.
    Teller, neustädt. evang. Pfarrkirche in Fraustadt.

Unbekannter Meister. Im Stempel ein Mann, welcher sich auf das Stadtwappen lehnt.
    Zwei Teller, neustädt. evang. Pfarrkirche in Fraustadt.

Rawitsch.

I. G. N. Im Stempel ein Anker nebst den Buchstaben.
    1798 Taufschüssel, evang. Pfarrkirche in Jutroschin.

Aus den Nachbarprovinzen.

Glogau.

A. S. und W. M. In den Stempeln ein Engel bezw. ein Merkur zwischen den Buchstaben.
    Drei Teller, evang. Pfarrkirche in Alt-Driebitz.

Züllichau.

G. H. Die Buchstaben neben einem Baume.
Zwei Leuchter, evang. Pfarrkirche in Prittisch.

Unbekannter Meister. Im Stempel eine Justitia.
Schüssel, evang. Pfarrkirche in Bomst.

M. I. Z. Die Buchstaben um den brandenburgischen Adler.
1767 Teller, evang. Pfarrkirche in Zaborowo.
o. J. Weinkanne und drei Teller, evang. Pfarrkirche in Tirschtiegel.
Teller, evang. Pfarrkirche in Unruhstadt.

Der Stempel dieses Meisters erscheint später in Verbindung mit einem unbekannten Stadtstempel, einer Doppellilie.
1800 Zwei Leuchter, evang. Pfarrkirche in Borui-Kirchplatz.

Landsberg a. W.

Stempel: der brandenburgische Adler, welcher in den Fängen je ein Kleeblatt hält.

M. F. N. Im Stempel ein Engel, die Buchstaben und die Jahreszahl 1735.
Zwei Leuchter und eine Patene, evang. Pfarrkirche in Grofs-Kotten.

Friedeberg.

Stempel: ein Stadtthor mit zwei Seitentürmen, in der Thüröffnung ein Nesselzweig.

A. W. Im Stempel eine Traube, die Buchstaben und die Jahreszahl 1741.
1743 Taufschüssel, evang. Pfarrkirche in Grofs-Kotten.

Stettin.

O. M. Im Stempel ein Engel und die Buchstaben.
Nach 1757 Weinkanne, evang. Pfarrkirche in Eichberg.
1762 Weinkanne, evang. Pfarrkirche in Grofs-Kotten.

G. K. Die Buchstaben über einer Taube mit dem Oelblatte im Schnabel.
1775 Weinkanne, evang. Pfarrkirche in Zirke.

Von unbekannter Herkunft.

G. K. Die Buchstaben mit der Jahreszahl 1710 neben einem Gefäfse. Im Stadtstempel ein heraldischer Adler.
Kelch, evang. Pfarrkirche in Prittisch.

G. C. M. Eine Justitia zwischen den Buchstaben und der Zahl 17. Im Stadtstempel ein nach links springender Löwe, vermutlich auf eine sächsische Stadt bezüglich.

    Gravierter Teller, aus Meseritz, im Provinzial-Museum in Posen.

I. K. Der Stadtstempel unklar.

    1761 Kanne, aus Lissa, im Provinzial-Museum.

S. N. S. (?) Die Buchstaben über einer Gestalt des Glaubens. Der Stadtstempel unbekannt (1764, zwei Sterne und ein halbes Rad).

    Zwei Teller, neustädt. evang. Pfarrkirche in Fraustadt.

H. K. Die Buchstaben nebst einer ankerförmigen Marke. Der Stadtstempel unbekannt (ein Turm mit der Zahl 66).

    Pacificale, kath. Pfarrkirche in Neu-Kramzig.
    Zwei Teller, evang. Pfarrkirche in Rakwitz.

I. M. Drei Stempel, die Buchstaben, ein von zwei Pfeilen durchbohrtes Herz und ein Stierkopf.

    Innungshumpen aus Lobsens, im Provinzial-Museum.

Gegenstände, welche nur einen Stempel tragen, der vermutlich Stadt- und Meisterstempel zugleich darstellt.

    Eine grofse Rose nebst verschiedenem Beiwerk: Weinkanne aus der evang. Pfarrkirche in Schwerin, Innungshumpen aus Schönlanke, im Provinzial-Museum. Waschbecken, 1790, kath. Pfarrkirche in Siedlec.
    Eine Krone, darunter ein Namenschild, gehalten von einem Storch, und die Jabreszahl 1754: Weinkanne, 1770, evang. Pfarrkirche in Grofs-Kotten.
    Eine Krone, darunter DOEM, 1787 und ein Lamm: Weinkanne, evang. Pfarrkirche in Mrotschen.

G. Erzgiefser.

I. Bis zur Mitte des 16. Jahrhunderts.

Jost Tauchen, Breslau, Steinmetz und Erzgiefser[1]).
    1462 Grabplatte für Erzbischof Jakob, Dom in Gnesen (untergegangen).

Unbekannter Meister, aus Norddeutschland. Marke ⚔.
    Grabplatte des Erzbischofs Jakob Sienienski † 1480, Dom in Gnesen.

Peter Vischer, Nürnberg, übernahm 1487 die von seinem Vater Hermann begründete Giefshütte und leitete sie bis zu seinem Tode 1529, in der letzten Zeit von seinen Söhnen Hermann, Peter und Hans unterstützt[2]).
    Grabplatten des Bischofs Andreas Opalinski † 1479 und des Woiwoden Lukas Górka † 1475, Dom in Posen.
    Grabplatte des Felix Paniewski † 1488, ehem. Dominikaner-Kirche in Posen.
    Um 1500 Grabplatten des Bischofs Uriel Górka † 1498 und des Domherrn Bernhard Lubranski † 1499, Dom in Posen.
    Um 1515 Grabplatte des Woiwoden Andreas Szamotulski † 1511, kath. Pfarrkirche in Samter.
    1524 Grabplatte des Nikolaus Tomicki † 1478, kath. Pfarrkirche in Tomice.

Unbekannter Meister, Glockengiefser[3]). Marke ♃.
    1511 Glocke bei der abgebrochenen Kirche in Grunzig.
    1512 Glocke, kath. Kirche in Oscht.
    1522 Glocke, kath. Kirche in Poppe.
    o. J. Glocke, evang. Kirche in Ober-Görzig.

Unbekannter Meister, Verfertiger verschiedener Glocken, welche den gemeinsamen Ursprung in ihren Renaissance-Modellen erkennen lassen; vermutlich in Posen ansässig.
    1539 Fünf Glocken, je eine in den kath. Pfarrkirchen in Chojnica und Lechlin sowie in der ehem. Stadtpfarrkirche in Mogilno, zwei (eine derselben neuerdings umgegossen) in der kath. Pfarrkirche in Schildberg.
    1540 Glocke, kath. Pfarrkirche in Oporowo.
    1541 Drei Glocken, kath. Pfarrkirchen in Ottorowo, Skarboszewo und Tomice.
    1543 Zwei Glocken, kath. Pfarrkirchen in Mikorzyn und Skorzewo.

[1]) Noch erhaltene Arbeiten von ihm in Breslau. Vgl. Lutsch, Kunstdenkmäler der Provinz Schlesien I, S. 85 und 207.
[2]) Dohme, Kunst und Künstler I, 2. XXXVII. R. Bergau, Peter Vischer und seine Söhne.
[3]) Dieser Abschnitt umfafst hauptsächlich Glockengiefser. Ein alphabetisches Verzeichnis von Glockengiefsern, in welchem manche der hier gesammelten Namen wiederkehren, ist Otte, Glockenkunde S. 180 ff. beigegeben. Glocken der Giefser aus den benachbarten Provinzen finden sich in den Verzeichnissen der Kunstdenkmäler dieser Provinzen zerstreut genannt, jedoch bisher noch nicht übersichtlich zusammengestellt.

1546 Glocke, kath. Pfarrkirche in Oporowo.
1547 Zwei Glocken, kath. Pfarrkirchen in Woynitz und Donaborow.
1553 Glocke, ehem. Dominikaner-Kirche in Posen.
1557 Glocke, kath. Pfarrkirche in Kotlow.

Martin Dames[1]).
1568 Glocke, kath. Pfarrkirche in Kletzko.

Johann Wachenens[2]).
1514 (?) Glocke, kath. Pfarrkirche in Kostschin.

II. Wandernde Giefser
seit dem Schlusse des 16. Jahrhunderts.

I. R. I.
1598 Glocke, kath. Pfarrkirche in Lissen.

Joachim Karstede, vermutlich in Pommerellen ansässig[3]).
1588 Glocke, kath. Pfarrkirche in Kletzko.
1608 Glocke, evang. Pfarrkirche in Grofs-Drensen.
1618 Glocke, evang. Pfarrkirche in Grofs-Kotten.

Jakob Stellmacher, Otto Albrecht und C. H. Alle drei arbeiten mit denselben Modellen, welche auch auf einigen unbenannten Glocken wiederkehren. O. Albrecht nennt als seine Heimat Landsberg a. W.
1591 Glocke, kath. Kirche in Neudorf (neuerdings umgegossen), von J. Stellmacher gegossen, ebenso die folgende.
1595 Glocke, kath. Pfarrkirche in Gnin.
1608 Glocke, kath. Pfarrkirche in Biezdrowo, von O. Albrecht gegossen.
1613 Glocke, kath. Pfarrkirche in Kuschten.
1618 Glocke, kath. Pfarrkirche in Grofs-Dammer, von O. Albrecht gegossen.
1620 Glocke, evang. Kirche in Kurzig.
1623 Glocke, kath. Pfarrkirche in Koschmin bei Bentschen, bezeichnet C. H.
1625 Glocke, kath. Kirche in Semmritz, von O. Albrecht gegossen.

Valentin Kunink.
1602 Messingplatte, die Ahnherren der Familie Czarnkowski darstellend, in der kath. Pfarrkirche in Czarnikau. In Posen gegossen.

Joachim Roth (Rothe), aus einer in Mainz ansässigen Giefserfamilie.
1604 Zwei Glocken, kath. Pfarrkirchen in Kriewen und Wielichowo.
1610 Glocke, kath. Pfarrkirche in Swierczyn.

---

[1]) Eine Glocke desselben Giefsers aus dem Jahre 1566 findet sich in der Kirche zu Parstein, Kreis Angermünde. Bergau, Bau- und Kunstdenkmäler der Provinz Brandenburg S. 555.
[2]) Vermutlich ein Angehöriger der niederländischen Giefserfamilie Waghenens. Otte, Glockenkunde S. 215.
[3]) Glocken dieses Giefsers sind in dem an den Netzegau grenzenden Teile der Provinz Westpreufsen sowie in Hinterpommern sehr verbreitet, besonders in den Kreisen Deutsch-Krone und Belgard. Vgl. Heise, Bau- und Kunstdenkmäler der Provinz Westpreufsen. Böttger, dgl. des Regierungsbezirks Köslin.

1617 Glocke, kath. Pfarrkirche in Wollstein.
1652 Glocke, kath. Kirche in Hinzendorf.

Hans Renagel.
1613 Glocke, kath. Pfarrkirche in Tomice.

Michael Richter.
1615 Glocke, kath. Pfarrkirche in Snieciska.

T. S.
- 1620 Glocke, kath. Pfarrkirche in Behle.

Unbekannter Giefser.
1624 Zwei Glocken, kath. Pfarrkirchen in Emchen und Wlosciejewki.

Simon, Bartholomäus und Augustin Koysche (Kosche, Koische, Koisch, Koyske, Koesci oder Koyski), drei Brüder, ursprünglich in Glogau ansässig.
1630 Zwei Glocken, kath. Pfarrkirche in Rombin, von Simon gegossen.
1632 Glocke, kath. Pfarrkirche in Ostrowo, von Simon und Bartholomäus gegossen.
1634 Glocke, kath. Pfarrkirche in Alt-Gostyn, von Bartholomäus und Augustin gegossen.
1638 Glocke, kath. Pfarrkirche in Mondre, von Bartholomäus gegossen.
1638, 1640 und 1644 Drei Glocken, kath. Kirche in Fehlen, von Simon gegossen, wie die folgenden.
1647 Je eine Glocke in den kath. Pfarrkirchen in Czeszewo und Oporowo.
1649 Glocke, kath. Pfarrkirche in Radenz.
1650 Glocke, kath. Pfarrkirche in Pudewitz.
1658 Glocke, ehem. Bernhardinerinnen-Kirche in Posen.
1658 Glocke, kath. Pfarrkirche in Neustadt a. W., von Bartholomäus gegossen.
1659 Zwei Glocken, kath. Pfarrkirche in Lopienno und evang. Pfarrkirche in Rynarschewo, von Augustin in Thorn gegossen.
1660 Glocke, kath. Pfarrkirche in Skorzewo, von Simon gegossen, wie die folgenden.
1661 Zwei Glocken, kath. Pfarrkirchen in Gonsawa und Wongrowitz.
1663—64 Zwei Glocken, kath. Pfarrkirchen in Jaszkowo und Polnisch-Wilke.
1663—64 Zwei Glocken, kath. Pfarrkirchen in Wissek und Zerniki, von Simon in Gemeinschaft mit Joachim Witarns aus Posen gegossen[1]).
1670 Glocke, kath. Pfarrkirche in Kuschten, von Simon allein gegossen.

Dominik Kernich (Kiernig).
1632 Glocke, für die Klosterkirche in Blesen gegossen, jetzt in der kath. Pfarrkirche in Witkowo.
1650 Wandgrab für S. Strzalkowski, Dom in Gnesen.

Johann Brioquey (Bricquey?).
1636 Glocke, kath. Pfarrkirche in Adelnau.

F (oder E). D. L. M.
1642 Glocke, evang. Kirche in Ascherbude.

---
[1]) Eine Glocke derselben Giefser aus dem Jahre 1661 besitzt die kath. Pfarrkirche in Neustädtel, Kreis Freistadt. Lutsch, Kunstdenkmäler der Provinz Schlesien, III, S. 95.

Stephan Meutel.
  1646 Glocke, kath. Pfarrkirche in Blesen.
Unbekannter Meister.
  1654 Zwei Glocken, kath. Pfarrkirche in Betsche.
Benedikt Briot, aus Lothringen[1]**.**
  1663 Zwei Glocken, ehem. Bernhardiner-Kirche in Posen.
Franz Voillard.
  1669 Glocke, kath. Pfarrkirche in Blesen.
J. B.
  1671 Glocke für eine unbekannte evang. Kirche gegossen, jetzt in der ehem. Franziskaner-Kirche in Gnesen.
J. W. A.
  1676 Glocke, kath. Pfarrkirche in Tuchorze.
A. E.
  1678 Glocke, ehem. Jesuiten-Kirche in Posen.
Franz Goffin, aus Lothringen.
  1676 Glocke, kath. Pfarrkirche in Wirsitz.
  1677 Glocke, kath. Pfarrkirche in Kletzko.
  1684 Glocke, Fronleichnams-Kirche in Posen.
J. B. Mabillot.
  ? Zwei Glocken, kath. Pfarrkirche in Altkloster.
B. W.
  1696 Glocke, kath. Pfarrkirche in Runowo.
David Bieck, vermutlich in Pommerellen ansässig[2]**).**
  1730 Glocke, kath. Pfarrkirche in Lobsens.
Plitt, im Netzegau thätig.
  1770 Glocke, kath. Pfarrkirche in Exin.
  1775 Zwei Glocken, evang. Pfarrkirchen in Budsin (umgegossen) und Klein-Drensen.

---

[1] Im Jahre 1649 gofs er mit seinem Landsmann Franz Dubois die beiden grofsen Glocken der Pfarrkirche in Angermünde.
[2] Woselbst Glocken dieses Giefsers verbreitet sind. Vgl. Heise, a. a. O.

III. Seit der Begründung ständiger Giefsereien.

Provinz Posen.

Posen.

Joachim Witarns, aus Lübeck, erwarb in Posen 1663 Bürgerrecht.

1663—64 Gofs in Gemeinschaft mit Simon Koysche zwei Glocken in Wissek und Zerniki.
1666 Glocke, kath. Pfarrkirche in Grofs-Chrzypsko.

Wilhelm Hampel, aus Breslau, erwarb in Posen 1688 Bürgerrecht.

1690 Stundenglocke, Rathaus in Posen.
1693 Glocke, evang. Pfarrkirche in Birnbaum (umgegossen).
1699 Glocke, Fronleichnams-Kirche in Posen und kath. Pfarrkirche in Sobota.
1702 Glocke, S. Adalberts-Kirche in Posen.

Christian Hampel, Sohn des vorigen.

1712 Glocke, kath. Pfarrkirche in Kostschin.
1714 Glocke, kath. Pfarrkirche in Reisen.
1718 Zwei Glocken, S. Martins-Kirche in Posen und kath. Pfarrkirche in Wiltschin.
1719 Glocke, kath. Pfarrkirche in Neu-Kramzig.
1722 Glocke, kath. Pfarrkirche in Filehne.
? Glocke, kath. Pfarrkirche in Ritschenwalde.

Johann Christian Bruck[1]).

1725 Glocke, kath. Pfarrkirche in Prochy.
1726 Zwei Glocken, kath. Pfarrkirche in Kosten (umgegossen).
1727 Drei Glocken, kath. Pfarrkirchen in Pinne, Domachowo und Siemowo.
1730 Vier Glocken, chem. Bernhardiner-Kirche in Posen und kath. Pfarrkirche in Wytomischel.
1731 Zwei Glocken, kath. Pfarrkirche S. Trinitatis in Gnesen und evang. Pfarrkirche (ehemals Dominikaner-Kirche) in Kosten.
1732 Zwei Glocken, Kapelle am ehem. Dominikaner-Kloster in Kosten und kath. Pfarrkirche in Moschin.
1733 Zwei Glocken, ehem. Klosterkirche in Grätz und kath. Pfarrkirche in Opalenitza.

Christian Heinrich Witte.

1737 Glocke, kath. Pfarrkirche in Granowo.
1738 Glocke, kath. Pfarrkirche in Winnagora.
1739 Glocke, kath. Pfarrkirche in Kalau.
1746 Glocke, kath. Pfarrkirche in Grofs-Chrzypsko.

---

[1]) Aufserhalb der Provinz Posen befindet sich eine Glocke von J. Ch. Bruck aus dem Jahre 1727 in Hurmelsdorf, Kreis Deutsch-Krone. Vgl. Heise a. a. O. I, S. 455.

1747 Glocke, S. Martins-Kirche in Posen.
1749 Glocke, kath. Pfarrkirche in Schwersenz.
1752 Glocke, kath. Pfarrkirche in Meseritz.

Georg Friedrich Traue.
1751 Glocke, kath. Pfarrkirche in Klein.

Johann Christian Nerger.
1752 Glocke, kath. Pfarrkirche in Klein.
1757 Glocke, kath. Pfarrkirche in Znin, bezeichnet I. C. N.

Johann Gottlieb Nerger.
1779 Glocke, kath. Pfarrkirche in Sobotka.

Johann Zacharias Neuberdt, aus Württemberg, erwarb in Posen 1754 Bürgerrecht.
1753 Drei Glocken, kath. Pfarrkirchen in Opalenitza, Schussenze und Usarzewo.
1756 Glocke, kath. Pfarrkirche in Kendzierzyn.
1758 Zwei Glocken, kath. Pfarrkirchen in Pinne und Lukowo.
1760—61 Sechs Glocken, Dom in Gnesen, in Gnesen gegossen.
1760 Zwei Glocken, S. Lorenz-Kirche in Gnesen und kath. Pfarrkirche in Kendzierzyn.
1761 Zwei Glocken, Kreuz-Kirche in Gnesen und evang. Pfarrkirche in Schwerin.
1765 Zwei Glocken, kath. Pfarrkirchen in Birnbaum und Runowo.
1772 Glocke, kath. Pfarrkirche in Zerniki, in Warschau gegossen.

Adam Huldt.
1767 Drei Glocken, kath. Pfarrkirchen in Buk (umgegossen) und Owinsk.
1768 Zwei Glocken, kath. Pfarrkirche in Czarnikau und evang. Pfarrkirche in Obersitzko.
1770 Zwei Glocken, kath. Kirche in Lomnitz.
1771 Glocke, kath. Pfarrkirche in Buk (umgegossen).
1772 Zwei Glocken, kath. Pfarrkirchen in Kwiltsch und Schwetzkau.
1773 Glocke, evang. Pfarrkirche in Schwersenz.
1775 Glocke, kath. Pfarrkirche in Zirke.

Johann Friedrich Schlenkermann, geb. 1747 in Hannover, erwarb in Posen 1776 Bürgerrecht, starb dort 1815[1]).
1778 Zwei Glocken, ehem. Berhardiner-Kirche in Posen.
1779 Glocke, ehem. Klosterkirche in Schildberg.
1780 Zwei Glocken, S. Adalberts-Kirche in Posen und kath. Pfarrkirche in Mieltschin.
1786—88 Fünf Glocken, Dom und evang. Kreuz-Kirche in Posen.
1789 Zwei Glocken, evang. Pfarrkirchen in Birnbaum und Santomischel.
1790 Glocke, kath. Pfarrkirche in Brody.
1791 Fünf Glocken, kath. Pfarrkirchen in Bythin und Obornik, evang. Pfarrkirchen in Goslin und Neustadt bei Pinne.
1791—92 Drei Glocken, kath. Pfarrkirche S. Maria Magdalena in Posen.
1793 Zwei Glocken, Dom in Posen und evang. Pfarrkirche in Pudewitz.

---

[1]) Sein Grab mit Denkmal auf dem alten Friedhofe der evang. Kreuz-Gemeinde in Posen.

1795 Zwei Glocken, Fronleichnams-Kirche in Posen und kath. Pfarrkirche in Ottorowo.
1796 Glocke, evang. Pfarrkirche in Obersitzko.
1797 Glocke, evang. Pfarrkirche in Wreschen.
1798 Glocke, kath. Pfarrkirche in Samter.
1799 Vier Glocken, kath. Pfarrkirchen in Krotoschin und Tarnowo bei Posen.
1800 Zwei Glocken, altstädt. evang. Pfarrkirche in Fraustadt.
1802 Drei Glocken, kath. Pfarrkirchen in Cerekwica bei Znin, Slawno bei Gnesen und Tarnowo bei Posen.
1810 Glocke, kath. Pfarrkirche in Exin.
1811 Glocke, ehem. Dominikaner-Kirche in Posen.
1814 Glocke, kath. Pfarrkirche in Exin.
? Drei Glocken, ehem. Klosterkirche in Grätz und kath. Pfarrkirche in Tarnowo bei Posen.

Johann Karl Brese, † 1860.
1851 Geläute der kath. Pfarrkirche in Bentschen.

Karl Schön, † 1878.
1865 Geläute der evang. Kreuz-Kirche in Lissa.
1868 Geläute der evang. Pauli-Kirche in Posen.
1876 Glocke der ehem. Dominikaner-Kirche in Posen.

Lissa.
Stephan Werner.
1723 Glocke, kath. Kirche in Ober-Pritschen.
1728 Glocke, kath. Pfarrkirche in Morka.
1730 Zwei Glocken, kath. Pfarrkirche in Fraustadt.
1733 Glocke, kath. Pfarrkirche in Jaratschewo.
1747 Glocke, kath. Pfarrkirche in Dubin.
1751 Glocke, kath. Pfarrkirche in Reisen.
1758 Glocke, evang. Pfarrkirche in Schlichtingsheim.

Johann Erdmann Kalliefe, 1746—1806[1]).
1777 Glocke, kath. Pfarrkirche in Zdziesz.
1779 Zwei Glocken, kath. Pfarrkirche in Brenno (umgegossen) und evang. Pfarrkirche in Jutroschin.
1780 Zwei Glocken, ehem. Klosterkirche in Paradies, die eine an die kath. Pfarrkirche in Koschmin bei Bentschen abgegeben.
1782 Geläute der evang. Kreuz-Kirche in Lissa (umgegossen).
1788 Glocke, kath. Pfarrkirche in Golembitz.
1789—90 Drei Glocken, kath. Pfarrkirche in Brenno und evang. Pfarrkirche in Sandberg.
1792 Glocke, kath. Pfarrkirche in Reisen.
1798 Glocke, evang. Pfarrkirche in Kobylin.
1805 Drei Glocken, evang. Pfarrkirche in Schwenten.

[1]) Die Lebensnachrichten der Giefser aus der Familie Kalliefe nach gefälliger Mitteilung des Herrn Apothekers A. Kalliefe in Mrotschen.

Karl Gottlieb Kalliefe, 1785—1837, Sohn des vorigen.
  1816 Zwei Glocken, evang. Pfarrkirche in Neutomischel.
  1824 Glocke, evang. Pfarrkirche in Borui-Kirchplatz.
  1825 Zwei Glocken, kath. Pfarrkirche in Schmiegel.
  1833 Zwei Glocken, evang. Johannes-Kirche in Lissa und kath. Pfarrkirche in Schmiegel.
  1834 Glocke, kath. Pfarrkirche in Neustadt bei Pinne.
Johann August Kalliefe, 1811—1858, Sohn des vorigen.
  1839 Fünf Glocken, kath. Pfarrkirchen in Bnin und Witkowo.
  1841 Glocke, kath. Pfarrkirche in Schrimm.
  1849 Drei Glocken, kath. Pfarrkirchen in Siemowo und Deutsch-Wilke.
  1855 Zwei Glocken, evang. Pfarrkirche in Reisen.

Meseritz und Schwersenz.

Martin Schipel, vermutlich in Schwersenz ansässig.
  1653 Glocke, evang. Pfarrkirche in Schwersenz.
Johann Christian Sartorius, nennt 1752 Meseritz, später Schwersenz als seinen Wohnort.
  1752 Vier Glocken, kath. Pfarrkirche in Margonin, kath. Pfarr- und chem. Klosterkirche in Wongrowitz.
  1757 Glocke, kath. Pfarrkirche in Krerewo.
  1758 Zwei Glocken, kath. Pfarrkirchen in Pudewitz und Scharfenort.
Paul Seer, Schwersenz.
  1760 Glocke, kath. Pfarrkirche in Bärsdorf.

Provinz Schlesien.

Breslau.

Jakob Götz (Getz).
  1604 Glocke, kath. Pfarrkirche in Schildberg.
  1607 Glocke, kath. Pfarrkirche in Jarotschin.
  1616 Glocke, kath. Pfarrkirche in Pogorzela.
Sebastian Götz.
  1651 Glocke, evang. Pfarrkirche in Bojanowo (zerstört).
  1655 Zwei Glocken, kath. Pfarrkirche in Sulmirschütz.
Gottfried, Siegmund und Sebastian Götz.
  1677 Glocke, kath. Pfarrkirche in Wloscicjewki, von Gottfried und Siegmund gegossen.
  1686—87 Zwei Glocken, kath. Pfarrkirche in Kempen.
  1688 Zwei Glocken, altstädt. evang. Pfarrkirche in Fraustadt (umgegossen).
  Diese sowie die vorigen von Siegmund gegossen.
  1714 Drei Glocken, evang. Johannes-Kirche in Lissa (erhalten nur eine), von Sebastian und Siegmund gegossen.
  1734 Glocke, kath. Pfarrkirche in Swierczyn, von Sebastian gegossen.

Kaspar Körber.
1729 Drei Glocken, ehem. Klosterkirche in Priment (erhalten nur eine).
1740 Glocke, kath. Pfarrkirche in Kalau.

Gottfried Schnellrad.
1742 Glocke, kath. Pfarrkirche in Opatow.

Samuel Scholtz.
1747 Glocke, kath. Pfarrkirche in Rombin.

Johann Sebastian Gerstner.
1750 Glocke, kath. Pfarrkirche in Schildberg.

Christian Gerstner.
1772 Glocke, kath. Pfarrkirche in Jarotschin.

Sebastian Gerstner.
1793 Glocke, ehem. Klosterkirche in Grabow.
1796 Glocke, kath. Pfarrkirche in Skalmirschütz.

Ernst Gottlieb Moretzki.
1789 Drei Glocken, evang, Pfarrkirche in Zduny.

Johann George Krieger.
1777 Zwei Glocken, evang. Pfarrkirche in Bomst, jetzt in der luth. Kirche in Weifsenhöhe.
1783 Drei Glocken, evang. Pfarrkirche in Görchen.
1787 Glocke, ehem. Klosterkirche in Olobok.
1778 Drei Glocken, evang. Pfarrkirche in Ostrowo.
1791 Drei Glocken, evang. Pfarrkirche in Adelnau.
1793 Zwei Glocken, evang. Pfarrkirche in Ulbersdorf.
1799 Glocke, Friedhofs-Kapelle in Olobok.

George Benjamin Krieger.
1790 Zwei Glocken, evang. Pfarrkirche in Xions.
1816 Zwei Glocken, kath. Pfarrkirchen in Kotlow und Opatow.
1820 Vier Glocken, evang. Pfarrkirche in Kobylin und S. Michaels-Kirche in Gnesen.

Liegnitz.

Christian Demminger.
1713 Glocke, evang. Pfarrkirche in Heiersdorf.
1715 Glocke, kath. Pfarrkirche in Zedlitz.

Johann Gottfried Täubert.
1752 Glocke, kath. Kirche in Hinzendorf.

Freistadt-Laubau.

Friedrich Gotthold Körner.
1779 Vier Glocken, ehem. Klosterkirche in Paradies.

Königreich und Provinz Sachsen.

Dresden.

Johann Gottfried Weinhold.
  1752 Glocke, evang. Pfarrkirche in Birnbaum.

Lauchhammer.

Giefserei und Eisenwerk.
  1838—39 Gufs des Doppelstandbilds der Goldenen Kapelle am Dome in Posen.

Provinz Brandenburg.

Berlin.

Johann Jakob Schultz.
  1715 Glocke, evang. Pfarrkirche in Pieske.

Friedrich Thiele.
  1793 Drei Glocken, evang. Pfarrkirche in Bromberg (erhalten nur eine).

Frankfurt a. O.

Georg Hofmann.
  o. J. Glocke, evang. Pfarrkirche in Bauchwitz.

Johann Friedrich Schramm.
  1724—25 Drei Glocken, evang. Pfarrkirche in Chlastawe.
  1730 Zwei Glocken, kath. Pfarrkirche in Schwerin.
  1748—49 Zwei Glocken, evang. Pfarrkirche in Politzig.

Krossen.

Christian See.
  1718 Glocke, kath. Kirche in Wischen.
  Um 1733 Glocke, kath. Kirche in Hochwalde.

Königsberg i. N.

Johann Christoph Fischer.
  1804 Zwei Glocken, evang. Kirche in Ober-Görzig.

Provinz Pommern.
Stettin.

Roloff Blasser.
 1618 Glocke, evang. Pfarrkirche in Peterawe.

Lorenz Kökeritz.
 1683 Glocke, kath. Pfarrkirche in Lagowitz.

Johann Heinrich Schmidt.
 1723 Glocke, evang. Kirche in Hansfelde.

Johann Heinrich Scheel.
 1739 Glocke, evang. Pfarrkirche in Gramsdorf.
 1751 Glocke, evang. Pfarrkirche in Schönlanke.
 1752 Glocke, evang. Pfarrkirche in Grünfier.
 1765 Glocke, evang. Pfarrkirche in Eichberg.

Karl Gottlieb Becker.
 1792 Glocke, evang. Pfarrkirche in Filehne.
 1797 Glocke, evang. Pfarrkirche in Schönlanke.

Philipp Heinrich Paul Schwenn.
 1788 Glocke, evang. Kirche in Hansfelde.
 1790 Glocke, evang. Pfarrkirche in Margonin.
 1791 Glocke, evang. Pfarrkirche in Zirke.
 1795 Glocke, evang. Kirche in Neuhöfen.
 1797 Glocke, evang. Pfarrkirche in Lobsens.
 1798 Zwei Glocken, evang. Pfarrkirche in Kolmar.
 1800 Glocke, evang. Pfarrkirche in Grünfier.

Gebrüder Schwenn.
 1821 und 1829 Zwei Glocken, evang. Pfarrkirche in Stieglitz.
 1830 Glocke, evang. Pfarrkirche in Eichberg.

Neustettin.

Johann Martin Meyer.
 1778 Zwei Glocken, kath. Pfarrkirche in Sadke (umgegossen).
 1789 Glocke, kath. Pfarrkirche in Schönlanke.
 1796 Glocke, evang. Pfarrkirche in Mrotschen.
 1803 Glocke, kath. Pfarrkirche in Runowo.
 1803 Glocke, chem. Klosterkirche in Gorka bei Lobsens, in Gemeinschaft mit A. W. Schuhmacher gegossen.

Provinz Westpreußen.

Danzig.

Christoph Oldendorf.
  1598 Thür, kath. Pfarrkirche in Schroda.

Gerhard Benningk¹).
  1601 Glocke, kath. Pfarrkirche in Schulitz.
  1604 Zwei Glocken, kath. Pfarrkirchen in Byschewo und Zabartowo (die letztere 1610?).
  1614 Glocke, kath. Pfarrkirche in Runowo.
  1639 Glocke, kath. Pfarrkirche in Schulitz.
  1643 Glocke, kath. Pfarrkirche in Fordon.

Matthias Uhl.
  1623 Glocke, kath. Pfarrkirche in Radenz.

Michael Wittwerk (Witwerck).
  1717 Glocke, kath. Pfarrkirche in Zabartowo.
  1722 Glocke, kath. Pfarrkirche in Mrotschen.
  1726 S. Adalberts-Glocke, Dom in Gnesen.

Immanuel Witwerk.
  1740 Glocke, kath. Pfarrkirche in Mrotschen.

Gottfried Anthony.
  1773 Glocke, evang. Pfarrkirche in Schönlanke.

Thorn.

Heinrich Wreden.
  1699 Zwei Glocken, kath. Pfarrkirche in Wtelno und ehem. Klosterkirche in Markowitz.
  1711 Glocke, kath. Pfarrkirche in Kwieciszewo.
  1713 Glocke, kath. Pfarrkirche S. Nikolaus in Inowrazlaw.
  1716 Drei Glocken, ehem. Klosterkirche in Strelno.
  1720 Glocke, kath. Pfarrkirche in Ostrowo bei Strelno.
  1721 Glocke, ehem. Klosterkirche in Markowitz.

Friedrich Bek.
  1729 Glocke, kath. Pfarrkirche in Lindenwald.
  1732 Glocke, kath. Pfarrkirche in Slawsk.
  1734 Glocke, evang. Pfarrkirche in Rynarschewo.
  1735 Glocke, ehem. Klosterkirche in Markowitz.

Nikolaus Petersilge.
  1758 Glocke, kath. Pfarrkirche in Bromberg (umgegossen).

¹) Vermutlich ein Angehöriger der in Lübeck und Hamburg thätigen Gießerfamilie. Vgl. R. Haupt, Bau- und Kunstdenkmäler der Provinz Schleswig-Holstein, III, S. 31. Ein von G. Benningk in Danzig 1617 gegossenes Geschütz im Berliner Zeughause.

1764 Glocke, kath. Pfarrkirche in Freytagsheim.
1765 Drei Glocken, ehem. Jesuiten-Kirche in Posen und ehem. Klosterkirche in Markowitz.
1768 Glocke, kath. Pfarrkirche in Tuczno.
1769 Zwei Glocken, kath. Kirche in Bagrowo und ehem. Klosterkirche in Gorka bei Lobsens.

H. Verschiedene Handwerker und Werkstätten.

Wilibrord Mlodziejewski.
1588 Sitzbank, kath. Pfarrkirche in Graboszewo.

Hilarion, Bernhardinermönch, aus Posen.
1641 Chorgestühl, ehem. Klosterkirche, jetzt kath. Pfarrkirche in Zirke.

H. F., Die Buchstaben zum Monogramm an einander gezogen. 16. Jahrhundert.
Getriebene Messingschüssel, kath. Pfarrkirche in Exin.

A. L., 17. Jahrhundert. Marke A✝L.
Taufkessel aus getriebenem Messing, kath. Pfarrkirche in Bromberg.

Sokolowski, Warschau.
1721 Denktafeln aus getriebenem Blech, für die Erzbischöfe Michael Radziejowski und Stanislaus Szembek, Dom in Gnesen.

Unbekannte Gelbgiefser. Im Stempel des einen der Buchstabe P, des anderen ein nach rechts gewandter menschlicher Kopf.
1689 und 1717 Zwei paar Leuchter aus gegossenem Messing, altstädt. evang. Pfarrkirche in Fraustadt.

Gottfried Mentz, Hirschberg.
1693 Messingkronleuchter, evang. Pfarrkirche in Kobylin.

Martin Powelcke.
1740 Beschlag einer Innungslade aus Schönlanke, im Provinzial-Museum in Posen.

Abraham (ohne Zunamen) und Martin Powek.
1505 und 1520 Schreiber (und Maler?) eines Cantionale, Dom in Gnesen.

Johann Christoph Winkler, Webermeister in Lissa.
1728 Zwei Altardecken, evang. Kreuz-Kirche in Lissa und evang. Pfarrkirche in Zaborowo. Die Decke der letzteren Kirche im Provinzial-Museum in Posen.

Weberei in Sluck (Littauen), gegründet 1758, oder verwandte Fabriken.
Marke FS oder SLUCK: Seidengürtel im Provinzial-Museum und in den kath. Pfarrkirchen in Czacz, Lukowo und Neustadt a. W.
— PASCHALIS: Seidengürtel, kath. Pfarrkirche in Neustadt a. W.
— Ewon Mikonwicz a Constantinopol: Seidengürtel ebendaselbst.
— IM. VH. BER: LI: Seidengürtel, kath. Pfarrkirche in Dziewierzewo.

TABELLE

DER WICHTIGSTEN DATEN

DER POLITISCHEN

UND DER KUNSTGESCHICHTE.

Literatur:
F. X. Kraus, Synchronistische Tabellen der christlichen Kunstgeschichte. Freiburg im Breisgau 1880.

968 Gründung des Bistums Posen.
1000 Gründung des Erzbistums Gnesen.
Um 1065 Gründung des Benediktiner-Klosters in Mogilno.
1153 Gründung des Cistercienser-Klosters in Lekno.
 Einwanderung deutscher Kolonisten.

1230 Gründung des Cistercienser-Klosters in Paradies.
1231 Niederlassung des Deutschen Ordens in Preufsen.
 Niederlassungen der Dominikaner und der Franziskaner.
1253 Gründung der Stadt Posen nach deutschem Rechte.

1334—70 König Kasimir der Grofse von Polen.
1346 Gründung der Stadt Bromberg.
1386 Vereinigung von Polen und Littauen unter Wladislaus Jagello.

 Niederlassungen der Karmeliter und der Bernhardiner.

1466 Westpreufsen mit Polen vereinigt.

1517 Luthers Thesen in Wittenberg.
 Ausbreitung der Reformation in Grofspolen.
1547 Gründung der Stadt Lissa.

1570 Niederlassung der Jesuiten in Posen. Katholische Gegenreformation.

1618—48 Dreifsigjähriger Krieg.
 Zweite deutsche Einwanderung.
1638 Gründung der Stadt Rawitsch.
1655—57 Erster schwedischer Krieg.

1700—18 Zweiter schwedischer (nordischer) Krieg.

1768 Freigebung der dissidentischen Bekenntnisse in Polen.
1772 Erste Teilung Polens. Der Netzegau mit Preufsen vereinigt.
1793 Zweite Teilung Polens. Grofspolen mit Preufsen vereinigt.
1795 Auflösung Polens mit der dritten Teilung.
1815 Wiener Kongrefs. Organisation der Provinz Posen.

Daten der Kunstgeschichte. 163

Blüte der romanischen Baukunst in Deutschland und Italien.
Anfänge der Gotik in Frankreich.
Um 1200 Romanische Bauwerke in Grofspolen und Kujawien, in Granitquadern und Ziegeln ausgeführt. Erzthür und Bilderhandschriften in Gnesen, Kelche in Tremessen.
1248 Beginn des Dombaues in Köln.
Um 1250 Der frühgotische Stil nach Grofspolen übertragen. Cistercienser-Kirche in Paradies und Franziskaner-Kirche in Gnesen.
Johannes-Kirche der Altstadt Thorn.
Um 1300 Frühgotische Ziegelbauten in Gluschin und Alt-Gostyn.
Um 1350 Neubau des Gnesener Domes.
1363 Aelteste datierte Glocke der Provinz, für Kloster Lubin gegossen.
1401 S. Katharinen-Kirche in Brandenburg a. H. begonnen.
Fronleichnams-Kirche in Posen, Pfarrkirchen in Samter und Schroda.
1433—44 Marien-Kirche in Posen.
Anfänge der Renaissance in Toscana.
1494 Reliquiar S. Adalberts in Gnesen, von Jakob Barth in Posen gefertigt.
Grabplatten des Veit Stofs und des Peter Vischer von Nürnberg.
1490—1530 Ausbreitung des spätgotischen Stils in Baukunst und Handwerk.
Um 1510 Blüte der Hochrenaissance in Rom. Bramante, Rafael, Michelangelo.
1511—24 Einführung der ersten Renaissance-Werke. Grabplatten in Gnesen, Samter und Tomice, Hochaltar in Samter.
1550 Evangelische Kirche in Bauchwitz, ältester Holzbau der Provinz.
1550—55 Umbau des Rathauses in Posen. Thätigkeit italienischer Architekten und Bildhauer in der Provinz.
1592 Musterblätter des Goldschmieds Erasmus Kamyn in Posen.
1594—95 Spätgotische Gewölbe in Wongrowitz.
1617 Katholische Kirche in Smoguletz (deutsche Hochrenaissance).

1651 Klosterkirche in Priment begonnen (italienische Spätrenaissance).
1694—1713 Schlüter in Berlin. Blüte des deutschen Barocks.
Um 1700 Ausbau der katholischen Kirchen in Priment, Lissa und Posen.
1709 Evangelische Kreuz-Kirche in Lissa begonnen.
1761—90 Umbau des Domes in Gnesen.
1768 Johann Winckelmann †.
1776 Evangelische Kreuz-Kirche in Posen begonnen.

Einflufs der Berliner Bauschule. Langhans und Schinkel.
1841 Die Standbilder der Goldenen Kapelle am Dome in Posen aufgestellt, nach dem Modell von Ch. Rauch in Berlin.

21*

Alphabetisches Inhalts-Verzeichnis
zum I. Bande.

Die zur Unterscheidung von gleichlautenden Ortschaften mit den Adjektiven Grofs-, Klein-, Ober-, Nieder- u. a. zusammengesetzten Namen sind nach ihren Grundnamen eingeordnet.
Umlaute sind den Grundlauten gleichgeachtet.
Die Ortschaften der Provinz Posen sind mit gesperrter Schrift gesetzt.
Bei kleineren Kirchen sind Bauwerk, Ausstattung und Grabmäler zusammengefafst.

A.

Abraham, Schreiber eines Cantionale 159.
Adelnau 7.
— Evang. Pfarrkirche 155.
— Kath. Pfarrkirche 140, 141, 149.
Adler, Architekt 120.
Ahlgreen, Goldschmied 128.
Alberti, Architekt 89.
Albrecht, Glockengiefser 148.
Altenberg bei Köln 10, 56.
Altenhof, Kath. Pfarrkirche 65.
Althöfchen 10. s. Blesen.
— Kath. Kirche 93.
Altkloster, Kath. Pfarrkirche 92, 93, 150.
Angermünde, Pfarrkirche 150.
Anthony, Glockengiefser 158.
Antonin, Schlofs 90, 120, 123.
Argenau 32. — Kath. Pfarrkirche 57. 65.
Ascherbude, Evang. Pfarrkirche 112, 119.
Augsburg 85, 109 111, 138, 142.
— Dom 50. — Fuggersche Badezimmer 88.

B.

Baccinrelli, Maler 125.
Bagrowo, Kath. Kirche 159.
Bargen, Kath. Pfarrkirche 49, 62, 65, 69, 81.
Bärsdorf, Kath. Pfarrkirche 66, 151.
Barth, Goldschmied 78, 80, 126.
Bartosch, Bauhandwerker 121.
Bartschin 20.
Bascht, Goldschmied 131.

Bauchwitz, Evang. Pfarrkirche 96, 97. — Ausstattung 102, 134, 144, 156.
Becker, Glockengiefser 157.
Behle, Kath. Pfarrkirche 142, 149.
Bek, Glockengiefser 158.
Belotto, Architekt 119.
Below, Architekt 120.
Benice, Kath. Pfarrkirche 81, 93, 104, 132.
Benningk, Glockengiefser 158.
Bent, v. d., Maler 125.
Bentschen 16, 19.
   Kath. Pfarrkirche 81, 94, 115, 128, 153.
   — Schlofs 99.
Berchem, Maler 124.
Berecci, Architekt 86, 88.
Berlin 87, 90, 108, 109, 111, 114, 120, 123, 125, 133, 156.
— — Dom 76. — Kunstgewerbe-Museum 103, 109. Zeughaus 158.
Besin, Bildhauer 111, 123.
Betsche, Kath. Pfarrkirche 92, 150.
Bialtsch, Alt-, Kath. Pfarrkirche 91, 92, 128, 129.
Biechowo, Kath. Pfarrkirche 128.
Bieck, Glockengiefser 150.
Biezdrowo, Kath. Pfarrkirche 65, 106, 118.
Birnbaum 19, 23.
   Evang. Pfarrkirche 99, 121. — Altargeräte 129, 130, 131, 139, 141, 142. Glocken 113, 151, 152, 156.
   Grabstein 101.
   Kath. Pfarrkirche 50, 66, 128, 130, 152.
Bläser, Bildhauer 123.

166 Alphabetisches Inhalts-Verzeichnis.

Blasser, Glockengiefser 157.
Blatt, Goldschmied 128.
Blesen, Cistercienser-Kloster 10, 56, 57.
— Kath. Pfarrkirche 65, 133, 149, 150.
Bnin, Kath. Pfarrkirche 62, 63, 73. — Ausstattung 75, 79, 16, 112, 141, 151.
Bojanowo 20, 24, 121.
— Evang. Pfarrkirche 154.
Boleslawiec, Schlofs 70, 72.
Bomst, Evang. Pfarrkirche 99, 145, 155.
— Kath. Pfarrkirche 71, 93, 124.
Borui-Kirchplatz, Evang. Pfarrkirche 145, 154.
Böthke, Architekt 120.
Brandenburg a. H., Kirchen: S. Katharina 61, 62, 68, 119. S. Nikolaus 69. S. Peter 70.
Britz, Evang. Pfarrkirche 133, 134.
— Kath. Pfarrkirche 81, 82.
Brenno, Kath. Pfarrkirche 153.
Brese, Glockengiefser 155.
Breslau 6, 7, 9, 16, 18, 76, 78, 109, 110, 120, 122, 131, 151, 154.
Bauwerke: Dom 65, 76, 77, 88. — Magdalenen-Kirche 65. — Vincenz-Stift 41. — Sandkirche 48. — Staupsäule 87.
Brioquey, Glockengiefser 149.
Briot, Glockengiefser 150.
Brody, Kath. Pfarrkirche 152.
Bromberg 15, 29, 32, 71.
Altstädt. evang. Pfarrkirche 89, 120, 156.
Bernhardiner-Kirche 18, 62, 65, 69, 92.
Jesuiten-Kirche 22, 93, 135.
— Karmeliter-Kirche 17, 67, 92.
— Kath. Pfarrkirche 62, 64, 69, 70, 92. Ausstattung 81, 127, 135, 158, 159.
— Klarissinnen-Kirche 65, 89, 92, 93, 102. Pauls-Kirche 120.
— Schlofs 70, 72.
Brozek, Goldschmied 126.
Bruck, Glockengiefser 151.
Brudnia, Kath. Pfarrkirche 136, 137.
Brunsberg, Architekt 61, 119.
Brzostkow, Kath. Pfarrkirche 94, 128.
Brzozowski, Maler 125.
Budsin, Evang. Pfarrkirche 114, 150.
Budziniewicz, Goldschmied 126.
Buk, Kath. Pfarrkirche 60, 94. — Ausstattung 78, 116, 152.
— Kreuz-Kapelle 96.
Bukownica, Kath. Pfarrkirche 131.
Byschewo, Kath. Pfarrkirche 92, 121. — Ausstattung 136, 137, 158.
Bythin, Kath. Pfarrkirche 63, 65, 152.

C.

Canavesi, Bildhauer 105, 106, 122.
Caxes, Maler 124.
Ceradz kościelny, Kath. Pfarrkirche 65, 101.
Cerekwica b.Znin, Kath.Pfarrkirche 57,153.
Chlastawe, Evang. Pfarrkirche 97, 102, 124, 156.
Chodowiecki, Maler 125.
Chojnica, Kath Pfarrkirche 63, 65. — Ausstattung 73, 79, 106, 147.

Chrzypsko, Grofs-, Kath. Pfarrkirche 65, 151.
Chwalkowo, Kath. Pfarrkirche 74, 122.
Cielecki, Maler 125.
Cundisius, Goldschmied 130.
Czacz, Kath. Pfarrkirche 65, 95. — Ausstattung 127, 133, 160.
Czarnikau 7.
— Evang. Pfarrkirche 135.
Kath. Pfarrkirche 65. — Ausstattung 79, 110, 112, 127, 152. — Grabmäler 104, 106, 148.
Czempin, Kath. Pfarrkirche 65, 127.
Czenstochau 31, 111.
Czeszewo, Kath. Pfarrkirche 65, 81, 149.

D.

Dalewo, Kath. Pfarrkirche 57.
Danes, Glockengiefser 148.
Dammer, Grofs-, Kath. Pfarrkirche 118.
— Schlofs 120.
Daunborz, Schlofs 71.
Danzig 16, 19, 30, 102, 109, 111, 113, 135, 158.
— Marien-Kirche 65, 70.
Dembnica, Kath. Pfarrkirche 83.
Dembno, Kath. Pfarrkirche 62, 65, 73. — Ausstattung 79, 132, 133.
Denninger, Glockengiefser 113, 155.
Dobrilug, Lausitz 10, 56.
Dolzig, Kath. Pfarrkirche 62, 63. — Ausstattung 74, 127, 131, 139.
Domachowo, Kath. Pfarrkirche 83, 110, 138, 151.
Domenichino, Maler 124.
Donaborow, Kath. Pfarrkirche 148.
Drensen, Grofs-, Evang. Pfarrkirche 114, 148.
Drensen, Klein-, Evang. Kirche 150.
Drentwet, Goldschmied 138.
Dresden 108, 123, 125, 156.
— Evang. Kirchenbauten 98.
Driebitz, Alt-, Evang. Pfarrkirche 81, 83, 133, 144.
Dubin, Kath. Pfarrkirche 128, 153.
Dubois, Glockengiefser 150.
Dürer, Albrecht 85.
Duschnik, Kath. Pfarrkirche 65, 74, 79.
Dziekanowice, Kath. Pfarrkirche 127.
Dziewierzewo, Kath. Pfarrkirche 65, 131, 160.

E.

Eichberg, Evang. Pfarrkirche 73, 145, 157.
Eiggel, Goldschmied 130.
Elsheimer, Maler 124.
Emchen, Kath. Pfarrkirche 106, 114, 141, 149.
Endemann, Goldschmied 128.
Exin, Karmeliter-Kirche 22, 112, 127.
— Kath. Pfarrkirche 93. — Ausstattung 128, 135, 137, 141, 150, 155, 159.

F.

Fehlen s. Priment.
— Cistercienser-Kirche 11, 92, 93, 149.

Ferrari, Architekt 91, 119.
Fetzel, Bauhandwerker 121.
Filehne 7, 11, 25.
— Evang. Pfarrkirche 157.
— Kath. Pfarrkirche 92, 151.
Fischer, Glockengießer 156.
Flies, Zinngießer 144.
Florenz 47, 51, 86, 104, 105, 122.
Flötner, Peter 109.
Fordon 32.
- Kath. Pfarrkirche 92, 135/137, 158.
Frankfurt a. O. 156.
Frankstein, Schlesien 121.
Frantz, Architekt 119.
Frantz, Bauhandwerker 121.
Fraustadt 9, 15, 18, 19, 22/24, 26, 27, 30, 108, 110, 112, 123, 129, 144.
— Altstädt. evang. Pfarrkirche 98, 121. — Ausstattung 110, 111, 113, 129, 131, 138, 139, 142, 153, 154, 159.
- Bernhardiner-Kirche 18, 92, 93, 102, 103.
— Grabstein 107.
— Evang. Friedhof 107, 123.
— Kath. Pfarrkirche 62, 65, 94, 121. - Ausstattung 79, 81 83, 112, 129, 140, 153.
— Neustädt. evang. Pfarrkirche 144, 146.
— Weltliche Bauwerke 72, 87, 100.
Freistadt, Schlesien 155.
Freytagsheim, Kath. Pfarrkirche 102, 159.
Friedeberg, Neumark 145.
Friedrich, Bildhauer 123.

G.

Gaab, Goldschmied 142.
Geiersdorf, Kath. Pfarrkirche 65, 81, 83, 104.
Gelhor, Goldschmied 78, 80, 126.
Gembitz, Kath. Pfarrkirche 63, 61, 69, 120.
Gerlach, Bildschnitzer 123.
Gerstner, Glockengießer 155.
Gertzmer, Goldschmied 134.
Glecz 7.
— Kath. Pfarrkirche 12, 46.
Gilly, Architekt 120.
Giovanni Battista, Architekt 86, 88, 104, 106, 119.
Glesno, Kath. Pfarrkirche 65, 128, 135.
Glogau 18, 133, 144, 149.
— Annen-Kapelle 69.
Gluchowo, Kath. Pfarrkirche 74, 81, 92, 93, 139.
Gluschin, Kath. Kirche 57, 58, 66, 69.
Gnesen 6, 7, 9, 11, 14, 16, 32, 62, 71.
— Dom 14, 44, 58, 59, 63, 72, 73, 92, 93, 95, 119, 122. — Ausbau 36, 50, 51, 75, 102, 103, 125.   Geräte 78, 80, 81, 81, 110, 111, 126, 127, 134 142. - Glocken 113, 152, 158. — Grabdenkmäler 75/77, 86, 104, 107, 122, 147, 149, 159. — Handschriften 52, 53, 84, 109, 159.
— Evang. Pfarrkirche 99.
— Franziskaner-Kirche 12, 56, 95, 101. Ausstattung 110, 139, 150.
— Georgs-Kirche 46.
— Johannes-Kirche 11, 59, 65.

Gnesen, Kreuz Kirche 152.
— Lorenz-Kirche 152.
- - Michaels-Kirche 59, 61. Ausstattung 81, 83, 112, 155.
Trinitatis-Kirche 62, 65, 66. - Ausstattung 79, 112, 128, 137, 151.
Gniewkowo s. Argenau.
Gnin, Kath. Pfarrkirche 96, 128, 148.
Godet, Goldschmied 134.
Goffin, Glockengießer 150.
Golejewko, Kath. Pfarrkirche 127.
Golembitz, Kath. Pfarrkirche 130, 153.
Gollantsch, Bernhardiner-Kirche (evang. Pfarrkirche) 65.
Kath. Pfarrkirche 142.
— Schloß 71, 99.
Gollmütz, Kath. Kirche 65, 130.
Gollub, Schloß 89.
Golnehow, Kath. Pfarrkirche 92, 121, 139.
— Schloß 99.
Gonsawa, Kath. Pfarrkirche 103, 149.
Gora bei Zulu, Kath. Pfarrkirche 57, 66, 74.
Görchen, Evang. Pfarrkirche 155.
— Kath. Pfarrkirche 65, 127, 130.
— Reformaten-Kloster 22.
Górka, Familie 19, 22, 24, 63, 76, 77, 87, 105, 106, 122, 147.
Gorka bei Lobsens, Reformaten-Kirche 22, 93, 127, 136, 157, 159.
Górka duchowna 65, 112.
Görzig, Ober-, Evang. Kirche 147, 156.
Goslin, Evang. Pfarrkirche 152.
Kath. Pfarrkirche 46, 66. — Ausstattung 74, 127, 131. - Grabmal 106.
Gostyczyn, Kath. Pfarrkirche 116.
Gostyn, Kath. Pfarrkirche 49, 62 64, 66. - - Ausstattung 75, 111, 112, 126.
— Philippiner-Kirche 22, 91, 104, 139, 143.
Gostyn, Alt-, Kath. Pfarrkirche 57, 58, 69.
— Ausstattung 73, 128, 129, 149.
Götz, Glockengießer 151.
Graboszewo, Kath. Pfarrkirche 96, 102, 138, 159.
Grabow, Franziskaner-Kirche 112, 155.
Graf, Architekt 119.
Gramsdorf, Evang. Pfarrkirche 114, 157.
Gran, Ungarn 86, 122.
Granowo, Kath. Pfarrkirche 82, 96, 151.
Grantz, Bauhandwerker 121.
Grätz 19, 23.
— Bernhardiner-Kirche 22, 93, 151, 153. Evang. Pfarrkirche 103, 144.
Kath. Pfarrkirche 62, 65, 91, 94. — Ausstattung 71, 78, 113, 116. — Grabstein 104. — Standbild 95.
Greth, Architekt 120.
Grodzisko bei Glecz, Kath. Pfarrkirche 71, 82.
Grünfier, Evang. Pfarrkirche 112, 131, 157.
Grunzig, Glocke 82, 147.
Gryzyn, Martins-Kapelle 49, 66.
Grzybowo, Kath. Pfarrkirche 96.
Guadelupe, Spanien 121.
Guben 16, 134.

H.

Haase, Goldschmied 132.
Hamburg 158. — Michaelis-Kirche 98.
Hampel, Glockengiefser 113, 151.
Hansen, Bauhandwerker 122.
Hansfelde, Evang. Kirche 114, 157.
Hauländereien 24, 27, 101.
Heermann, Architekt 120.
Heiersdorf, Nieder-, Evang. Pfarrkirche 65, 97. — Ausstattung 81, 83, 110, 113, 155.
Heinrichau, Schlesien 11.
Hentschel, Goldschmied 132.
Herlitze, Bauhandwerker 121.
Hezebik, Goldschmied 139.
Hilarion, Bernhardinermönch 103, 159.
Hildesheim, Dom 50.
Hiller, Goldschmied 131.
Hinzendorf, Kath. Kirche 91, 103, 119, 155.
Hirschberg 100, 159.
Hochwalde, Kath. Kirche 93, 103, 156.
Hofmann, Glockengiefser 156.
Höhne, Bauhandwerker 121.
Holzbau 41, 42, 95/102.
Hornburg, v., Architekt 119.
Hübner, Goldschmied 134.
Hübner, Maler 125.
Huldt, Glockengiefser 152.

I.

Ikonographie 52/54, 73, 74, 79, 101.
Ilgen, Kath. Pfarrkirche 116, 127.
Innsbruck, Hofkirche 77.
Inowrazlaw 7, 16, 25, 32.
- Franziskaner-Kirche 12, 57.
— Kath. Pfarrkirche 137, 158.
— Marien-Kirche 45 50, 57, 61.
-- Markt-Turm 71.

J.

Jacobson, Goldschmied 138.
Jacomius, Goldschmied 139
Jakschitz, Kath. Pfarrkirche 137.
Janowitz, Kath. Pfarrkirche 82, 103.
Jaratschewo, Kath. Pfarrkirche 74, 122, 127, 139, 153.
Jarotschin, Kath. Pfarrkirche 65, 112, 154, 155.
Jarzombkowo, Kath.Pfarrkirche 62, 64, 82.
Jaslowski, Goldschmied 126.
Jaszkowo, Kath. Pfarrkirche 62, 65, 75, 149.
Jeseritz, Kath. Kirche 95.
Johannes, Bildhauer 86, 101, 122.
Jordan, Brandenburg 69.
Jordan, Goldschmied 129.
Juden 13, 111 113.
Jutroschin 23.
Evang. Pfarrkirche 144, 153.

K.

Kähme 24.
— Kath. Pfarrkirche 63, 66, 67, 69. — Ausstattung 74, 127.

Kainscht, Kath. Kirche 83.
Kalau, Kath. Pfarrkirche 66, 140, 151, 155.
Kalisch 8, 9, 11, 15, 16, 26.
-- Kirchen 56, 65.
Kalliefe, Glockengiefser 114, 115, 153, 154.
Kamyn, Goldschmied 109, 110, 126.
Kankel, Kath. Pfarrkirche 63, 66, 131.
Karge s. Unruhstadt.
Karstede, Glockengiefser 114, 148.
Kaźmierz, Kath. Pfarrkirche 63, 64, 75.
Kempen 24, 32.
 - Evang. Pfarrkirche 138.
 - Kath. Pfarrkirche 141, 154.
— Synagoge 134.
Kendzierzyn, Kath. Pfarrkirche 137, 152.
Kernich, Erzgiefser 149.
Kicin, Kath. Pfarrkirche 152.
Kiebel, Kath. Pfarrkirche 130.
Kletzko, Kath. Pfarrkirche 63, 65, 68. — Altar 102, 124. — Geräte 112, 127, 140. — Glocken 83, 114, 148, 150.
Knoefvell, Maler 125.
Koehel, Bauhandwerker 121.
Köbnitz, Kath. Kirche 82, 131.
Kobylepole, Schlofs 120.
Kobylin 23.
— Bernhardiner-Kirche 18, 65.
— Evang. Pfarrkirche 98. — Ausstattung 129, 142, 144, 153, 155, 159.
— Kath. Pfarrkirche 63, 65. — Ausstattung 74, 75, 80, 132.
Koch, Architekt 120.
Kökeritz, Glockengiefser 157.
Kolmar, Evang. Pfarrkirche 99, 134, 157.
-- Kath. Pfarrkirche 66. — Ausstattung 81, 83, 111, 126, 139.
Kommenderie s. Posen, Johannes-Kirche.
Komornik, Kath. Pfarrkirche 65, 141.
Konary, Kath. Pfarrkirche 63, 65, 79.
Konarzewo, Kath. Pfarrkirche 65, 95. — Ausstattung 81, 83, 126.
— Schlofs 99.
Königsberg, Neumark 61, 156.
Königslutter, Braunschweig 44.
Konitz, Westpreufsen 121.
Konstantinopel 115, 160.
Körber, Glockengiefser 155.
Körner, Glockengiefser 155.
Koschmin 11, 19.
— Kath. Pfarrkirche 64, 94. — Ausstattung 73, 74, 103, 122.
— Reformaten-Kloster 22.
Koschmin bei Bentschen, Kath. Pfarrkirche 148, 153.
Koschuty, Kath. Pfarrkirche 82.
Kościelec, Kath. Pfarrkirche 42, 45, 46, 49, 63, 137. — Kapelle 88, 89, 106, 119.
Kossyor, Maler 124.
Kosten 16, 18, 60.
— Bernhardiner-Kirche (Prov. Irrenpflege-Anstalt) 18, 62, 65, 140.
— Dominikaner-Kloster 17, 151.
 - Evang. Pfarrkirche 127, 151.
Geist-Kapelle 65, 102.
Kath. Pfarrkirche 63. — Ausstattung 73, 79, 80, 82, 83, 132, 151. — Grabmäler 106.

Kosten, Kreuz-Kapelle 65.
Kostschin 12.
— Kath. Pfarrkirche 49, 62, 64. — Ausstattung 102, 112, 148, 151.
Kotlow, Kath. Pfarrkirche 42, 45, 46, 48. — Ausstattung 118, 155.
Kotten, Grofs-, Evang. Pfarrkirche 145, 146, 148.
Koysche, Glockengiefser 114, 149, 151.
Krakau 6, 13, 16, 18, 58, 72, 87, 105, 116, 120, 122, 123, 126, 137.
— Dom 65, 75, 76, 80, 86, 88, 106. — Kreuz-Kirche 66. — Marien-Kirche 74, 75. — Peters-Kirche 90. Tuchhalle 89. — Universität 70.
Kramzig, Neu-, Kath. Pfarrkirche 94, 146, 151.
Kranz, Evang. Pfarrkirche 97.
Krause, Architekt 120.
Krerewo, Kath. Pfarrkirche 65, 154.
Kreutsch, Klein-, Kath. Pfarrkirche 81, 114, 123.
Krieger, Glockengiefser 155.
Kriewen, Kath. Pfarrkirche 65, 112, 148.
Kröben, Egidien-Kapelle 42, 46, 49.
— Kath. Pfarrkirche 79, 93, 132, 139, 142. — Grabstein 104.
— Schlofs 119.
Krone a. B. (Koronowo) 11, 15.
— Cistercienser-Kirche 56, 58, 59, 64, 94, 137.
— Ehem. Pfarrkirche 92.
Krossen 119, 121, 156.
Krotoschin 7, 20, 23.
— Evang. Pfarrkirche 99, 132.
— Kath. Pfarrkirche 63, 64. — Ausstattung 74, 141, 153. — Grabmal 106. Trinitarier-Kirche 94.
— Weltliche Bauwerke 100, 101.
Kruchowo, Kath. Pfarrkirche 81, 83.
Kruschwitz 7, 15, 25, 32.
— Kath. Kollegiatkirche 41, 47, 49, 50. — Ausstattung 48, 52, 79, 112, 135/138.
— Schlofs 70/72.
Krzeszkowice, Schlofs 120.
Kulm, Westpreufsen 32, 123.
— Kirchen 65. — Rathaus 89.
Kulmsee, Dom 106.
Kunink, Erzgiefser 104, 118.
Kurnik 19.
— Kath. Pfarrkirche 62, 63, 70, 119. — Ausstattung 112, 126. — Grabmäler 106.
— Schlofs 70, 120, 121.
— Synagoge 111, 112.
Kursdorf, Kath. Pfarrkirche 63.
Kurzig, Evang. Kirche 148.
Kuschten, Kath. Pfarrkirche 148, 149.
Kutschkau, Kath. Pfarrkirche 65. Ausstattung 73, 81, 83, 115.
Kwieelszewo, Kath. Pfarrkirche 63, 66. — Ausstattung 84, 102, 158.
Kwiltsch, Kath. Pfarrkirche 93. — Ausstattung 103, 142, 152. - Standbild 95.

L.

Labischin 23, 30.
— Ehem. Pfarrkirche 45, 48, 89.
— Reformaten-Kirche (Kath. Pfarrkirche) 22, 79.
Lache, Kath. Pfarrkirche 127.
Lagowitz, Kath. Kirche 82, 96, 97, 157.
Lamsit, Bauhandwerker 121.
Lauci, Architekt 120.
Lancret, Maler 125.
Landsberg a. W. 145, 148. — Stadtmauer 72.
Langhans, Architekt 99, 120.
Lanz, Goldschmied 139.
Lafswitz, Evang. Pfarrkirche 112, 130, 143, 144.
Lauban 155.
Laube, Alt-, Kath. Pfarrkirche 65, 95. — Ausstattung 130, 132, 139.
Lauchhammer, Sachsen 156.
Lechlin, Kath. Pfarrkirche 82, 147.
Lehnin bei Brandenburg a. H. 10, 56.
Leitzkau bei Zerbst 42.
Lekno, Cistercienser-Niederlassung 10.
— Kath. Pfarrkirche 46, 56, 62, 64, 68. — Grabmäler 106, 108, 123.
Lenz, Maler 124.
Leslau, Kujawien 45.
Letenski, Goldschmied 137.
Leubus, Schlesien 11.
Leyden, v., Maler 124.
Libau, Kath. Pfarrkirche 81.
Liegnitz 113, 155. — Schlofs 87.
Limoges, Frankreich 52.
Lindener, Bauhandwerker 121.
Lindenwald, Kath. Pfarrkirche 121, 158.
Lissa 19/27, 100, 108, 111/115, 119, 123, 129, 133, 143, 146, 153.
— Johannes-Kirche 92, 98. — Ausstattung 80, 110, 116, 129, 130, 144, 154. — Friedhof 107.
— Kath. Pfarrkirche 90, 91, 101. — Ausstattung 81, 123, 130, 133.
— Kreuz-Kirche 92, 98, 119. — Ausstattung 115, 116, 129, 130, 138, 143, 144, 153, 160. — Friedhof 107.
Rathaus 100.
— Synagoge 130, 132, 134.
— Wohnhäuser 100, 101.
Lissen, Kath. Pfarrkirche 142, 148.
Lobsens 20, 23, 146. s. Górka.
— Evang. Pfarrkirche 157.
— Kath. Pfarrkirche 65. — Ausstattung 82, 129, 135, 140, 150. — Grabstein 104.
Lomnitz, Kath. Kirche 152.
Lond, Cistercienser-Kloster 10, 56.
Lonsk, Grofs-, Kath. Pfarrkirche 121.
Lopienno, Kath. Pfarrkirche 93. — Ausstattung 127, 136, 149.
Lubasch, Kath. Pfarrkirche 93, 94. — Ausstattung 103, 127, 128, 135, 141, 142.
Lübeck 114, 151, 158. — Marien-Kirche 42.
Lubin 7, 57.
— Evang. Pfarrkirche 42, 46, 49, 95.
— Kath. Pfarrkirche (Benediktiner-Kirche) 42, 46, 62, 65, 69. — Ausstattung 73, 78, 81/83, 126. — Grabmäler 106.

Lnbosch, Kath. Pfarrkirche 112.
Lubranski, Familie 63, 77, 86, 147.
Lukowo, Kath. Pfarrkirche 142, 152, 160.
Luschwitz, Kath. Pfarrkirche 91, 103.
Lussowo, Kath. Pfarrkirche 63, 65. — Grabmal 106.
Lutogniew, Kath. Pfarrkirche 139, 142.
Luttom, Grofs-, Kath. Pfarrkirche 93, 103.

M.

Mabillot, Glockengiefser 150.
Madzarski, Weber 115.
Magdeburg 6, 12, 51. — Dom 47, 76, 77.
Mailand 105, 122.
Mainz 47, 118.
Manlewo, Kath. Pfarrkirche 79.
Mantua, S. Andrea 89.
Margonin, Evang. Pfarrkirche 157.
— Kath. Pfarrkirche 93, 154.
Marienburg 30, 70, 100.
Markowitz, Reformaten-Kirche 22, 158, 159.
Markus, Bauhandwerker 122.
Marzenin, Kath. Pfarrkirche 79, 128, 140.
Meifsen, Schlofs 70. — Wolfgangs-Kapelle 65.
Meifsner, Goldschmied 128, 134.
Mentz, Gelbgiefser 139.
Merker, Bauhandwerker 121.
Meseritz 7, 12, 15, 19, 22, 23, 71, 111, 133, 146, 151.
— Evang. Pfarrkirche 99, 119, 121. — Ausstattung 111, 125, 138, 141. — Friedhof 107.
— Kath. Pfarrkirche 62, 65, 66, 69. — Ausstattung 80, 152.
— Schlofs 71, 72.
— Synagoge 134.
Mentel, Glockengiefser 150.
Meyer, Glockengiefser 157.
Michalowicz, Bildhauer 105, 123.
Michelangelo 105, 106.
Mielschin, Kath. Pfarrkirche 65, 73, 112, 152.
Mieschkow, Kath. Pfarrkirche 140.
Mietschisko, Kath. Pfarrkirche 127.
Mikonwiez, Weber 160.
Mikorzyn, Kath. Pfarrkirche 96, 131, 147.
Miloslaw, Kath. Pfarrkirche 65, 127.
Mixstadt, Kath. Pfarrkirche 131.
Mlodziejewski, Tischler 159.
Modliszewko, Kath. Pfarrkirche 96, 128.
Modrze, Kath. Pfarrkirche 75, 82.
Mogilno. Kath. Pfarrkirche (Benediktiner-Kirche) 7, 45, 63, 70. — Ausstattung 137, 141.
— Ehem. Stadtpfarrkirche 63, 65, 69. — Ausstattung 81, 137, 147.
Mondre, Kath. Pfarrkirche 149.
Monschnik, Kath. Pfarrkirche 82.
Montwy 25.
Moretzki, Glockengiefser 155.
Morka bei Schrimm, Kath. Pfarrkirche 153.
Moschin, Kath. Pfarrkirche 79, 151.
Mrotschen, Evang. Pfarrkirche 146, 157.
— Kath. Pfarrkirche 127, 140, 158.
Müller, Goldschmied 134, 138.
Müller, Maler 125.

München, Frauen-Kirche 64.
Murke bei Lissa, Kath. Pfarrkirche 66, 82.
Murowana Goslin s. Goslin.
Mylius, Goldschmied 138.

N.

Nakel 7, 11, 16.
Nerger, Bauhandwerker 122.
Nerger, Glockengiefser 152.
Neuberdt, Glockengiefser 113, 152.
Neudorf, Kath. Kirche 82, 148.
Neuhöfen, Evang. Kirche 157.
Neumann, Goldschmied 128.
Neustadt bei Pinne, Evang. Pfarrkirche 99, 121, 128, 152.
— Kath. Pfarrkirche 62, 63, 78, 83, 154.
Neustadt an der Warthe, Kath. Pfarrkirche 62, 63, 149, 160.
Neustettin 121, 157.
Neutomischel 27.
— Evang. Pfarrkirche 115, 154.
Nicheln, Kath. Kirche 95.
Niechanowo, Kath. Pfarrkirche 82, 136.
Niepart, Kath. Pfarrkirche 63, 65.
Niepruszewo, Kath. Pfarrkirche 65.
Nietrzanowo, Kath. Pfarrkirche 93.
Nikolaus, Bauhandwerker 121.
Nowgorod-, Grofs 51.
Nürnberg 18, 72, 75, 76, 78, 80, 85, 108, 111, 122, 138.

O.

Oberlin, Goldschmied 138.
Oberreich, Bauhandwerker 121.
Obersitzko 24.
— Evang. Pfarrkirche 115, 152, 153.
— Kath. Pfarrkirche 92, 94, 119. — Ausstattung 78, 124. — Grabmal 108, 123.
Objezierze, Kath. Pfarrkirche 46, 48, 65. Geräte 52, 80, 81. — Grabmäler 106.
Obornik 27.
— Kath. Pfarrkirche 65, 152.
Oborzysk, Kath. Pfarrkirche 65.
Obra, Kath. Pfarrkirche (Cistercienser-Kirche) 10, 56, 93. — Ausstattung 113, 135, 139.
Oldendorf, Erzgiefser 102, 158.
Ohnütz, Bibliothek 84.
Olobok, Friedhofs-Kapelle 102, 124, 155.
— Kath. Pfarrkirche (Cistercienserinnen-Kirche) 10, 56, 57, 65. — Ausstattung 103, 112, 116, 126, 128, 139, 155.
Olszowa, Kath. Pfarrkirche 102, 124.
Opalenitza, Kath. Pfarrkirche 62, 65, 102, 151, 152.
Opalinski, Familie 62, 76, 89, 147.
Opatow, Kath. Pfarrkirche 96, 155.
Oporowo, Kath. Pfarrkirche 96. — Ausstattung 74, 79, 127, 147, 149.
Oscht, Kath. Kirche 66, 82, 147.
Ostrow, Burgruine im Lednica-See 47, 48, 70.
Ostrowo 27.
— Evang. Pfarrkirche 98, 155.
— Kath. Pfarrkirche 96, 149.

Ostrowo am Goplo-See (Kreis Strelno), Kath. Pfarrkirche 62, 69, 137, 141.
Ostrowo bei Pakosch (Kreis Inowrazlaw, Kath. Pfarrkirche 82.
Ostrowo bei Strelno, Kath. Pfarrkirche 138.
Ottensund, Kircheuruine 65.
Ottorowo, Kath. Pfarrkirche 63, 65, 147, 153.
Owinsk, Kath. Pfarrkirche (Cistercienserrinnen-Kirche) 10, 56, 91, 94, 119. — Ausstattung 116, 152.
Nikolaus-Kapelle (ehem. Pfarrkirche) 56, 66.

P.

Padna, S. Giustina 91.
Pakosch, Kath. Pfarrkirche (Reformaten-Kirche) 22, 127, 136, 137.
Pakoslaw, Kath. Pfarrkirche 73, 82.
Paradies 10, 11, 103, 115.
— Cistercienser-Kirche 55, 56. — Ausstattung 81, 103, 110, 131, 140, 153, 155. — Standbilder 95.
Parchanie, Kath. Pfarrkirche 136.
Paris 102, 111, 140.
Parkowo, Kath. Pfarrkirche 94, 132.
Paschalis, Weber 160.
Paulinzelle, Thüringen 44.
Pawlowitz, Kath. Pfarrkirche 65, 95. — Ausstattung 75, 122, 127, 129.
-- Schlofs 99.
Pawlowo, Kath. Pfarrkirche 74.
Peisern 7, 15, 16.
Pelplin, Westpreufsen 59.
Pempowo, Kath. Pfarrkirche 65, 120 — Ausstattung 124, 127. — Grabmal 106.
Peter, Bauhandwerker 121.
Peterawe, Evang. Pfarrkirche 157.
Petersberg bei Halle 47.
Petersilge, Glockengiefser 158.
Petrikau, Statut 14.
Petzelius, Maler 124.
Pforta bei Naumburg 10.
Pieske, Evang. Pfarrkirche 110, 156.
Pilgram, Bauhandwerker 121.
Pinne, Kath. Pfarrkirche 64, 151, 152.
Pleschen, Kath. Pfarrkirche 66, 129.
Plitt, Glockengiefser 150.
Pogorzela, Kath. Pfarrkirche 82, 126, 154.
Politzig, Evang. Pfarrkirche 133, 156.
Popowo, Kirchen-, Kath. Pfarrkirche 128.
Poppo, Kath. Kirche 82, 147.
Posen 6 32, 57, 78, 87, 104, 108 114, 119, 126, 141, 143, 151.
- Adalberts-Kirche 64. 65. — Altar 74. — Geräte 78, 81, 110, 126, 128, 130, 140. -- Glocken 151, 152.
Bernhardiner-Kirche 18, 62, 65, 91, 119. Glocken 115, 150, 151, 152.
Bernhardinerinnen-Kirche 18, 66, 149.
— Blut-Kapelle 112.
-- Dom 44, 57, 59, 60, 63, 94, 119, 120. Ausbau 73 75, 121, 125. Geräte 77/81, 111, 113, 127, 129, 130, 141, 142. — Glocken 152. — Grabmäler 75/77, 86, 104 107, 122, 123, 147. — Standbilder der Goldenen Kapelle 107, 120, 123, 156.

Posen, Dominikaner-Kirche 12, 57, 65, 120.
— Ausstattung 128, 148, 153. — Grabplatte 76, 147. — Rosenkranz-Kapelle 66.
— Franziskaner-Kirche 22, 93.
— Fronleichnams-Kirche der beschuhten Karmeliter) 17, 60, 64, 70, 94. — Ausstattung 78, 150, 151, 153.
- Garnison-Kirche (der unbeschuhten Karmeliter) 22, 91, 125.
Jesuiten-Kirche (Kath. Stadtpfarrkirche) 22, 91, 101, 102, 119. — Ausstattung 78, 84, 115, 128, 150, 152, 159. — Kollegium (Regierungsgebäude) 91, 93.
- Johannes-Kirche (Kommenderie) 42. 46, 48. — Ausstattung 75, 78, 79, 86, 102.
— Karmeliter s. Fronleichnams- und Garnisou-Kirche.
— Katharinen-Kirche (der Dominikanerinnen) 13, 63, 65, 69.
Kreuz-Kirche 98, 116, 121. 152.
— Lubranskische Akademie 22.
— Lutherische Kirche 112, 120.
— Margareten-Kirche 65, 69, 112.
— Maria Magdalenen-Kirche 57, 67. s. Jesuiten-Kirche.
— Marien-Kirche 60 63, 68, 74, 119.
Martius-Kirche 64, 65, 151, 152.
Pauli-Kirche 120, 153.
— Petri-Kirche 99, 134.
- Psalterie 63, 69.
— Rathaus 67, 72, 73, 86, 89, 100, 101, 119, 121, 122, 125, 151.
Reformaten-Kirche (Prov.-Taubstummen-Anstalt) 22, 93.
Regierungsgebäude s. Jesuiten-Kollegium.
Rosenkranz-Kapelle s. Dominikaner-Kirche.
Sammlungen: Provinzial-Museum 74, 80, 87, 107, 112, 115, 116, 129, 131, 133, 138, 143, 144, 146, 159, 160. — Towarzystwo przyjaciól nauk 81, 121, 125.
Schlofs u. Stadtmauer 71, 72.
Stadttheater 100, 120.
Stadtwache 100. — Stadtwage 88.
-- Standbilder 87, 95, 100.
Synagoge 111, 113, 131, 137.
- Wohnhäuser 70, 72, 87, 88, 100, 119.
Powek, Schreiber eines Cantionale 159.
Powelcke, Schlosser 159.
Powidz 12.
Prenzlau, Marien-Kirche 61.
Priment s. Fehlen.
- Kath. Pfarrkirche (Cistercienser-Kirche) 10, 11, 56, 90 92, 101. — Ausstattung 103, 132, 155.
Peter-Pauls-Kirche (ehem. Pfarrkirche) 56, 65.
Pritschen, Ober-, Evang. Pfarrkirche 129, 141. 151
— Kath. Pfarrkirche 49, 65, 72, 73, 81.
Prittisch, Evang. Pfarrkirche 143, 145.
Prochy, Kath. Pfarrkirche 74, 83, 151.
Psarskie, Kath Pfarrkirche 62, 65, 66, 75, 112.

22*

Pudewitz 72.
— Evang. Pfarrkirche 152.
— Kath. Pfarrkirche 57, 58, 69, 149, 154.
Punitz 16, 20.
— Kath. Pfarrkirche 65, 95. — Ausstattung 75, 122, 130. — Grabmal 106.

R.
Raab, Goldschmied 128.
Racot, Evang. Pfarrkirche 94.
Radenz, Kath. Pfarrkirche 104, 149, 158.
Radlin, Kath. Pfarrkirche 89/91, 101, 130.
— Grabmäler 106.
— Schlofs 99.
Radomitz, Kath. Pfarrkirche 79.
Rakwitz 24.
— Evang. Pfarrkirche 134, 143, 146.
— Wohnhäuser 100.
Rauch, Bildhauer 108, 123.
Raudnitz, Böhmen, Georgs-Kapelle 47.
Rawitsch 24, 26, 100, 108, 112, 123. 130, 144.
— Evang. Pfarrkirche 99, 120. — Ausstattung 123, 130 133.— Friedhof 107.
— Rathaus 100, 125.
— Reformaten-Kloster 22.
Regensburg 19.
Reisen 26, 28.
— Evang. Pfarrkirche 99, 144, 154.
— Kath. Pfarrkirche 91. — Ausstattung 111, 130, 132. 140, 151, 153. — Grabstein 75.
— Rathaus 100.
— Schlofs 99, 101, 119.
Renagel, Glockengiefser 149.
Rennen, v. d., Goldschmied 111, 135.
Retschke, Kath. Pfarrkirche 130.
Revier, Evang. Pfarrkirche 112, 143.
Richter, Glockengiefser 149.
Rietschel, Bildhauer 108, 123.
Ritschenwalde, Kath. Pfarrkirche 151.
Robaczyn, Evang. Friedhof 107.
Rogalin, Schlofs 99.
Rogasen 9, 23.
— Evang. Pfarrkirche 112.
— Kath. Pfarrkirche 49, 63. 64, 66, 68.
Ausstattung 75, 78.
Röhrsdorf, Mittel- 121.
— Kath. Pfarrkirche 65, 83. 104.
Rokitten, Kath. Pfarrkirche 93, 102. —
Ausstattung 103, 111, 128, 139.
Rom 90, 103, 105, 106, 111, 120, 125, 139.
Romanowski, Bauhandwerker 121.
Rombin, Kath. Pfarrkirche 42, 65, 69. —
Ausstattung 114, 149, 155.
Roschnowo, Kath. Pfarrkirche 127.
Rot, Bildhauer 107, 123.
Rotdorf, Kath. Pfarrkirche 42, 46, 95.
Roth, Glockengiefser 148.
Rozdrażewo, Kath. Pfarrkirche 93.
Rubens, Maler 124.
Runowo, Kath. Pfarrkirche 92. — Glocken 150, 152, 157, 158.
Russische Arbeiten 43, 81, 109, 140.
Rynarschewo, Evang. Pfarrkirche 149, 158.

S.
Sadke, Kath. Pfarrkirche 93, 121. — Ausstattung 128, 135, 136, 157. — Grabstein 104.
Samotschin 27.
Samter 19, 23, 60, 121.
— Kath. Pfarrkirche 60, 61, 64 66, 68, 70.
— Ausbau 74, 75, 86, 103. — Ausstattung 80, 153. — Grabmäler 77, 86, 105, 122, 147.
— Reformaten-Kirche 22, 93.
— Schlofs-Turm 71.
Sandberg 27.
— Evang. Pfarrkirche 153.
Santomischel 27.
— Evang. Pfarrkirche 152.
— Kath. Pfarrkirche, Grabmal 108, 123.
Sarne, Evang. Pfarrkirche 123.
— Kath. Pfarrkirche 65, 110, 131.
Sartorius, Glockengiefser 154.
Scharfenort 23.
— Kath. Pfarrkirche 128, 154.
Scheel, Glockengiefser 157.
Schildberg 7, 15, 32.
— Bernhardiner-Kirche 22, 152.
— Kath. Pfarrkirche 49, 62, 65, 66. — Ausstattung 147, 154, 155.
Schlofs 70.
Schinkel 99, 120.
Schipel, Glockengiefser 154.
Schlaubitz, Goldschmied 135.
Schlenkermann, Glockengiefser 114, 152.
Schlichtingsheim 24.
— Evang. Pfarrkirche 98. — Ausstattung 129, 131/133, 138, 153.
Schmidt, Glockengiefser 157, 158.
Schmiegel, Evang. Pfarrkirche 141.
Friedhof 107.
— Veits-Kapelle, Altar 74.
Schneidemühl, Kath. Pfarrkirche 66.
Schnellrad, Glockengiefser 155.
Schokken 20, 22, 23, 122.
— Evang. Pfarrkirche 112.
— Kath. Pfarrkirche 127. 128.
Scholtz, Glockengiefser 155.
Schön, Glockengiefser 153.
Schönlanke 24, 146.
Evang. Pfarrkirche 157, 158.
Kath. Pfarrkirche 83, 157.
Schramm, Glockengiefser 156.
Schreger, Architekt 119.
Schrimm 16, 22, 27.
— Kath. Pfarrkirche 66, 69. — Ausstattung 79, 81, 112, 127, 128, 140, 154. —
Grabmal 106.
Schroda 14, 17, 31.
— Kath. Pfarrkirche 60, 64 66, 89, 101. —
Ausbau 73/75, 102, 158. — Grabmäler 75, 106. — Kelch 79.
Schubert, Maler 124.
Schubin, Kath. Pfarrkirche 62, 65, 66, 112.
— Schlofs 70.
Schuhmacher, Glockengiefser 157.
Schulitz 30.
— Kath. Pfarrkirche 96, 158.

Schultz, Glockengiefser 156.
Schussenze, Kath. Pfarrkirche 152.
Schwarz, Goldschmied 126.
Schwarzenau, Kath. Pfarrkirche 63, 65, 79, 112, 130.
Schwenn, Glockengiefser 157.
Schwenten, Evang. Pfarrkirche 153.
Schwerin a. W. 16, 19, 23.
— Evang. Pfarrkirche 99, 146, 152.
— Kath. Pfarrkirche 63, 66, 156.
Schwersenz 23, 24, 114, 116, 154.
— Evang. Pfarrkirche 128, 152, 154.
— Kath. Pfarrkirche 152.
Schwetzkau, Kath. Pfarrkirche 63, 92. —
 Ausstattung 130, 132, 133, 143, 152.
Schwirle, Kath. Pfarrkirche 96.
See, Glockengiefser 156.
Seehorst, Kath. Pfarrkirche 65, 66, 82, 83, 137.
Seer, Glockengiefser 154.
Seide, Kath. Pfarrkirche 93.
Semmritz, Kath. Kirche 148.
Siedlec bei Wollstein, Kath. Pfarrkirche 96, 126, 146.
Siedlimowo, Kath. Pfarrkirche 136.
Sleklerkl, Grofs-. Kath. Pfarrkirche 96.
Siemowo, Kath. Pfarrkirche 151, 154.
Skalmirschütz, Kath. Pfarrkirche 65, 79, 155.
Skarboszewo, Kath. Pfarrkirche 74, 96, 147.
Skoraszewice. Kath. Pfarrkirche 79.
Skorzewo, Kath. Pfarrkirche 65, 128, 147, 149.
Slawno, Kath. Pfarrkirche 79, 153.
Slawsk, Kath. Pfarrkirche 141, 158.
Slopanowo, Kath. Kirche 95.
Sluck, Littauen 115, 116, 160.
Slupia bei Posen, Kath. Pfarrkirche 127.
Smoguletz, Kath. Pfarrkirche 92, 112.
Smuglewicz, Maler 102, 125.
Sniecisko, Kath. Pfarrkirche 81, 149.
Sobialkowo, Kath. Pfarrkirche 142.
Sobota, Kath. Pfarrkirche 63, 65. — Ausstattung 79, 82, 151. — Grabmäler 104, 106.
Sobotka, Kath. Pfarrkirche 57, 58, 141, 152.
Sokolowski, Kunsthandwerker 159.
Solari, Architekt 120.
Sorau, Kelch 110.
Sowina, Kath. Pfarrkirche 127.
Splawie, Kath. Pfarrkirche 65, 128.
Stargard, Pommern, Bauwerke 61.
Stelmach, Maler 125.
Steiner, Architekt 119.
Stellmacher, Glockengiefser 148.
Stenschewo, Kath. Pfarrkirche 65.
— Wohnhäuser 101.
Stettin 16, 113, 114, 119, 135, 145, 157.
— Peter-Pauls-Kirche 61.
Stieglitz, Evang. Pfarrkirche 98, 157.
Stobnica, Urnenfund 40.
Storchnest, Kath. Pfarrkirche 63, 64, 95.
— Reformaten-Kirche 22, 93, 95.
Stofs, Veit 74/76, 104, 122.
Stralkowo, Kath. Pfarrkirche 116.
Strafsburg, Elsafs 108, 123, 138.
Straub, Goldschmied 138.

Strelno, Kath. Pfarrkirche (Prämonstratenserinnen-Kirche) 7, 41 49, 63, 69.
— Ausstattung 111, 116, 135, 137, 158.
— Prokoplus-Kapelle 47, 49.
Striegau 133.
Strobel, Maler 124.
Strzelce, Grofs-, Kath. Pfarrkirche 63, 65, 81.
Stühl, Bildhauer 123.
Stüler, Architekt 120.
Suchodolski, Maler 125.
Sulejow, Polen 41.
Sulmirschütz, Kath. Pfarrkirche 154.
Swierczyn, Kath. Pfarrkirche 148, 154.
Szczury, Kath. Kirche 127.

T.

Tangermünde, Rathaus 61.
Tarnowo bei Posen, Kath. Pfarrkirche 62, 65, 153.
Tarnowo bei Wongrowitz, Kath. Kirche 96, 102. — Ausstattung 73, 74, 82.
Taubert, Glockengiefser 155.
Tauchen, Erzgiefser 76, 147.
Torborch, Maler 124.
Thiele, Glockengiefser 156.
Thomas, Buchhandwerker 121.
Thorn 15, 16, 23, 28, 30, 72, 109, 136, 158.
— Kirchen 58, 65, 67, 136.
Tillendorf, Kath. Kirche 65, 66, 114.
Timm, Goldschmied 135.
Tirschtiegel, Evang. Pfarrkirche 121, 145.
— Kath. Pfarrkirche 131.
Tomice, Kath. Pfarrkirche 62, 65. — Glocke 147, 149. — Grabmäler 75, 77, 86, 147.
Traue, Glockengiefser 152.
Treblsch, Kath. Pfarrkirche 110, 128.
Trebultz bei Breslau 10, 126.
Tremessen, Kath. Pfarrkirche (Kirche der Augustiner-Chorherren) 6, 7, 46, 63, 94, 102, 125. Ausstattung 51, 54, 75, 78, 81, 110, 111, 126, 127.
Triest, Architekt 120.
Tschirske, Goldschmied 129.
Tuchorze, Kath. Pfarrkirche 150.
Tuczno, Kath. Pfarrkirche 51, 136, 159.
Tulce, Kath. Pfarrkirche 42, 46, 95. — Ausstattung 79, 82, 126. Grabstein 104.
Tursko, Kath. Pfarrkirche 83, 132.

U.

Uhl, Glockengiefser 158.
Ulbersdorf, Evang. Pfarrkirche 97, 132, 155.
Unruhstadt 24, 31.
— Evang. Pfarrkirche 112, 130, 133, 131, 145.
Urzędow, Polen 105, 123.
Usarzewo, Kath. Pfarrkirche 82, 152.
Usch 7, 25.

V.

Venedig, S. Maria della salute 91.
Venetia, Schlofs 70.
Vischer, Peter 76, 77, 85, 147.
Voillard, Glockengiefser 150.

W.

Wachenens, Glockengiefser 148.
Walentynusziwicz, Goldschmied 127.
Walther, Goldschmied 126.
Warnheid, Goldschmied 127, 128.
Warschau 25, 111, 119, 120, 125, 138, 152, 159.
Waschke, Evang. Pfarrkirche 97, 98. — Ausstattung 103, 110, 129, 132, 144. — Grabtafeln 107.
Wąsowski, Rektor des Jesuiten-Kollegiums in Posen 91, 119.
Weidemann, Goldschmied 133.
Weinhold, Glockengiefser 156.
Weinodt, Goldschmied 138.
Weifsenhöhe, Luth. Kirche 155.
Weifsensee, Evang. Pfarrkirche 83.
Welna, Kath. Kirche 96, 102.
Welnau, Kath. Pfarrkirche 127.
Wenglewo, Kath. Pfarrkirche 82.
Werchau, Bauhandwerker 121.
Werner, Glockengiefser 153.
Wernheide s. Warnheid.
Wessobrunn, Oberbaiern, Stuccatoren 101.
Wichmann, Bildhauer 108, 123.
Wielichowo, Kath. Pfarrkirche 148.
Wierzebaum, Kath. Pfarrkirche 136.
Wierzenica, Kath. Pfarrkirche 96.
Wieś kościelna bei Kalisch 41.
Wilatowen, Kath. Pfarrkirche 96.
Wildt, Goldschmied 139.
Wilke, Deutsch-, Kath. Pfarrkirche 65, 130, 131, 154.
Wilke, Polnisch-, Kath. Pfarrkirche 50, 65, 69, 106, 149. — Wartturm 67, 71.
Wilten bei Innsbruck 51.
Wiltschin, Kath. Pfarrkirche 66, 128, 151.
Winkler, Weber 160.
Winnagora, Kath. Pfarrkirche 79, 82, 151.
Wirsitz, Kath. Pfarrkirche 150.
Wiry, Kath. Pfarrkirche 128.
Wischen, Kath. Kirche 156.
Wissek, Kath. Pfarrkirche 136, 149, 151.
Witarus, Glockengiefser 114, 149, 151.
Witkowo, Kath. Pfarrkirche 79, 128, 149, 151.
Witte, Glockengiefser 151.
Wittwerk, Glockengiefser 113, 158.
Wlast, Peter 7, 41, 42, 48.
Wloscicjowki, Kath. Pfarrkirche 62, 65, 69. — Glocken 119, 154.
Wolff, Bildhauer 108, 123.
Wolkowitz, Zinngiefser 143.
Wollstein, Evang. Pfarrkirche 131. Kath. Pfarrkirche 82, 93, 131, 140, 149.
Wolniewicz, Goldschmied 127.
Wongrowitz 7, 22. — Kath. Pfarrkirche S. Jakobus (Stadtpfarrkirche) 46, 63, 65, 66, 68, 121. - Ausstattung 74, 79, 102, 149, 154. Kath. Pfarrkirche S. Peter und S. Paul (Cistercienser-Kirche) 81, 93, 127, 154.
Woschnik, Reformaten-Kirche 93.
Woynitz, Kath. Pfarrkirche 148.
Wreden, Glockengiefser 158.
Wreschen, Evang. Pfarrkirche 153. — Kath. Pfarrkirche 62, 63, 112, 127.
Wronke 19. — Dominikaner-Kirche 13, 57, 91. — Kath. Pfarrkirche 65, 66.
Wrzaszkowicz, Goldschmied 127.
Wtelno, Kath. Pfarrkirche 136, 137, 158.
Wyschegrod 7.
Wysocko-, Grofs, Kath. Pfarrkirche 66, 74.
Wytomischel, Kath. Pfarrkirche 79, 151.

X.

Xions, Evang. Pfarrkirche 155. — Kath. Pfarrkirche 81, 82, 139.

Z.

Zabartowo, Kath. Pfarrkirche 137, 158.
Zaborowo 24. — Evang. Pfarrkirche 115, 130, 143 145, 160.
Zantoch, Neumark 7, 16.
Zduny 23, 24, 28. — Evang. Pfarrkirche 99, 122, 132, 155. — Kath. Pfarrkirche 93, 103.
Zdziesz, Kath. Pfarrkirche (Philippiner-Kirche) 74, 93, 127, 153.
Zedlitz, Kath. Pfarrkirche 65, 66, 114, 155. — Grabsteine 75.
Zerbst, Nikolai-Kirche 125.
Zerkow, Kath. Pfarrkirche 91. — Ausstattung 130, 132, 133. — Grabmäler 106.
Zerniki, Kath. Pfarrkirche 65. — Ausstattung 75, 149, 151, 152.
Zirke 31, 121. — Evang. Pfarrkirche 121, 143, 145, 157. — Kath. Pfarrkirche (Bernhardiner-Kirche) 22, 93. — Altargeräte 126, 129, 133, 134, 141. — Gestühl 103, 150. — Glocke 152.
Znin, Kath. Pfarrkirche 46, 62, 65. — Ausstattung 142, 152. — Markt-Turm 71.
Zöller, Goldschmied 129.
Züllichau 134, 145. — Pfarrkirche 69, 74, 124.
Zydowo, Kath. Pfarrkirche 137.

Berichtigung:

Seite 23, Zeile 14 lies 1604 statt 1603.

VERZEICHNIS
DER
KUNSTDENKMÄLER DER PROVINZ POSEN

ANLAGE ZUM ERSTEN BANDE:

KARTE DER KUNSTDENKMÄLER DER PROVINZ POSEN

IM AUFTRAGE DES PROVINZIAL-VERBANDES

BEARBEITET

VON

JULIUS KOHTE

REGIERUNGS-BAUMEISTER

BERLIN
VERLAG VON JULIUS SPRINGER
1898

860. P84. V.1a

Gct 1735
HARVARD UNIVERSITY
LIBRARY OF THE
GERMANIC MUSEUM